INSIDER-HOTELS
in Weekend-Reichweite

«Wenn ich in dein Haus komme und du bist nur darauf aus, dass du keinen Fehler machst, dass der Kaffee heiss und die Tischdecke weiss genug ist, stört mich das. Lieber ist mir, wenn du mir zuerst einen Platz anbietest, mir reden hilfst und es für wichtig nimmst, dass ich hier bin.»

Alois Mühlmann, Wirt im «Gannerhof» in Innervillgraten, Tirol (Seite 142)

Claus Schweitzer

INSIDER-HOTELS
in Weekend-Reichweite

*200 versteckte, fast perfekte Paradiese
in der Schweiz und im benachbarten Ausland*

Alle Rechte vorbehalten, einschliesslich
derjenigen des auszugsweisen Abdrucks
und der elektronischen Wiedergabe

© 1998 Werd Verlag, Zürich

Idee, Konzept und Text: Claus Schweitzer
Lektorat: Katharina Rengel, Zürich
Satz und Produktion: Katrin Zbinden, Zürich
Umschlag: Werd Verlag, Zürich
Fotos: Mehrheitlich von Claus Schweitzer, die übrigen
wurden uns mit freundlicher Genehmigung von
einzelnen Hotels und Verkehrsvereinen zur Verfügung gestellt.

Umschlagbild: Hotel Splendido, Portofino (Seite 176)

Alle Angaben ohne Gewähr

ISBN 3 85932 265 6

Inhalt

	Seite
Die Hotels nach Gebieten	6
Die Hotels nach dem Preis-Genuss-Verhältnis	12
Editorial	18

Die Regionen

Graubünden	21
Bodenseegebiet	39
Nord- und Ostschweiz, Zürichsee	45
Zentralschweiz	56
Bernbiet	65
Dreiseenlandschaft und Jura	79
Genferseegebiet	88
Wallis	104
Tessin	112
Schwarzwald, Allgäu und Frankenland	124
Vorarlberg und Arlberg	133
Tirol	139
Südtirol und Veneto	146
Lombardei	156
Piemont, Aostatal und Ligurien	169
Savoyen	180
Provence	186
Burgund und Franche-Comté	199
Elsass und Vogesen	211

Übersichtskarten mit den Insider-Hotels
in der vorderen und hinteren Buchklappe

Die Hotels nach Gebieten

Seite

Graubünden
Arosa: Hotel Eden 21
Bever: Hotel Chesa Salis 22
Celerina: Chesa Rosatsch 23
Davos-Dorf: Hotel Zauberberg 24
Ftan: Hotel Haus Paradies 25
Guarda: Hotel Meisser 26
Klosters: Hotel Chesa Grischuna 27
Lenzerheide: Hotel Schweizerhof 28
Lenzerheide-Sporz: Hotel Guarda Val 29
Malans: Hotel Weisskreuz 30
Pontresina: Hotel Saratz 31
Sta. Maria im Münstertal: Theater-Hotel Chasa Capòl 32
St. Moritz: Suvretta House 33
Sils Baselgia: Hotel Margna 34
Sils Maria: Chesa Pool 35
Soglio: Hotel Palazzo Salis 36
Tarasp-Sparsels: Schlosshotel Chastè 37
Waltensburg/Vuorz: Hotel Ucliva 38

Bodenseegebiet
Bregenz: Deuring Schlössle 39
Konstanz: Seehotel Siber 40
Lindau: Villino 41
Schaffhausen: Rheinhotel Fischerzunft 42
Steckborn: See- & Parkhotel Feldbach 43
Stein am Rhein: Hotel Chlosterhof 44

Nord- und Ostschweiz, Zürichsee
Bad Ragaz: Grandhotels Bad Ragaz 45
Basel: Der Teufelhof 46
Küsnacht: Hotel Ermitage 47
Küsnacht: Seehotel Sonne 48
Meilen: Gasthof Hirschen am See 49
Mogelsberg: Gasthaus Rössli 50
Warth: Kartause Ittingen 51
Weissbad/Appenzell: Hotel Hof Weissbad 52
Zürich: Hotel Florhof 53
Zürich: Hotel Rössli 54
Zürich: Hotel Zürichberg 55

Zentralschweiz
Bürgenstock: Bürgenstock Hotels 56
Gersau: Paradieshotel Rotschuo 57

Seite

Luzern: Artdéco Hotel Montana	58
Luzern: Hotel des Balances	59
Luzern: Hotel Château Gütsch	60
Luzern: Hotel Hofgarten	61
Vitznau: Park Hotel Vitznau	62
Vitznau: Seehotel Vitznauerhof	63
Weggis: Hotel Friedheim	64

Bernbiet

Adelboden: Parkhotel Bellevue	65
Bern: Hotel Belle Époque	66
Bern: Hotel Innere Enge	67
Brienz: Grandhotel Giessbach	68
Grindelwald: Hotel Gletschergarten	69
Gstaad: Le Grand Chalet	70
Gstaad: Palace Hotel Gstaad	71
Gstaad: Grand Hotel Park	72
Interlaken: Grand Hotel Victoria-Jungfrau	73
Iseltwald: Hotel Bellevue	74
Kandersteg: Landgasthof Ruedihaus	75
Schangnau im Emmental: Hotel Kemmeriboden-Bad	76
Schönried: Hostellerie Alpenrose	77
Schwefelberg-Bad: Hotel Schwefelberg-Bad	78

Dreiseenlandschaft und Jura

Biel: Villa Lindenegg	79
Les Bois: Ranch Cerneux-au-Maire	80
Erlach: Hotel St. Petersinsel	81
Montezillon: L'Aubier	82
Murten-Meyriez: Le Vieux Manoir au Lac	83
Neuchâtel: Hôtel Beau-Rivage	84
Neuchâtel: La Maison du Prussien	85
La Neuveville: Hostellerie J.-J. Rousseau	86
Saignelégier: Hôtel du Soleil	87

Genferseegebiet

Les Avants: Hôtel de Sonloup	88
Château-d'Œx: Hostellerie Bon Accueil	89
Divonne-les-Bains: Château de Divonne	90
Evian-les-Bains: Hôtel Royal	91
Evian-les-Bains: La Verniaz	92
Genf: Hôtel de la Cigogne	93
Genf: Le Richemond	94
Glion sur Montreux: Hotel Righi Vaudois	95

	Seite
Lausanne-Ouchy: Beau-Rivage Palace	96
Mont-Pèlerin: Hôtel Le Mirador	97
Montreux: Hôtel Edena au Lac	98
Montreux-Clarens: Hôtel Ermitage	99
Montreux-Clarens: Villa Kruger	100
Satigny: Domaine de Châteauvieux	101
Sciez-sur-Léman: Château de Coudrée	102
Vufflens-le-Château: L'Ermitage	103

Wallis

Crans-Montana: Hostellerie du Pas de l'Ours	104
Leukerbad: Hôtel Les Sources des Alpes	105
Saas Fee: Ferienart Walliserhof	106
Saas Fee: Waldhotel Fletschhorn	107
Uvrier-St-Léonard/Sion: Hôtel des Vignes	108
Verbier: Hôtel Rosalp	109
Zermatt: Alex Hotel	110
Zermatt: Grandhotel Schönegg	111

Tessin

Ascona: Castello del Sole	112
Ascona: Hotel Eden Roc	113
Ascona: Albergo Giardino	114
Caslano: Albergo Gardenia	115
Golino: Hotel Garni Cà Vegia	116
Gordevio: Uno Più	117
Locarno: Grand Hotel Locarno	118
Lugano: Villa Principe Leopoldo	119
Ponte Brolla: Albergo Centovalli	120
Porto Ronco: Pensione Eden	121
Taverne: Motto del Gallo	122
Vico Morcote: Allbergo Bellavista	123

Schwarzwald, Allgäu und Frankenland

Amorbach/Odenwald: Der Schafhof	124
Bad Herrenalb: Mönchs Posthotel	125
Baiersbronn-Mitteltal: Hotel Bareiss	126
Friedrichsruhe: Waldhotel Friedrichsruhe	127
Hinterlangenbach: Forsthaus Auerhahn	128
Hinterzarten: Parkhotel Adler	129
Irsee: Irseer Klosterbräu	130
Pegnitz: Pflaums Posthotel	131
Tunau bei Schönau: Gasthaus Zur Tanne	132

Seite

Vorarlberg und Arlberg
Hirschegg: Der Sonnenberg — 133
Lech am Arlberg: Gasthof Post — 134
St.Christoph: Arlberg Hospiz — 135
Schwarzenberg: Gasthof Hirschen — 136
Silbertal: Gasthof Kristberg — 137
Zürs: Edelweiss — 138

Tirol
Ehrwald: Spielmann's Hotel — 139
Gnadenwald: Gasthof Michaelerhof — 140
Igls: Schlosshotel Igls — 141
Innervillgraten: Gannerhof — 142
Kitzbühel: Tennerhof — 143
Seefeld: Kreativhotel Viktoria — 144
Sölden: Central Hotel — 145

Südtirol und Veneto
Bolzano: Parkhotel Laurin — 146
Bressanone: Hotel Elefant — 147
Corvara in Badia: Hotel La Perla — 148
Innichen/San Candido: Parkhotel Sole Paradiso — 149
Merano: Castel Fragsburg — 150
Merano: Castel Labers — 151
Merano: Castel Rundegg — 152
Pedemonte: Hotel Villa del Quar — 153
Portobuffolè: Villa Giustinian — 154
Radein: Berghotel Zirmerhof — 155

Lombardei
Bellagio: Grandhotel Villa Serbelloni — 156
Cernobbio: Villa d'Este — 157
Colline di Iseo: I Due Roccoli — 158
Cologne Franciacorta: Cappuccini — 159
Erbusco: L'Albereta — 160
Fasano di Gardone Riviera: Grand Hotel Fasano — 161
Gardone Riviera: Villa Fiordaliso — 162
Gargnano: Villa Giulia — 163
Ranco: Il Sole di Ranco — 164
San Mamete/Valsolda: Hotel Stella d'Italia — 165
Tremezzo: Albergo Villa Maria — 166
Varenna: Hotel Royal Victoria — 167
Varenna: Hotel Villa Cipressi — 168

Seite

Piemont, Aostatal und Ligurien
Breuil-Cervinia: Hôtel Hermitage 169
Breuil-Cervinia: Les Neiges d'Antan 170
Champoluc: Villa Anna Maria 171
Chiaverano: Castello San Giuseppe 172
Cioccaro di Penango: Locanda del Sant'Uffizio 173
Isola Pescatori-Stresa: Albergo Verbano 174
Orta San Giulio: Villa Crespi 175
Portofino: Hotel Splendido 176
Torino: Relais Villa Sassi 177
Trezzo Tinella: Antico Borgo del Riondino 178
Verduno: Castello di Verduno 179

Savoyen
Le Lavancher/Chamonix: Hôtel du Jeu de Paume 180
Megève: Au Coin du Feu 181
Megève: Le Fer à Cheval 182
Megève: Les Fermes de Marie 183
Talloires: L'Abbaye 184
Veyrier-du-Lac: Auberge de l'Eridan 185

Provence
Aix-en-Provence: Villa Gallici 186
Arles: Grand Hôtel Nord-Pinus 187
Avignon-Montfavet: Hostellerie les Frênes 188
Avignon: La Mirande 189
Bagnols-sur-Cèze: Château de Montcaud 190
Les Baux-de-Provence: Oustau de Baumanière 191
Crillon le Brave: Hostellerie Crillon le Brave 192
Gordes-Joucas: Mas des Herbes Blanches 193
Rochegude: Château de Rochegude 194
Saint-Rémy-de-Provence: Château des Alpilles 195
Saint-Rémy-de-Provence: Château de Roussan 196
Salon-de-Provence: Abbaye de Sainte Croix 197
Villedieu: Château de la Baude 198

Burgund und Franche-Compté
Aloxe-Corton: Villa Louise 199
Arbois: Moulin de la Mère Michelle 200
Bagnols: Château de Bagnols 201
Beaune: Hôtel des Remparts 202
Chagny: Château de Bellecroix 203
Chambolle-Musigny: Château André Ziltener 204
Chorey-lès-Beaune: Château de Chorey 205

	Seite
Igé: Château d'Igé	206
Pérouges: Hostellerie du Vieux Pérouges	207
Port Lesney: Château de Germigney	208
Saulieu: La Côte d'Or	209
Vonnas: Georges Blanc	210

Elsass und Vogesen

La Claquette-Schirmeck: La Rubanerie	211
Colroy-La-Roche: Hostellerie La Cheneaudière	212
Illhaeusern: Hôtel des Berges	213
Illhaeusern: Les Hirondelles	214
Lapoutroie: Les Alisiers	215
Marlenheim: Hostellerie du Cerf	216
Rouffach: Château d'Isenbourg	217
Les Rouges-Eaux: Auberge de la Cholotte	218
Sélestat: Abbaye La Pommeraie	219
La Wantzenau: Le Moulin de la Wantzenau	220

Die Hotels nach dem Preis-Genuss-Verhältnis

Zeichenerklärung siehe vordere Umschlagklappe　　　　　　　　　　Seite

✺✺✺✺✺❶❶
Albergo Bellavista, Vico Morcote (Tessin)	123
Château de Germigney, Port-Lesney (Franche-Compté)	208
Gasthof Hirschen, Schwarzenberg (Vorarlberg)	136
Grand Hôtel Nord-Pinus, Arles (Provence)	187
Hotel Saratz, Pontresina (Graubünden)	31
Villa Louise, Aloxe-Corton (Burgund)	199

✺✺✺✺✺❶❶❶
Abbaye de Sainte Croix, Salon-de-Provence (Provence)	197
Château de Coudrée, Sciez-sur-Léman (Genferseegebiet)	102
Der Teufelhof, Basel (Stadt Basel)	46
Hotel Eden, Arosa (Graubünden)	21
Hotel Florhof, Zürich (Stadt Zürich)	53
La Côte d'Or, Saulieu (Burgund)	209
Le Fer à Cheval, Megève (Savoyen)	182
Les Fermes de Marie, Megève (Savoyen)	183
Oustau de Baumanière, Les-Baux-de-Provence (Provence)	191
Pflaums Posthotel, Pegnitz (Frankenland)	131
Villa Crespi, Orta San Giulio (Piemont)	175
Villa Fiordaliso, Gardone Riviera (Lombardei)	162
Villa Gallici, Aix-en-Provence (Provence)	186

✺✺✺✺✺❶❶❶❶
Château André Ziltener, Chambolle-Musigny (Burgund)	204
Edelweiss, Zürs (Arlberg)	138
Grandhotel Villa Serbelloni, Bellagio (Lombardei)	156
Hotel Bareiss, Baiersbronn-Mitteltal (Schwarzwald)	126
Hotel Haus Paradies, Ftan (Graubünden)	25
L'Albereta, Erbusco (Lombardei)	160
Le Vieux Manoir au Lac, Murten-Meyriez (Dreiseenlandschaft)	83

✺✺✺✺✺❶❶❶❶❶
Albergo Giardino, Ascona (Tessin)	114
Auberge de l'Eridan, Veyrier-du-Lac (Savoyen)	185
Beau-Rivage Palace, Lausanne-Ouchy (Genferseegebiet)	96
Castello del Sole, Ascona (Tessin)	112
Château de Bagnols, Bagnols (Burgund)	201
Gasthof Post, Lech am Arlberg (Arlberg)	134
Grand Hotel Park, Gstaad (Berner Oberland)	72
Grand Hotel Victoria-Jungfrau, Interlaken (Berner Oberland)	73
Grandhotels Bad Ragaz, Bad Ragaz (Ostschweiz)	45
Hôtel de la Cigogne, Genf (Stadt Genf)	93
Hôtel des Berges, Illhaeusern (Elsass)	213

	Seite
Hotel Eden Roc, Ascona (Tessin)	113
Hôtel Le Mirador, Mont-Pèlerin (Genferseegebiet)	97
Hôtel Les Sources des Alpes, Leukerbad (Wallis)	105
Hôtel Royal, Evian-les-Bains (Genferseegebiet)	91
Hotel Splendido, Portofino (Ligurien)	176
Hotel Zauberberg, Davos (Graubünden)	24
La Mirande, Avignon (Provence)	189
Le Richemond, Genf (Stadt Genf)	94
Park Hotel Vitznau, Vitznau (Zentralschweiz)	62
Villa d'Este, Cernobbio (Lombardei)	157
Villa Principe Leopoldo, Lugano (Tessin)	119

✳✳✳✳❶❶

Cappuccini, Cologne Franciacorta (Lombardei)	159
Château d'Igé, Igé (Burgund)	206
Hostellerie Bon Accueil, Château-d'Œx (Genferseegebiet)	89
Hotel Zürichberg, Zürich (Stadt Zürich)	55
Seehotel Vitznauerhof, Vitznau (Zentralschweiz)	63
Spielmann's Hotel, Ehrwald (Tirol)	139

✳✳✳✳❶❶❶

Artdéco Hotel Montana, Luzern (Zentralschweiz)	58
Au Coin du Feu, Megève (Savoyen)	181
Castel Rundegg, Merano (Südtirol)	152
Château des Alpilles, Saint-Rémy-de-Provence (Provence)	195
Château de Divonne, Divonne-les-Bains (Genferseegebiet)	90
Château de Montcaud, Bagnols-sur-Cèze (Provence)	190
Château de Rochegude, Rochegude (Provence)	194
Château d'Isenbourg, Rouffach (Elsass)	217
Der Schafhof, Amorbach/Odenwald (Frankenland)	124
Deuring Schlössle, Bregenz (Bodenseegebiet)	39
Hostellerie Alpenrose, Schönried (Berner Oberland)	77
Hostellerie les Frênes, Avignon (Provence)	188
Hotel Chesa Salis, Bever (Graubünden)	22
Hôtel du Jeu de Paume, Le Lavancher/Chamonix (Savoyen)	180
Hôtel Ermitage, Montreux-Clarens (Genferseegebiet)	99
Hotel Innere Enge, Bern (Stadt Bern)	67
Hotel Meisser, Guarda (Graubünden)	26
Hotel Righi Vaudois, Glion sur Montreux (Genferseegebiet)	95
Le Grand Chalet, Gstaad (Berner Oberland)	70
Motto del Gallo, Taverne (Tessin)	122
Parkhotel Laurin, Bolzano (Südtirol)	146
Schlosshotel Chastè, Tarasp-Sparsels (Graubünden)	37
Seehotel Sonne, Küsnacht (Zürichsee)	48

	Seite
Villino, Lindau (Bodenseegebiet)	41
Waldhotel Friedrichsruhe, Friedrichsruhe (Baden-Württemberg)	127

✳✳✳✳❶❶❶❶

Bürgenstock Hotels, Bürgenstock (Zentralschweiz)	56
Central Hotel, Sölden (Tirol)	145
Ferienart Walliserhof, Saas Fee (Wallis)	106
Georges Blanc, Vonnas (Burgund)	210
Hostellerie du Pas de l'Ours, Crans-Montana (Wallis)	104
Hôtel Beau-Rivage, Neuchâtel (Dreiseenlandschaft)	84
Hotel Château Gütsch, Luzern (Zentralschweiz)	60
Hotel Ermitage, Küsnacht (Zürichsee)	47
Hotel Guarda Val, Lenzerheide-Sporz (Graubünden)	29
Hôtel Hermitage, Breuil-Cervinia (Aostatal)	169
Hotel Margna, Sils Baselgia (Graubünden)	34
Hôtel Rosalp, Verbier (Wallis)	109
Hotel Villa del Quar, Pedemonte (Veneto)	153
Il Sole di Ranco, Ranco (Lombardei)	164
Kreativhotel Viktoria, Seefeld (Tirol)	144
L'Ermitage, Vufflens-le-Château (Genferseegebiet)	103
Locanda del Sant'Uffizio, Cioccaro di Penango (Piemont)	173
Parkhotel Adler, Hinterzarten (Schwarzwald)	129
Relais Villa Sassi, Torino (Piemont)	177
Rheinhotel Fischerzunft, Schaffhausen (Bodenseegebiet)	42
Seehotel Siber, Konstanz (Bodenseegebiet)	40
Tennerhof, Kitzbühel (Tirol)	143
Villa Kruger, Montreux-Clarens (Genferseegebiet)	100
Waldhotel Fletschhorn, Saas Fee (Wallis)	107

✳✳✳✳❶❶❶❶❶

Arlberg Hospiz, St. Christoph (Arlberg)	135
Palace Hotel Gstaad, Gstaad (Berner Oberland)	71
Schlosshotel Igls, Igls (Tirol)	141
Suvretta House, St. Moritz (Graubünden)	33

✳✳✳❶

Auberge de la Cholotte, Les Rouges-Eaux (Vogesen)	218
Gannerhof, Innervillgraten (Tirol)	142
Villa Lindenegg, Biel (Dreiseenlandschaft)	79

✳✳✳❶❶

Albergo Centovalli, Ponte Brolla (Tessin)	120
Antico Borgo del Riondino, Trezzo Tinella (Piemont)	178
Castel Fragsburg, Merano (Südtirol)	150

	Seite
Castel Labers, Merano (Südtirol)	151
Castello di Verduno, Verduno (Piemont)	179
Castello San Giuseppe, Chiaverano (Piemont)	172
Domaine de Châteauvieux, Satigny (Genferseegebiet)	101
Gasthof Hirschen am See, Meilen (Zürichsee)	49
Hostellerie du Vieux Pérouges, Pérouges (Burgund)	207
Hostellerie J.-J. Rousseau, La Neuveville (Dreiseenlandschaft)	86
Hôtel des Vignes, Uvrier-St-Léonard/Sion (Wallis)	108
Hotel Elefant, Bressanone (Südtirol)	147
Hotel Gletschergarten, Grindelwald (Berner Oberland)	69
Hotel Palazzo Salis, Soglio (Graubünden)	36
Hotel Royal Victoria, Varenna (Lombardei)	167
Hotel St.Petersinsel, Erlach (Dreiseenlandschaft)	81
Hotel Schwefelberg-Bad, Schwefelberg-Bad (Bernbiet)	78
Landgasthof Ruedihaus, Kandersteg (Berner Oberland)	75
Les Neiges d'Antan, Breuil-Cervinia (Aostatal)	170
Paradieshotel Rotschuo, Gersau (Zentralschweiz)	57
Parkhotel Bellevue, Adelboden (Berner Oberland)	65
Parkhotel Sole Paradiso, Innichen/San Candido (Südtirol)	149
Pensione Eden, Porto Ronco (Tessin)	121
See- & Parkhotel Feldbach, Steckborn (Bodenseegebiet)	43
Villa Giulia, Gargnano (Lombardei)	163

✶✶✶❶❶❶

Abbaye La Pommeraie, Sélestat (Elsass)	219
Albergo Gardenia, Caslano (Tessin)	115
Alex Hotel, Zermatt (Wallis)	110
Château de Bellecroix, Chagny (Burgund)	203
Chesa Rosatsch, Celerina (Graubünden)	23
Grand Hotel Fasano, Fasano di Gardone Riviera (Lombardei)	161
Grandhotel Giessbach, Brienz (Berner Oberland)	68
Grand Hotel Locarno, Locarno (Tessin)	118
Grandhotel Schönegg, Zermatt (Wallis)	111
Hostellerie Crillon le Brave, Crillon le Brave (Provence)	192
Hostellerie La Cheneaudière, Colroy-La-Roche (Elsass)	212
Hotel Belle Époque, Bern (Stadt Bern)	66
Hotel Chesa Grischuna, Klosters (Graubünden)	27
Hotel Chlosterhof, Stein am Rhein (Bodenseegebiet)	44
Hotel Hofgarten, Luzern (Zentralschweiz)	61
Hotel Hof Weissbad, Weissbad/Appenzell (Ostschweiz)	52
Hotel La Perla: Corvara in Badia (Südtirol)	148
Hotel Rössli, Zürich (Stadt Zürich)	54
Hotel Schweizerhof, Lenzerheide (Graubünden)	28
L'Abbaye, Talloires (Savoyen)	184

	Seite
La Verniaz, Evian-les-Bains (Genferseegebiet)	92
Mas des Herbes Blanches, Gordes-Joucas (Provence)	193
Mönchs Posthotel, Bad Herrenalb (Schwarzwald)	125
Villa Giustinian, Portobuffolè (Veneto)	154

✹✹✹❶❶❶❶

Hotel des Balances, Luzern (Zentralschweiz)	59
Hotel Eden au Lac, Montreux-Clarens (Genferseegebiet)	98

✹✹❶

Berghotel Zirmerhof, Radein (Südtirol)	155
Château de Roussan, Saint-Rémy-de-Provence (Provence)	196
Forsthaus Auerhahn, Hinterlangenbach (Schwarzwald)	128
Hôtel des Remparts, Beaune (Burgund)	202
Hôtel du Soleil, Saignelégier (Jura)	87
Hotel Stella d'Italia, San Mamete/Valsolda (Lombardei)	165
Hotel Villa Cipressi, Varenna (Lombardei)	168
Irseer Klosterbräu, Irsee (Allgäu)	130
La Rubanerie, La Claquette-Schirmeck (Elsass)	211
Moulin de la Mère Michelle, Arbois (Franche-Compté)	200
Moulin de la Wantzenau, La Wantzenau (Elsass)	220

✹✹❶❶

Albergo Verbano, Isola Pescatori-Stresa (Piemont)	174
Château de la Baude, Villedieu (Provence)	198
Château de Chorey, Chorey-les-Beaune (Burgund)	205
Der Sonnenberg, Hirschegg (Vorarlberg/Kleinwalsertal)	133
Hostellerie du Cerf, Marlenheim (Elsass)	216
Hotel Bellevue, Iseltwald (Berner Oberland)	74
Hotel Friedheim, Weggis (Zentralschweiz)	64
Hotel Garni Cà Vegia, Golino (Tessin)	116
Hotel Kemmeriboden-Bad, Schangnau im Emmental (Bernbiet)	76
Hotel Ucliva, Waltensburg/Vuorz (Graubünden)	38
Hotel Weisskreuz, Malans (Graubünden)	30
I Due Roccoli, Colline di Iseo (Lombardei)	158
Kartause Ittingen, Warth (Ostschweiz)	51
La Maison du Prussien, Neuchâtel (Dreiseenlandschaft)	85
L'Aubier, Montezillon (Dreiseenlandschaft)	82
Theater-Hotel Chasa Capòl, Sta. Maria im Münstertal (Graubünden)	32
Uno Più, Gordevio (Tessin)	117
Villa Anna Maria, Champoluc (Aostatal)	171

	Seite

✳ ❶

Albergo Villa Maria, Tremezzo (Lombardei)	166
Chesa Pool, Sils Maria (Graubünden)	35
Gasthaus Rössli, Mogelsberg (Ostschweiz)	50
Gasthaus Zur Tanne, Tunau bei Schönau (Schwarzwald)	132
Gasthof Kristberg, Silbertal (Vorarlberg)	137
Gasthof Michaelerhof, Gnadenwald (Tirol)	140
Hôtel de Sonloup, Les Avants (Genferseegebiet)	88
Les Alisiers, Lapoutroie (Elsass)	215
Les Hirondelles, Illhaeusern (Elsass)	214
Ranch Cerneux-au-Maire, Les Bois (Jura)	80

Mit Lust und Liebe
Editorial

Eigentlich ist man ja ganz schön blöd: Da bucht man Reisen nach Miami, Mauritius oder auf die Malediven und lässt das Schöne und Nahe einfach links liegen. Was weiss man denn schon vom Berner Oberland, vom Bodensee, vom Burgund? Gut, da gibt es das Jungfraujoch, die Blumeninsel Mainau und das Winzerstädtchen Beaune. Aber wo die wirklich schönen Ecken sind, das weiss man sehr oft nicht.

Dabei ist alles ganz einfach: Mit der Landkarte in der einen Hand und einer Liste der bevorzugten Freizeitbeschäftigungen in der anderen suche man sich einen Platz aus, der alle erwünschten Erfordernisse erfüllt. Ob Ihre Vorstellung vom Paradies nun Bergsteigen im Wallis oder Faulenzen in der Provence ist, Sie dürfen davon ausgehen, dass vor Ihnen bereits jemand da war und ein Traumhotel eröffnet hat. Ziehen Sie los!

Ich möchte Sie auf Ihren Entdeckungsreisen begleiten und habe mich nach dem Erfolg der beiden ersten Auflagen der «Insider-Hotels in Weekend-Reichweite» erneut in der Schweiz und im benachbarten Ausland umgesehen.

Das vorliegende Buch soll in erster Linie eine zuverlässige und anregende Hilfe bieten, ein gutes, ein sehr gutes oder ein pulsbeschleunigendes Hotel für ein romantisches Wochenende zu finden. Sie haben die Wahl unter zweihundert Häusern, mal mit weniger, mal mit viel Komfort, mal Plüsch und Pomp, mal edelstes Design, gegliedert nach neunzehn Regionen von Graubünden bis zum Genfersee, vom Burgund bis ins Tirol, vom Elsass bis in die Lombardei und vom Schwarzwald bis in die Provence.

Die meisten «Insider-Hotels» liegen an den landschaftlich feinsten Plätzen in Weekend-Nähe, und man ist in ihnen vor gewöhnlichen Touristen trotzdem so sicher wie in Fort Knox. Kein Wunder, dass die Adressen vieler dieser Hotels im Zeitalter der weltumspannenden Herbergsketten-Grosskonzerne eifersüchtig gehütet werden – jedenfalls so lange, bis der Stolz des Kenners vor der Lust an der Geheimniskrämerei kapituliert und der Tipp verraten wird.

Als reisefreudiger Geniesser kann ich keinen Geheimtipp für mich behalten, und so hat jedes der zweihundert «Insider-Hotels» in meiner sehr persönlichen Auswahl seinen ganz eigenen, unverwechselbaren Reiz: Jedes ist «nicht wie alle andern», jedes hebt sich weit vom durchschnittlichen Einerlei ab, weil engagierter, authentischer, gepflegter, individueller, charmanter oder einfach sinnlicher. Messen kann man das alles nicht. Nach vielen Reisen wird bei der Beurteilung eines Hotels aber immer wichtiger, was der amerikanische Reisejournalist Paul Theroux einmal den «Faktor Q» genannt hat: den subjektiven Gesamteindruck. Man spürt schon bei der Reservation oder beim ersten Gespräch an der Rezeption: Hier stimmt der Ton. Beim Eintreten ins Foyer überkommt einen entweder ein Gefühl der Schwerelosigkeit oder man wird in fein dosierte Aufregung versetzt. Und sobald das Gepäck im Zimmer steht und man wirklich angekommen ist, will man gar nicht wieder weg.

Zugegeben, ein Aufenthalt in manchen «Insider-Hotels» ist nicht gerade billig, trotzdem übertrifft das Preis-Genuss-Verhältnis alle anderen Hotels der jeweiligen Region. Herausragende Hotels können nicht billig sein, denn Qualität, Charme und Individualität sind in keinem Lebensbereich zu

Discountpreisen erhältlich. Dass es Leute gibt, die einzelne «Insider-Hotels» in diesem Führer zu elitär finden, ist selbstverständlich – genauso selbstverständlich wie die Tatsache, dass viele dieser Leute ein Stück Lebensqualität verpassen, nur weil die Leasing-Rate fürs neue Sport-Coupé für sie wichtiger war als ein Wochenende lang im siebten Himmel zu schweben.

Damit Sie auf einen Blick über Preisniveau sowie Qualität und Charme der einzelnen «Insider-Hotels» informiert sind, finden Sie als «Schlüssel zur guten Hotelwahl»: Münzen für den Preis, Sonnen für Qualität und Charme. Sind es mehr Sonnen als Münzen, so bedeutet das: Dieses Hotel ist nicht nur überragend, es ist seinen Preis mehr als wert. Die Sonnen haben nichts mit der gängigen Hotel-Klassifizierung zu tun, die auf rein quantitativen Kriterien beruht. Auch ein wegweisendes Haus ohne den «technischen» Komfort eine Beau-Rivage-Palace kann fünf Sonnen haben. Umgekehrt kann ein aufwendig inszeniertes Hotelschlachtschiff ohne weiteres weniger Sonnen als Münzen aufweisen – eben dann, wenn das gewisse Etwas fehlt, welches sich in einem unvergleichlichen Ambiente widerspiegelt oder in der auserlesenen Küche, der einmaligen Lage, der sprühenden Originalität der Einrichtung, dem Sinn der Gastgeber fürs Authentische usw. Da sich Äpfel nicht mit Birnen vergleichen lassen, wurde hauptsächlich der Verbundenheit der Hotels mit ihrer eigenen Umgebung Rechnung getragen. Welches die Preis-Genuss-Champions unter den «Insider-Hotels» sind, können Sie auf einen Blick dem speziellen Inhaltsverzeichnis entnehmen.

Übrigens: Die in der Rubrik «Preise» angegebene Preisspanne bewegt sich immer zwischen dem kleinsten Doppelzimmer in der Nebensaison und der teuersten Suite in der Hauptsaison. Alle Preise verstehen sich für eine Nacht und für zwei Personen; ob mit oder ohne Frühstück respektive Halbpension ist jeweils nach den Preisangaben vermerkt. Die Zimmerpreise können jederzeit ändern – die angegebene Spanne soll Ihnen in erster Linie eine Preisvorstellung geben.

Auch wenn Vernunft, Realitätssinn und Ernüchterung die vorherrschenden, weil verlangten Gemütslagen unserer Zeit sein mögen, so gilt doch nach wie vor Folgendes: Wir alle suchen das Paradies. Und da wir ungeduldig sind: am besten noch auf Erden. Ein Ort voller Charme und Seelenfrieden soll es sein, inmitten einer Traumkulisse mit mildem Klima und ewigem Sonnenschein und mit der Möglichkeit, ausschlafen zu können. Die «Insider-Hotels» kommen dieser Erwartung in guten Momenten – mal weniger, mal mehr – entgegen. Wer sie kennt, weiss: So, und nur so, sehen Hotels aus, die in erster Linie mit Lust und Laune betrieben werden und erst in zweiter Linie zum Geldverdienen da sind. Es könnte wohl sein, dass Sie beim Blättern auf den folgenden Seiten ganz spontan die Koffer packen.

Claus Schweitzer

Graubünden

CH-7050 Arosa

Hotel Eden

WieWoWasWann?

Geschlossen: Mitte April–Anfang Dezember.
Preise: DZ 140–440 Fr. (inkl. Frühstück). Spezielle APEX-Tarife. Alle Cards.
Lage: Mitten im Dorf, 3 Gehminuten von Bahnhof und Seilbahn entfernt.
Küche: Entweder italienisch im «Sapori» oder im Stil «Swiss Ethno Kitchen» im trendigen Restaurant «Roggenmoser», wo eine zugleich volkstümliche und multikulturelle, eine ebenso exotisch-aphrodisische wie natürlich-gesunde Küche angeboten wird.
Geheimtipp-Zimmer: Alle Designerzimmer in der Beletage im 4. Stockwerk.
Sport & Animation: Jungle-Gym-Fitnessklub mit Sauna, Dampfbad, Whirlpool, Kraftraum, Massagen, Gymnastik. Snowboard-Camps, Golfwochen, Blind-Dates-Wochen für Singles. Jedes Wochenende Partys, jeden Donnerstag Live-Konzert. Stark frequentierte Disco «Kitchen Club».
Anreise: Autobahn A 13 bis Chur, Stadtkern durchqueren und auf die gute Beschilderung nach Arosa vertrauen (360 Kurven ab Chur). Mit der Rhätischen Bahn bequem zu erreichen.

Das verrückteste Hotel der Schweiz befindet sich nicht in Zürich oder Basel, sondern auf 1750 Meter über Meer. Mitten in Arosa hält Hitsch Leu in seinem «Eden» eine Energietankstelle für Gäste aus aller Welt am Rotieren – «ein kunterbuntes Kaleidoskop, Mittelpunkt einer pulsierenden Szene, in der jeder gewinnt und keiner verliert». Leu betreibt Hotellerie als Gesamtkunstwerk – und er ist jemand, der nach seiner eigenen Zeitrechnung arbeitet, sich nicht um Standardlogik und Krisenangst kümmert, sondern seine Gäste stets mit neuen Ideen überrascht. Das beginnt schon beim Eintreten in die Hotelhalle, die eigentlich eine riesige Bar mit Billardtisch und Kaminfeuer ist, wo Lebenslust sich trifft und wo Wärme und Highlife dicht beieinanderliegen. Die ehemalige Hotelküche wurde zu einer der ungewöhnlichsten Discos der Alpen umfunktioniert. Früh-

Tel. 081/377 02 61
Fax 081/377 40 66
✶✶✶✶✶❶❶❶

stück gibts bis mindestens 12 Uhr mittags. Rauschende Feste und überraschende Events sind die Regel. Die meisten der 75 Zimmer wurden neu gestylt und sind frech, witzig und intim zugleich. Unterschieden wird zwischen «Classic Zimmern», «Designzimmern» und «Art Rooms», wobei die althergebrachten «Classic Zimmer» in den nächsten Jahren alle zu «Designzimmern» mit sinnesberauschender Ästhetik umgewandelt werden. Die «Art Rooms» sind individuell von Künstlern gestaltete Räume, die alle hergebrachten Denkweisen der Hotelinneneinrichtung sprengen. Zur Charakterisierung dieses lebendigen Hauses ist endlich einmal ein Wort am Platz, das häufig für Secondhand-Ideen missbraucht wird: Kreativität.

CH-7502 Bever   Graubünden

Hotel Chesa Salis

Tel. 081/852 48 38
Fax 081/852 47 06
✱✱✱✱❶❶❶

Die Art und Weise, Gäste zu Freunden umzupolen, macht den Bündnern keiner nach, und einer der Meister ist Carlos Jösler: Seine Freude ist überschwenglich und Sie werden in bestem Kumpelstil mit einer guten Dosis Nonchalance umsorgt werden. Die Gastgeberfamilie Jösler und ihre motivierte Crew tut jedenfalls alles, um eine behaglich-heitere Atmosphäre zu schaffen, damit Sie sich rundum wohl fühlen in dem stolzen Patrizierhaus aus dem Jahr 1590, das einst der Bündner Adelsfamilie von Salis gehörte und 1982 in ein sympathisches kleines Hotel umgebaut wurde. Jeder Raum und jedes der 17 Zimmer ist eine Sehenswürdigkeit, mit vielen antiken Möbeln und Gegenständen. Im ganzen Haus finden sich gemütliche Ecken, Wandmalereien und sorgfältig restaurierte Zeugen alter Handwerkskunst. Das Hausrezept «Fröhliche Gastlichkeit in elegant-rustikalem Rahmen» gilt auch für die diversen Essräume, wo man in einem entspannten Ambiente von gut gelaunten Kellnern bedient wird und Bündner Spezialitäten vom Feinsten geniessen kann. Der «Suler-Saal» ist der Typ des urgemütlichen Bistros, ohne offenkundige Absicht, das kulinarische Karussell mitzumachen, das begabte Küchen in Markenzeichen und angenehme Restaurants in Tempel von Spesenrittern verwandelt. Aber lassen wir diese Geschichten, davon wird Ihnen Carlos Jösler bei einem halben «Herrschäftler» noch manche auftischen.

WieWoWasWann?

Geschlossen: Mitte April–Mitte Juni, Mitte Oktober–Mitte Dezember.
Preise: DZ 186–290 Fr. (inkl. Frühstück). Alle Cards.
Lage: In einem kleinen Park am Dorfrand.
Küche: Gastronomisch bringt man das Kunststück fertig, zweierlei Gästen zu dienen. Das untere Lokal «Capitan» mit Holzkohlegrill bietet einfache Grill-Gerichte für ausgehungerte Wanderinnen und Wanderer und ist zugleich die Dorfbar von Bever. Oben im gemütlich gediegenen «Suler-Saal» warten raffinierte Genüsse auf Gern-Esser mit ländlichen Delikatessen aus der Region: Forellenfilets mit Bärlauch, Lammragout mit gratinierter Polenta, wie es keine Grossmutter besser könnte.
Geheimtipp-Zimmer: Nr. 26 (Hochzeitszimmer), Nr. 24 (mit Veranda), Nr. 35 (verwinkelt, mit Wandmalereien), Nr. 41 (charmantes Dachzimmer).
Anreise: Autobahn A 13 bis Thusis, über den Julierpass nach St. Moritz und weiter Richtung Unterengadin. Bever liegt zwischen Samedan und La Punt. Mit der RhB bequem von St. Moritz aus zu erreichen.

Graubünden

CH-7505 Celerina

Chesa Rosatsch

WieWoWasWann?

Geschlossen: Mitte April–Mitte Juni, Mitte Oktober–Anfang Dezember.
Preise: DZ 180–600 Fr. (inkl. Frühstück). Alle Cards.
Lage: Im Dorf, direkt am Inn, wenige Schritte von der berühmten Kirche San Gian.
Küche: Zwei Lokale unter einem Dach stehen zur Wahl: In den gemütlichen «Stüvas Rosatsch» lässt es sich einfach hervorragend tafeln. Im modernen Innenhofrestaurant «La Cuort» macht man Bekanntschaft mit authentischen Bündner Gerichten und feurigen Fleischspezialitäten vom Grill.
Geheimtipp-Zimmer: In der «L'En-Suite» direkt am Inn halten sich Avantgarde und Engadiner Gemütlichkeit die Waage.
Sport & Animation: Ein kleines Wellness-Angebot bietet Entspannung und Fitness. Wanderwege, Langlaufloipen und Gondelbahn zu den Oberengadiner Ski pisten in unmittelbarer Nähe.
Anreise: Autobahn A 13 bis Thusis, über den Julierpass nach St. Moritz und weiter Richtung Samedan. Celerina ist mit der RhB in wenigen Minuten von St. Moritz aus zu erreichen.

Mitte der 90er-Jahre wurden die vier miteinander verbundenen historischen Gebäude der «Chesa Rosatsch» direkt am Flüsschen Inn (das hier noch «En» heisst) von Grund auf neu gestaltet. Entstanden ist kein Trend- oder Designerhotel, aber ein Haus, das sich dank innovativem Farbkonzept und vielen kreativen Details als Hotel der neuen U-Klasse (Unique) profiliert. Zu diesen Hotels gehören zur Zeit einige wenige Häuser, die in ihrer Art aussergewöhnlich sind und sich nicht in eine der bestehenden Kategorien des Schweizer Hotelierverein einstufen lassen. In der «Chesa Rosatsch» überzeugt kein Alpenbarock, dafür traditionell-modernes Engadiner Design mit unbehandeltem Holz, natürlichen Materialien sowie zeitgenössischen Sgraffiti und Trompel'œil-Malereien. Kulinarisch wird in drei authentischen Stüvas eine eher klassische und im neuen «La Cuort»

Tel. 081/837 01 01
Fax 081/837 01 00
E-mail: hotel@rosatsch.ch
✴✴✴❶❶

samt Terrasse eine unkompliziert-innovative Restauration geboten. Für einen Aufenthalt nach Mass wurde anstelle der Halbpension der «Ess(S)Pass» eingeführt. Er kostet 210 Franken und erlaubt dem Gast, für den Gegenwert von 245 Franken nach Lust und Laune zu essen, zu trinken und zu rauchen. Denn neben einer interessanten Auswahl an Malt Whiskys und Dessertweinen bietet die «Inn-Bar» ein halbes hundert Zigarrenraritäten aus Kuba. Für den passenden Rahmen sorgt ein knisterndes Kaminfeuer in einem sehr intimen Ambiente, das altes Arvenholz mit avantgardistischen Ledersesseln und Teppichen kunstvoll miteinander verbindet.

CH-7260 Davos-Dorf   Graubünden

Hotel Zauberberg

Tel. 081/417 17 17
Fax 081/417 17 99
E-mail: zauberberg@bluewin.ch
✶✶✶✶✶❶❶❶❶❶

Mit viel Herz, Seele sowie einigen Finanzen haben Ursula und Willy Weber aus einer heruntergekommenen Absteige eines der aufregendsten Luxushotels der Bünder Alpen geschaffen. Die Vision des «Zauberbergs» keimte allerdings nicht an der frischen Höhenluft, sondern in den Bermudas, wo das dynamische Paar in den vergangenen Jahren lebte. Geschäfte führten die beiden Quereinsteiger rund um die Welt – und in unzählige Hotels, wo sie in erster Linie lernten, wie sie es bei ihrem «Magic Mountain»-Projekt nicht machen wollten. Das hiess, sich nicht von der offiziellen Hotelklassifikation beeindrucken zu lassen, die auf rein quantitativen Kriterien beruht. Beim Griff nach den Sternen haben sich fast alle der 77 bestehenden Davoser Hotels der standardisierten Quadratur gängiger Stadt- und Geschäftshotels angepasst und bieten banalste Uniformität statt reizvolle Differenziertheit. Im «kleinen Palast der zwölf Suiten mit Frühstücksservice» (Eigenwerbung) sucht man den üblichen Hotelrummel umsonst. Dafür ist das «kleinste Angebot» das, was in anderen Nobelherbergen ein «sehr grosses Doppelzimmer mit Südsicht, Balkon und prächtigem Badezimmer» ist. Video, Stereoanlage, Direktwahltelefon, Fax und Modemanschluss sind hier ebenso selbstverständlich wie die Kaffeemaschine in der eigenen Kitchenette. Die meisten Suiten verfügen über ein eigenes Cheminée, das nur noch angezündet zu werden braucht, Gästewaschmaschinen stehen gratis zur Verfügung, ein grosser Eiskübel mit Apéro-Getränken zur Happy Hour ebenfalls.

WieWoWasWann?

Geschlossen: Anfang Oktober–Ende November und Mitte April–Mitte Juni.
Lage: Nicht nur hervorragend ruhig, sondern auch hervorragend zentral. Schöner Blick ins Dischmatal.
Preise: DZ 230–720 Fr. (Sommer) resp. 420–1190 Fr. (Winter). Alle Cards.
Küche: Auf ein Restaurant wurde bewusst verzichtet, weil Davos ein breites gastronomisches Angebot anbietet. Auf Wunsch füllt sich Ihr Kühlschrank schon vor Ihrer Ankunft mit ausgesuchten Delikatessen (diverse «Kühlschrankfüllungen» stehen zur Wahl).
Geheimtipp-Zimmer: Alle 12 Suiten sind top. Top of the Top sind die sehr sonnige, sehr grosszügige «Panorama-Suite» sowie die beiden zweigeschossigen Dachsuiten «Luna» und «Etoile» (alle für 4 Personen).
Sport & Animation: Einladender Fitnessraum, vollautomatische Massageliegen, Dampfbad, Sauna, computergesteuerte Indoor-Golf-Anlage.
Anreise: Autobahn A 13 bis Landquart, Landstrasse bis Davos-Dorf. Das Hotel ist ausgeschildert. Davos ist auch bequem mit der RhB von Landquart aus zu erreichen.

Graubünden   CH-7551 Ftan

Hotel Haus Paradies

WieWoWasWann?

Geschlossen: Mitte April–Anfang Juni, Mitte Oktober–Anfang Dezember.
Preise: DZ 360–780 Fr. (ohne Frühstück). Alle Cards.
Lage: Das Haus könnte schöner nicht liegen: In einer zauberhaften hochalpinen Landschaft, mit Blick auf Schloss Tarasp und die Unterengadiner Bergwelt schmiegt es sich an die Sonnenterrasse von Ftan.
Küche: Feinste Bündner Gaumenfreuden in der «Stüva Paradies». Das Gourmetrestaurant «La Bellezza» zählt zu den besten in der Schweiz überhaupt. Eduard Hitzberger war 1998 «Aufsteiger des Jahres» bei Gault Millau.
Geheimtipp-Zimmer: Alle Zimmer verfügen über Südbalkon und haben einen berauschenden Blick aufs Unterengadin.
Sport & Animation: Einladender Wellness-Bereich. Pferde, Wanderwege und Skipisten vor der Haustür.
Anreise: Autobahn A 13 bis Landquart, über Davos und Flüelapass nach Scuol, von dort führt ein Landsträsschen nach Ftan. Scuol ist auch mit der RhB über St. Moritz zu erreichen. In Scuol wartet der Hotelbus.

Ftan, das wie eine Diva in einer weichen Geländemulde oberhalb von Scuol liegt, ist eines der Unterengadiner Dörfer, die den meisten Reisenden, die unten im Tal der Durchgangsstrasse folgen, unbekannt bleiben. Am Rand dieses Ortes versteckt sich das «Haus Paradies», eine der berauschendsten Adressen der Alpen überhaupt. In beruhigender Abgeschiedenheit findet man hier Gastliches und Kulinarisches in gelungener Harmonie unter einem Dach: Der Gast hat die Wahl zwischen der 150 Jahre alten Arvenholzstube «Stüva Paradis», in der traditionelle Engadiner Spezialitäten angeboten werden, und dem Gourmetrestaurant «La Bellezza», das zu dem überragenden Dutzend Schweizer Restaurants gehört, in denen man einmal in einem Feinschmeckerleben gewesen sein muss. Für den Empfang, den man hier erlebt, könnte das Wort «herzlich» erfunden worden sein.

Tel. 081/861 08 08
Fax 081/861 08 09
E-mail: paradies@relaischateaux.fr
✸✸✸✸✸❶❶❶❶

Überall stehen Antiquitäten und Designmöbel vom Feinsten – kein Raum, in dem nicht Originale von Bündner Künstlerinnen und Künstlern hängen. Von den 26 frisch renovierten, lichtdurchfluteten Zimmern, alle mit Südbalkon, hat man einen imposanten Ausblick auf die Lischanagruppe und das Schloss Tarasp. An regnerischen Tagen kann man sich in die Wellness-Oase «Garten Eden» zurückziehen, vor dem knisternden Kamin in der Lobby (die eher einem besonders schönen Wohnzimmer gleicht) neue Bekanntschaften schliessen oder in der Bibliothek verweilen und zwischen den Werken von Goethe und Thomas Mann einen Cocktail geniessen.

CH-7545 Guarda   Graubünden

Hotel Meisser

Tel. 081/862 21 32
Fax 081/862 24 80
★★★★❶❶

In Guarda etwa lässt sich das Engadin erleben, wie es war, bevor es zu dem geworden ist, wie es sich heute um St. Moritz herum präsentiert, wo der Städter all dem begegnet, dem er zu entkommen trachtet. Der schönste Ort des Unterengadins, hoch über dem Tal auf einer Sonnenterrasse gelegen, hat abseits des grossen Verkehrs sein ursprüngliches Dorfbild aus der ersten Hälfte des 17. Jahrhunderts bewahrt. Es wurde so musterhaft renoviert, dass es dafür zum «Ortsbild von nationaler Bedeutung» erklärt wurde. Alois Carigiets berühmtestes Bilderbuch ist hier entstanden, und den «Schellen-Ursli» kann man im kleinen Schnitzerladen auch kaufen. Sein Haus allerdings sucht man vergebens. Dafür freut man sich an anderen reichgeschmückten Fassaden wie derjenigen des «Hotel Meisser». Schon das blumengeschmückte Eingangstor weckt Vertrauen. Das mächtige Bauernhaus wurde zurückhaltend und aussergewöhnlich geschmackvoll renoviert. Ein schöner alter Speisesaal mit angebautem Panoramarestaurant, heimelige Aufenthaltsräume, urgemütliche Zimmer und Suiten laden zum «Immer-hier-Wohnen-bleiben» ein. Seit 1893 ist das Hotel in Familienbesitz, in dieser Zeit ist das Hotel organisch gewachsen. Vor ein paar Jahren konnte die Familie Meisser die gleich vis-à-vis liegende «Chasa Pepina» erwerben und mit immensem Aufwand und unter den wachsamen Augen der Denkmalpflege zu einem wahren Bijou ausbauen. In dieser Idylle halten es Menschen, die zu leben verstehen und die die notwendige Zeit dafür haben, gern etwas länger aus.

WieWoWasWann?

Geschlossen: November–April. Im Winterhalbjahr werden die Suiten in der «Chasa Pepina» als Ferienwohnungen vermietet.
Preise: DZ 180–440 Fr. (inkl. Halbpension). Alle Cards.
Lage: Auf einer Sonnenterrasse im schönsten Dorf des Engadins, 1650 m ü. M.
Küche: Gut gemachte Engadiner Spezialitäten.
Geheimtipp-Zimmer: Die Zimmer verteilen sich auf das Bauernhaus (WC/Dusche auf der Etage), das Haupthaus («Jürg-Jenatsch-Zimmer» reservieren!) und das Suitenhaus «Chasa Pepina» (die «Charpenna»-Suite im Dachstock ist ein Erlebnis auf 97 m^2).
Sport & Animation: Grosser Garten mit Liegewiese, unbegrenzte Wandermöglichkeiten.
Anreise: Autobahn A 13 bis Landquart, über Davos und Flüelapass nach Susch, von dort Landstrasse in Richtung Scuol bis Abzweigung Guarda. Mit der Bahn über Chur und St. Moritz nach Susch. Von dort mit dem Postauto nach Guarda.

Graubünden CH-7250 Klosters

Hotel Chesa Grischuna

WieWoWasWann?

Geschlossen: Mitte April–Mitte Juni und Mitte Oktober–Mitte Dezember.
Lage: Mitten im Dorf.
Preise: DZ 200–450 Fr. (inkl. Halbpension). Alle Cards ausser Diners.
Küche: Traditionell, köstlich und von allem reichlich – so lautet der kulinarische Nenner, auf den sich alle Gerichte in diesem Restaurant bringen lassen: die gemischten Waldpilze mit Bramata, die frischen Forellen aus der Landquart, das Rehschnitzel mit Pizzoccheri.
Geheimtipp-Zimmer: Alle Zimmer in den beiden Häusern «Chesa» und «Chalet» sind individuell im heimeligen Bündnerstil mit viel Arvenholz eingerichtet. Man hat die Wahl zwischen Einzel- und Doppelzimmern mit Bad/WC oder mit Lavabo und Etagenbad.
Sport & Animation: Kegelbahn, breite Palette von Sport- und Freizeitmöglichkeiten in unmittelbarer Nähe.
Anreise: Autobahn A 13 bis Landquart, Landstrasse in Richtung Davos bis Klosters. Das Hotel ist ausgeschildert. Klosters ist auch bequem mit der RhB von Landquart aus zu erreichen.

«Romantik ist die unerwartete Anwesenheit von Gefühlen, von Stimmungen, von Musse und vielleicht ein bisschen Unvernunft», steht im Hotelprospekt der «Chesa Grischuna» in Klosters. Tatsächlich ist das aus zwei alten, beinahe tirolerisch anmutenden Chalethäusern bestehende Hotel an Romantik kaum zu überbieten. Alte Bündner Handwerkskunst und Liebe zum Detail prägen die Atmosphäre, die Fresken an Fassade und Fensternischen haben den Maler Alois Carigiet überlebt, im Sommer prägen tausend Geranien und ein üppiger Blumengarten das Anwesen, und wenn draussen die winterliche Kälte klirrt, fühlt man sich drinnen in den nach Arvenholz duftenden Räumen so richtig geborgen. Die 25 Zimmer vermitteln alle einen rustikalen Charme, das ganze Haus ist mit unzähligen Antiquitäten, nostalgischen Uhren, kunstvollen Holzschnitzereien und

Tel. 081/422 22 22
Fax 081/422 22 25
✱✱✱❶❶❶

Originalbildern von Carigiet, Giacometti und Ernst Ludwig Kirchner eingerichtet. Auch das Restaurant ist immer gut für einen besonderen Abend: sei es, weil die alte, wunderschöne Kassettendecke mit naiver Malerei und das einzigartige Ambiente gefällt, sei es, weil am Nebentisch gerade ein Mitglied des englischen Königshauses sitzt, oder sei es, weil hier die traditionelle Küche ohne grosse Schnörkel besonders gepflegt wird. Wintersportler schätzen die zentrale und doch ruhige Lage: Die Talstationen der Gotschna- und Parsennbahn sind nur drei Gehminuten entfernt.

CH-7078 Lenzerheide   Graubünden

Hotel Schweizerhof

Tel. 081/384 01 11
Fax 081/384 52 53
✱✱✱❶❶❶

Der «Schweizerhof» besticht durch eine kindergerechte Infrastruktur und elterngemässen Komfort. Es ist eines der wenigen Familienhotels der Schweiz, die begriffen haben, dass die Grossen auch einmal Zeit für sich brauchen. Darum gibt es ein umfassendes Programm für die kleinen Gäste. Da ist «Action» mit Indianerromantik und Übernachtung im Tipi-Zelt, da ist aber auch einfaches Naturerlebnis auf dem Bauernhof. Ist Patron Andreas Züllig abwesend, werden die Kinder kurzfristig zu lauter kleinen Hoteldirektoren: sie führen das Hotel. In der Küche bereiten sie Drinks zu, dekorieren ihre eigene Pizza oder backen einen Zopf. Im Kindergarten «Teddy-Club» sind während der Hochsaison alle herzlich willkommen, auch einheimische Kinder. Abends steht das Spielzimmer mit Nintendo und Videozelt offen (30 Videos an der Rezeption). Gleichzeitig haben Eltern die Möglichkeit, ihre bereits schlafenden Kleinsten an der Rezeption durch Baby-Phones überwachen zu lassen. Im hauseigenen Sportcenter heisst es: fit werden und Fun haben. Am Ball bleiben mit Squash, Tennis oder Badminton. Eine ruhige Kugel schieben beim Billard oder Kegeln. Entspannen im Erlebnisbad, in den Saunas, im Dampfbad, bei der Massage. Aus vier Restaurants jeden Abend nach Lust und Laune das Passende wählen. In der Pianobar die langen Nächte kurz werden lassen. Und das alles unter einem Dach, in der Erlebniswelt des Familien- und Sporthotels «Schweizerhof» im Herzen der Lenzerheide.

WieWoWasWann?

Geschlossen: Nie.
Lage: Mitten im Dorf.
Preise: DZ 220–410 Fr. (inkl. Frühstück), 2¹/₂-Zimmer-Appartements (2 bis 4 Personen) 250–570 Fr., 3¹/₂-Zimmer-Appartements (3 bis 6 Personen) 335–770 Fr.
Küche: In der Bündnerstube «Allegra» werden Capuns, Maluns, Pizokels und Co. aufgetischt, im «Boccalino» leckere Holzofen-Pizzas, im «Stübli» währschafte Rösti-Variationen und in der «Arvenstube» locken sautierte Bergforellenfilet mit Griessrondellen und gebratene Lammnierstücke auf Zucchetti-Gemüse.
Sport & Animation: 2 Tennisplätze (Indoor), 4 Badmintonplätze (Indoor), 2 Squash-Courts, Erlebnisbad, Saunas, Dampfbad, Fitness, Massage, Aerobic, Indoor-Golf, Kegelbahn, Spielsalon, Kindergarten. Breites Aktivitätenprogramm.
Anreise: Autobahn A 13 bis Chur, dann Landstrasse nach Lenzerheide. Bequem mit dem Postauto ab Chur zu erreichen.

Graubünden CH-7078 Lenzerheide-Sporz

Hotel Guarda Val

WieWoWasWann?

Geschlossen: Mitte April–Anfang Juni, Ende Oktober–Mitte Dezember.
Preise: DZ 270–1400 Fr. (inkl. Frühstück). Alle Cards.
Lage: Zehn Maiensässhäuser, in loser Nachbarschaft gruppiert, auf einer sonnigen Terrasse ob Lenzerheide. Umgeben von Bergen, Wäldern und Wiesen.
Küche: Entweder im Restaurant «Crap Naros», wenn Appetit auf Fondue, Raclette und urchige Gemütlichkeit aufkommt. Oder im Gourmetrestaurant, wo Traditionelles und Originelles Hand in Hand gehen.
Geheimtipp-Zimmer: Nr. 53 (elegant-rustikal), spektakuläre Suite «Stailetta» mit Whirlpool.
Sport & Animation: Tennis, Fitness, Sauna. Vor der Haustür beginnen die Wanderwege und endet die Skipiste.
Anreise: Autobahn A 13 bis Chur, Stadtkern durchqueren und Landstrasse nach Lenzerheide einschlagen. Das Maiensässdorf Sporz liegt 5 Fahrminuten ob Lenzerheide. Ab Chur ist Lenzerheide bequem mit dem Postauto zu erreichen, in Lenzerheide holt Sie der Hotelbus ab.

Es gibt viele Gründe, nach Graubünden zu kommen. Einer der besten ist das ehemalige Maiensässdorf «Guarda Val», hinter dessen Fassaden sich eine verträumte Zauberwelt versteckt. In einer spektakulären Bergkulisse gelegen, ist das Hotel vom Lärm der Welt auf 1600 Metern über dem Meer weit weg. Damit man ihn aber vergisst, dafür sorgen die himmlischen Betten in den zu teilweise luxuriösen Chalet-Zimmern umgemodelten Ställen. Im wieder erwachten Dorf wohnen die Hotelgäste Tür an Tür mit den Vazer Bauern. Im Sommer ein Wander- und Golferparadies, im Winter ein Schneedorado, ist das «Guarda Val» zunächst einmal ein beliebtes Ziel der Sportbegeisterten. Aber in den Zimmern, wo das viele Arvenholz und die hübsche Innendekoration zu einer urgemütlichen Atmosphäre beitragen, fühlen sich auch völlig unsportliche Gäste wohl und

Tel. 081/385 85 85
Fax 081/385 85 95
E-mail:
guardavalsporz@swissonline.ch
★★★★❶❶❶❶

geniessen ein Leben im Wechsel der Jahreszeiten. Besonders schön ists natürlich im Winter, wenn man zwischen zwei Meter hohen Schneewänden aus dem Zimmer ins Restaurant geht. Wenn Sie meinen, mit einem Teller Bündnerfleisch seis hier oben getan, schneiden Sie schlecht ab. Im Gourmetrestaurant warten höhere Gaumenfreuden mit ästhetisch präsentierten Speisen und harmonischen Geschmacksnuancen, und die Weinkarte mit den besten Produzenten der Bündner Herrschaft weist schliesslich darauf hin, dass man sich nach einem sporterfüllten Tag auch eine kleine Ausschweifung leisten darf.

CH-7208 Malans Graubünden

Hotel Weisskreuz

Tel. 081/322 81 61
Fax 081/322 81 62
**00

«Gibts kein Paradies, gibts doch Paradiese.» Dieses Statement steht ganz am Anfang des Hotelprospektes. Da das Wort Paradies in der Mehrzahl steht, muss es wohl noch andere Oasen der Gastlichkeit geben, aber das «Hotel Weisskreuz» im Weindorf Malans ist mit Sicherheit die beste Adresse in der Bündner Herrschaft. Das Haus, dessen Geschichte bis ins 17. Jahrhundert zurückreicht, ist Anfang der 90er-Jahre aufwendig renoviert und erweitert worden. Nach einem Fehlstart ist es jetzt in guten Händen: Patron Gabriel Tinguely weiss, dass sich Wohlbefinden nicht einfach bestellen, anliefern und auf den Tisch stellen lässt, sondern dass er und sein Team täglich dafür besorgt sein müssen. Das macht er allerdings bestens – bei ihm lässt man sich gerne verwöhnen. Die elf Gästezimmer sind hell und grosszügig, die fünf Bündnerstuben laden zum Schlemmen und Verweilen ein. Für den Küchenchef Horst Sulzmann sind auch einfache Gerichte immer etwas Spezielles. Er kocht ausschliesslich mit marktfrischen Produkten, die soweit als möglich aus der Region stammen. Dabei sind die vier Jahreszeiten bestimmender Faktor bei der Gestaltung des Angebots. Die grosse Leidenschaft von Koch und Patron ist jedoch der Wein: Im Keller lagern neben internationalen Trouvaillen die Spezialitäten der Malanser Selbstkelterer, die beim festlichen Gourmetmenü oder im «Vinarium zum Torkel» neben der riesigen Weinpresse degustiert werden können – oder auf der schönen Terrasse über den Dächern von Malans, die einen herrlichen Ausblick auf das Churer Rheintal bietet.

WieWoWasWann?

Geschlossen: Nie.
Preise: DZ unter der Woche 190 Fr., am Wochenende 220 Fr. (inkl. Frühstück). Alle Cards ausser Diners.
Lage: Mitten im malerischen Winzerdorf.
Küche: Bündner Spezialitäten in der Malanserstube, neuzeitliche kreative Küche in den schönsten Stuben der Herrschaft. Das Bündner Lamm oder die Variation von Meeresfischen auf grilliertem Gemüse sind dabei bereits zum Klassiker geworden. Grosse Sonnenterrasse mit leichten, mediterran inspirierten Sommergerichten.
Sport & Animation: Die Umgebung ist ein Paradies für Radfahrer. In der hauseigenen Weinstube «Vinarium zum Torkel» finden regelmässig Degustationen von Weinen aus verschiedenen Regionen statt.
Anreise: Autobahn A 13 Sargans–Chur bis Ausfahrt Landquart, von dort Landstrasse nach Malans. Das Dorf ist mit dem Postauto ab Landquart erreichbar.

Graubünden CH-7504 Pontresina

Hotel Saratz

WieWoWasWann?

Geschlossen: Mitte April–Mitte Juni, Mitte Oktober–Mitte Dezember.
Preise: DZ 180–366 Fr. (inkl. Frühstück). Alle Cards.
Lage: Im Dorf.
Küche: Im «Restaurant Saratz» werden marktfrische italienische Gerichte mit Engadiner Flair serviert, in der «Pitschna Scena» wird nach dem Motto «Reise um die Welt» gekocht – von ungarischen über thailändische Spezialitäten bis zum Bündner Ethno-Food.
Geheimtipp-Zimmer: Alle Zimmer sind empfehlenswert. Landschaftsanbeter reservieren ein Südzimmer mit Sicht auf das Val Roseg (z. B. Nr. 108).
Sport & Animation: Aussen- und Innenschwimmbad, Whirlpool, Sauna, Dampfbad. Billard. Betreuter Kinderklub. Im Sommer: Hotelpark mit Bocciabahn, Tennisplatz, Tischtennis, Trampolin, Putting-green, Driving-Range, Robinsonspielplatz.
Anreise: Autobahn A 13 bis Thusis, über den Julierpass nach St. Moritz und weiter in Richtung Poschiavo. Mit der RhB bequem von St. Moritz aus zu erreichen (Gratis-Hoteltransfer vom Bahnhof Pontresina).

Das neue alte «Saratz» in Pontresina ist der Prototyp des modernen Hotels der ausklingenden 90er-Jahre. Nach einer 22 Millionen Franken teuren Renovation knüpfte der 130-jährige Hotelbau im Dezember 1996 nahtlos an seine Blütezeit in den 40er-Jahren an, als sich prominente Zeitgenossen wie Richard Strauss hierhin zur Erholung zurückzogen. Der neue und der alte Teil des Gebäudekomplexes wurden durch eine lichtdurchflutete Halle bemerkenswert schlicht und effektvoll miteinander verbunden. In beiden Hausteilen hat die Innenarchitektin Pia Schmid ein unvergleichliches Design- und Farbkonzept geschaffen. 90 Prozent der Zimmer verfügen über eine traumhafte Aussicht ins Val Roseg, alle Zimmer sind sehr geräumig und wurden individuell mit Kunstobjekten von 14 Schweizer Künstlern ausgestattet. Nach dem Motto von Cäsar Ritz «We are ladies and gentlemen,

Tel. 081/839 40 00
Fax 081/839 40 40
E-mail: saratz@alpineclassics.ch
✴✴✴✴✴❶❶

serving ladies and gentlemen» ist der Kontakt zwischen MitarbeiterInnen und Gast nicht unterwürfig und formell, sondern partnerschaftlich und freundlich. Die optische Gestaltung der Rezeption ist die logische Konsequenz dieser Einstellung: Hier wird bei der Ankunft nicht durch eine Theke Distanz geschaffen, sondern durch Partner-Desks Nähe und persönlicher Kontakt gefördert. Das «Saratz» ist die neue Perle der Alpen mit perfekter Infrastruktur: vom Kindergarten bis zum Wellness-Bereich. Ein Haus voller Überraschungen und Gegensätze, in dessen Erlebniswelten und Rückzugsoasen jeder tun und lassen kann, was er will. Hier wird Schlichtheit zum Ereignis.

CH-7536 Sta. Maria im Münstertal   Graubünden

Theater-Hotel Chasa Capòl

Tel. 081/858 57 28
Kein Fax.
✶✶❶❶

Südlich des Ofenpasses tut sich eine der unberührtesten Landschaften der Schweiz auf. Hier versteckt sich das malerische Dorf Santa Maria und mittendrin das tausendjährige Haus «Chasa Capòl», einstige Propstei der Benediktinerabtei St. Johann in Müstair, später Sitz der Grafen de Capòl, seit 1956 ein Hotel, in dem der Kunst ebenso viel Aufmerksamkeit zuteil wird wie der Gastlichkeit. Das ganze Haus ist ein lebendiges Museum; hier logierte im Jahr 1506 schon der deutsche Kaiser Maximilian I. Jeder Raum ist ein Geschichten-Zimmer ohne störende modernistische Einflüsse geblieben, auch die Gästezimmer sind sehr individuell mit antiken Holzmöbeln eingerichtet und tragen die Namen historischer Persönlichkeiten aus der Gegend. Gefrühstückt wird bis mittags im wohlklingenden wie stimmigen Saal «Salottino Veneziano» oder im lauschigen Garten. An den beiden Bars trifft man ebenso auf Einheimische wie auf Schauspieler und Musiker, die gerade im Haustheater gastieren. Im historischen Ambiente des Rittersaals oder der «Stüva» verbringt man einen Abend, der einem sicher noch lange im Gedächtnis haften bleibt. Die Halbpensionsmenüs sind aus fünf Gängen bestehende Reisen ins Ungewisse (übersetzen Sie mal «Chaina dals Chavallers» oder «Giantar da las Ursulinas»), wobei auf Wunsch jeder Gang von einem anderen rhätischen Wein begleitet wird. Im Keller lagern eigens angebaute Schätze aus dem nahen Südtirol.

WieWoWasWann?

Geschlossen: Nie.
Preise: DZ 190–240 Fr. (inkl. Frühstück). Keine Cards.
Lage: In einem Park im Dorf.
Küche: Rhätische Spezialitäten im Rittersaal und in der gepflegten «Stüva».
Geheimtipp-Zimmer: Grandlit-Zimmer «Catherine Imeldi» (Arvenholzambiance, still und verwinkelt, mit Sicht über die Dächer) sowie «Stanza da filer» (herrschaftliche Stube mit Blick zum Dorfkern, beheizbarer Turmofen). Einzelbettzimmer «Schimùn Lemnius» (zum Park) sowie «Oswald Jaeggi» (Burgstübchen mit Medaillon-Fenster).
Sport & Animation: Freibad, Boccia, Kunstgalerie, Haustheater (Konzerte, Musiktheater und Schauspiel). Idealer Ausgangspunkt für Wanderungen.
Anreise: Autobahn A 13 bis Landquart, Landstrasse über Davos und Flüelapass nach Susch, von dort via Zernez über den Ofenpass nach Santa Maria. Mit der Bahn über Chur und St. Moritz nach Zernez. Von dort mit dem Postauto nach Santa Maria.

Graubünden CH-7500 St. Moritz

Suvretta House

WieWoWasWann?

Geschlossen: April–Juni, September–Mitte Dezember.
Preise: DZ 390–1380 Fr. (inkl. Halbpension). Alle Cards ausser Diners.
Lage: Alleinstehend auf einem Plateau etwas ausserhalb von St. Moritz.
Küche: Was gut und teuer ist, ist in bester Qualität vorhanden. Im monumental-pompösen Speisesaal können Nostalgiker die Vergnügen vergangener Zeiten neu erleben.
Geheimtipp-Zimmer: Alle Zimmer zum See haben einen Ausblick, der einem Gemälde von Segantini gleichkommt.
Sport & Animation: Hallenbad, Sauna, Dampfbad, Massagen, Fitness, Schönheitspflege, Driving-Range, Tennis, Bocciabahnen, eigene Eislauf-und Curlingplätze. Direkter Anschluss ins Ski- und Wandergebiet Suvretta-Corviglia. Betreuter Kindergarten mit Spielplatz. Eigene Skischule.
Anreise: Autobahn A 13 bis Thusis, über den Julierpass, zwischen Silvaplana und St. Moritz nach Champfèr abbiegen. Das «Suvretta» thront unübersehbar am Hang. Oder: Mit der RhB bis St. Moritz. Dort holt Sie der Hotelbus ab.

Das «Suvretta House» ist das schönste der vier grossen Schlachtschiffe der St. Moritzer Hotellerie. Es liegt auf dem Plateau Chasellas etwas ausserhalb des mondänen Kurorts, eingebettet in die Engadiner Bergwelt. In dieser kolossalen Luxusherberge, Baujahr 1912, taucht man in eine Aura von Unwirklichkeit ein, jeder Gast ist Akteur auf einer imaginären Bühne. Die Ambiance setzt sich aus dem Dekor von Kinoschmalz, wie «Vom Winde verweht», und einem Hauch «Belle Époque» zusammen. Nur eben – (fast) alles ist hier echt. Wenn schlechtes Wetter einen Strich durch die Tagesplanung macht, empfiehlt sich ein Erkundungsgang durch den Ozeanriesen; das «Suvretta» ist ein Labyrinth von Fluren und Treppen, und immer wieder führen geheimnisvolle Gänge zu neuen Stockwerken und versteckten romantischen Winkeln. Was Charakter hat, hat auch

Tel. 081/832 11 21
Fax 081/833 85 24
E-mail:
suvrettahouse@compunet.ch
★★★★●●●●●

Konturen. Zu den Konturen des «Suvretta» gehören kleine Besonderheiten und Traditionen wie der Five o'clock tea in der Halle mit Pianobegleitung oder der (obligatorische) Abendanzug im Speisesaal, wo es sehr exklusiv und formvollendet zugeht. Wer warum wo sitzt, lässt sich nur ahnen – allerdings geht es bedeutend weniger protzig zu und her als etwa in «Badrutt's Palace Hotel», wo ein gesellschaftliches Ereignis das andere jagt. Für die Gäste im «Suvretta» zählt in erster Linie das Sein und weniger der Schein. Man legt grossen Wert auf Privacy und findet hier eine Umgebung vor, die im besten Sinne des Wortes absolut «sophisticated» ist.

CH-7515 Sils Baselgia   Graubünden

Hotel Margna

Tel. 081/826 53 06
Fax 081/826 54 70
E-mail:
Hotel.Margna.Sils@gr-net.ch
✳✳✳✳❶❶❶❶

Ganz in der Nähe und doch weltenweit vom turbulenten St. Moritzer Jet-set entfernt, liegt das «Margna», ein stattliches und rosafarbenes Haus zwischen dem Silvaplana- und dem Silsersee. Italien und Finnland seien hier zum Bunde zusammengekommen, meinte einst der Wahl-Engadiner Friedrich Nietzsche zur lieblichen, silbern glänzenden Landschaft rund um das 1817 erbaute, «gewachsene» Patrizierhaus, in dem seit 1871 Gäste willkommen geheissen werden. Von ganzem Herzen – und auch mit ein bisschen Stolz. Die traditionsreiche Vergangenheit lässt sich hier ganz privat geniessen. In einem ausgesprochen warmen und behaglichen Ambiente mit kunstvoll verzierten Holzdecken, alten Bündner Gewölben, wertvollen italienischen Gemälden und Engadiner Antiquitäten. Hier hat man manchmal das Gefühl, als seien die Uhren stehen geblieben. Viel Holz und eine heimelige Ruhe erwarten den Gast in den liebevoll eingerichteten Zimmern, die man über ein Labyrinth von Gängen und Treppen erreicht – irgendwo begegnet man mit Bestimmtheit einem Herrn mit Koffer, und dann weiss man weder rauf noch runter. Und Zimmer hat das «Margna» wie zu Nietzsches Zeiten; mit hohen Holzdecken, patinaschweren Öfen, Betten und Schränken. Zimmer, die Geschichten erzählen und zum Träumen anregen. Tagsüber präsentiert sich (bei schönem Wetter) der Garten als Oase zum erholsamen Verweilen. Und abends gibt es klassische Rezepte und gemütliche Gaststuben, in denen gelacht werden darf.

WieWoWasWann?

Geschlossen: Anfang April–Anfang Juni, Mitte Oktober–Mitte Dezember.
Preise: DZ 310–520 Fr. (inkl. Frühstück). Keine Cards.
Lage: Traumhaft in der Engadiner Hochebene (1800 m ü. M.) zwischen dem Silvaplana- und dem Silsersee gelegen.
Küche: Käsefondue und Bündner Spezialitäten in der «Stüva». Im Speisesaal vertraut man auf gut gemachte regionale und internationale Gerichte, die oftmals aus der Zeit vor der Kalorientabelle stammen.
Geheimtipp-Zimmer: Nr. 2 (grosses Eckzimmer), Nr. 25 (nostalgisch-einfaches «Zauberberg»-Zimmer), Nr. 49 (Seesicht).
Sport & Animation: Whirlpool, Sauna, Dampfbad, Tennis, Massagen, Richard Foreman Golf Academy mit Driving-Range und Übungsparcours (6 Loch par 3), div. Spezialwochen für Aktivferien. Direkter Anschluss ans Oberengadiner Wander- und Langlaufnetz.
Anreise: Autobahn A 13 bis Thusis, über den Julierpass, in Silvaplana rechts abbiegen und 3 km in Richtung Maloja fahren. Oder: Mit der RhB bis St. Moritz und dem Postauto nach Sils Maria. Dort holt Sie der Hotelbus ab.

Graubünden

CH-7514 Sils Maria

Chesa Pool

WieWoWasWann?

Geschlossen: Ende April–Mitte Juni, Ende Oktober–Mitte Dezember.
Preise: DZ 170–240 Fr. (inkl. Halbpension). Spezialtarife in der «Abzwitschersaison». Keine Cards.
Lage: Idyllisch ruhig im offenen, autofreien Fextal.
Küche: Am einen Tag Fisch oder Fleisch, am andern vegetarisch (alles biologisch, frisch und saisonal).
Geheimtipp-Zimmer: Urgemütlich ists im Arvenzimmer. Die Zimmer im Haupthaus haben WC/Dusche auf der Etage, in der Dependance «Chesa Alpina» im Zimmer.
Sport & Animation: 1001 Spezialwochen: Yoga, Philosophie & Ski, Film & Fell, Langlauf & Selbstfindung, Fasten & Wandern.
Anreise: Autobahn A 13 bis Thusis, über den Julierpass, in Silvaplana rechts abbiegen und Fahrzeug in der Tiefgarage von Sils Maria abstellen. Von dort holt Sie der Hausbus ab. Oder: Mit der RhB bis St. Moritz, mit dem Postauto nach Sils Maria. Von dort in 20 Min. zu Fuss in die «Chesa Pool» (Gepäcktransport für Ankommende und Abreisende vom Haus organisiert).

Das Mekka der Skitourenfahrer liegt vor den Toren von St. Moritz, am Eingang des autofreien Fextals, wo seit eh und je Pferdeschlitten die Gäste bis vor die «Chesa Pool» führten, das wildromantischste Gasthaus weit und breit. 35 Gäste finden hier Platz, das Prinzip der Gastgeber ist einleuchtend: «Stell dir vor, du empfängst zu Hause Freunde oder Bekannte und bewirtest sie.» Wer in diesem Kleinod – bestehend aus einigen urtümlichen Bauernhäusern aus Stein – seine Freizeit verbringt, tut dies nicht, weil er den Komfort eines Luxushotels sucht, sondern weil er/sie das gemütliche Zusammensein in einer grossen Familie schätzt. So sorgen die Gäste selber für die (Un-)Ordnung in ihren Zimmern. Die sind schlicht, aber praktisch eingerichtet, hier schläft man. Der wache Teil des Lebens spielt sich ohnehin im unteren Stock ab: in der Arvenbibliothek, in der Cheminée-

Fex-Platta
Tel. 081/826 55 04
Fax 081/826 61 15
*❶

Ecke, im grossen Speisesaal, an der Bar. Oder eben draussen: Hier können Sie (geführte) Tagesskitouren während des ganzen Winters von der Haustüre weg unternehmen oder den Tag an den langen Holztischen auf der Terrasse verbringen, noch eine vierte Tasse Kaffee trinken und sich freuen, dass der Briefträger die Zeitung bringt. Die Wetterprognose wird nicht beachtet, der Himmel ist stahlblau, und wenn es trotzdem einmal schlechtes Wetter ist – natürlich nur, damit am nächsten Tag frischer Pulverschnee liegt – spaziert man in die schöne Biblioteca Engiadinaisa in Sils Maria oder fährt nach St. Moritz in die Konditorei Hanselmann, um sich zu vergewissern, dass es im Fextal halt doch am schönsten ist.

CH-7610 Soglio   Graubünden

Hotel Palazzo Salis

Tel. 081/822 12 08
Fax 081/822 16 00
***❶❶

Ganz gleich, wohin es Sie in Soglio zieht, am «Palazzo Salis» kommen Sie immer vorbei. Prominent an einem der schönsten Punkte des Bilderbuchdörfchens gelegen, breitet das geschichtsträchtige Haus einladend die Flügel aus und nimmt seine Gäste verführerisch in die Arme. Das Innere hält, was das Äussere verspricht: Mehrere Salis-Generationen hinterliessen seit 1630 lesbare Spuren, bis der heute noch in Familienbesitz stehende Palazzo 1876 in ein Hotel umfunktioniert wurde. Die Modernisierungen bewegten sich stets in überlegten Grenzen, nach dem Motto: Komfort nur soweit ihn das historische Haus erträgt. Nun lassen Möbel aus vier Jahrhunderten, Ritterrüstungen, Gewölbe, Holzbalken, Granit, Täfer, elegante Parketts, dekorativer Stuck, bunte Kachelöfen und Portraits der Ahnen eine einzigartige Atmosphäre entstehen: eine Mischung von Omas Estrich und lebendigem Ortsmuseum. Im vielleicht idyllischsten Hotelgarten von Graubünden hat man die Gewissheit, dass Blechschlangen, Autoabgase, Stress und Alltag in weite Ferne gerückt sind. Einziger Nachteil: Die Mischung aus nostalgischem Hotelbetrieb und populärer Sehenswürdigkeit für neugierige Passanten bekommt dem Palazzo nicht immer gut.

WieWoWasWann?

Geschlossen: November–Mitte März.
Preise: DZ 140–200 Fr. (inkl. Frühstück). Alle Cards ausser Diners.
Lage: Mitten im autofreien Bilderbuchdorf, auf einem Hochplateau (1100 m ü. M) 300 m über der vielbefahrenen Talsohle des Bergells.
Küche: In der prachtvollen «Sala» und im intimeren «Ristorante» werden gut gemachte Bündner Spezialitäten aufgetischt.
Geheimtipp-Zimmer: Das Rilke-Zimmer, wo 1919 Rainer Maria Rilke logierte, ist wohl das schönste. Allerdings muss man es im Sommer lange im Voraus reservieren, weil es von deutschen Bildungsbürgern, die gerne kulturellen Grössen nachreisen, in Beschlag genommen wird.
Sport & Animation: Zahlreiche Wanderwege.
Anreise: Autobahn A 13 bis Thusis, über den Julierpass, in Silvaplana Landstrasse in Richtung Maloja/Chiavenna nehmen, in Promontogno rechts nach Soglio abbiegen. Das Dorf liegt ruhig am Strassenende.

Graubünden CH-7553 Tarasp-Sparsels

Schlosshotel Chastè

WieWoWasWann?

Geschlossen: April–Mai, Mitte Oktober–Mitte Dezember.
Preise: DZ 240–380 Fr. (ohne Frühstück). Alle Cards.
Lage: An herrlicher Sonnenlage inmitten einer unberührten Berglandschaft.
Küche: Alles an diesem Haus atmet Tradition, die Bedienung in Bündner Tracht genauso wie die Holzverkleidung. Wo man zur Tradition derart liebevoll Sorge trägt, sind auch von der Küche keine Purzelbäume zu befürchten: Anspruchsvolle, aber unverkünstelte Gerichte aus überwiegend regionalen Zutaten.
Geheimtipp-Zimmer: Panorama-Suite, die ihren Namen verdient, für maximal vier Personen.
Sport & Animation: Sauna, Dampfbad, Whirlpool, Massagen, Kosmetik. Langlaufloipen und Wanderwege vor der Haustür.
Anreise: Autobahn A 13 bis Landquart, über Davos und Flüelapass nach Scuol, von dort führt ein Landsträsschen über Vulpera nach Tarasp. Mit der Bahn über Chur und St. Moritz nach Scuol. Von dort mit dem Postauto nach Tarasp.

Tief verschneit oder blumenübersät – dieser ehemalige Bauernhof unterhalb des kolossalen Schlosses am Dorfplatz von Tarasp, seit 500 Jahren in Familienbesitz, ist ein Bijou von einem Hotel mit kuscheligen, nach Arvenholz riechenden Zimmern zum Immer-drin-Wohnen-bleiben. Das Panorama ist spektakulär: Man blickt auf eine zauberhafte Bergwelt. Am Morgen wird man von tausendundeiner Kuh wachgebimmelt und freut sich auf ein sonniges, südalpines Höhenklima auf 1400 m ü. M. Die Ausstrahlung eines Hauses von der Grösse eines «Chastè» steht und fällt mit der Freundlichkeit seiner Gastgeber. Und die Familie Pazeller ist weitum für ihren wirklich persönlichen Service bekannt, der dem Besucher das immaterielle Gut «Geborgenheit» vermittelt – eine Investition, die keiner speziellen Finanzierung bedarf und zugleich unbezahlbar ist. Dem hohen Niveau der

Tel. 081/864 17 75
Fax 081/864 99 70
E-mail: chaste@relaischateaux.fr
✶✶✶✶❶❶❶

Gastlichkeit entspricht die Küche. In den verwinkelten, einmalig schönen Arvenholzstuben können Sie nicht nur essen, was die Bündner gross und stark gemacht hat; neben regionalen Gerichten wie Capuns, Maluns und Pizokels gibt es beispielsweise auch ein taufrisches Zanderfilet, gefüllt mit Spinat und feinen Lachstranchen, leicht und auf kompetenteste Art zubereitet. Mit Schaudern denkt man dabei an die Zumutungen, mit denen so mancher Hotelbetrieb in den Skiregionen sein Publikum quält, und freut sich bei hausgemachten Leckereien auf ein Gläschen Completer mit dem Chef, der zu später Stunde noch die Runde macht.

CH-7158 Waltensburg/Vuorz — Graubünden

Hotel Ucliva

Tel. 081/941 22 42
Fax 081/941 17 40
✱✱❶❶

Waltensburg/Vuorz und Andiast sind zwei kleine, vom Massentourismus verschont gebliebene Bergbauerndörfer, die ihren ursprünglichen Charakter bewahrt haben. Zwischen diesen beiden Dörfern liegt auf einer offenen Sonnenterrasse auf 1050 m ü. M. das «Ucliva». Das baubiologisch konzipierte und ökologisch betriebene Hotel gilt als Modell für sanften Tourismus und gehört heute 1200 Genossenschaftern und Genossenschafterinnen, darunter vielen Gästen, die sich von der Idee, unkomplizierter Ambiance und der Berglandschaft begeistern liessen. Heimelig ist das helle Holz in den einfachen Räumen. Das Wohl der Gäste, die hier alle per Du sind, hängt aber nicht nur vom Schlafen und Essen ab. Die Gastgeber vertreten eine ganzheitliche Idee von Hotellerie. Darum ist man auch um Fitness und künstlerische Betätigung der Hotelgäste besorgt: Massage und Makramee, Töpfern und Weben, Sauna und Billard. Eine Bibliothek voller Sachbücher und leichter Unterhaltung. Zur Entspannung oder für die Spannung. Bemerkenswert ist das Schlemmerfrühstück: Diverse Brotsorten aus der Dorfbäckerei, hausgemachte Konfitüren, allerlei Kräutertees, Eier frisch aus dem Hühnerstall und Waltensburger Bergkäse. Abends im Restaurant kann man sich auch ohne Heilungsabsichten nur vom kulinarischen Wert der Vollwertkost überzeugen lassen. Wer ein vegetarisches Feinschmeckermenü wünscht, kriegt dies in ebenso guter Qualität wie ein Schnitzel mit Pommes frites – natürlich mit biologischen Kartoffeln und Fleisch aus dem Stall in der Nachbarschaft.

WieWoWasWann?

Geschlossen: Mitte–Ende Juni, November–Mitte Dezember.
Preise: DZ 180–206 Fr. (inkl. Halbpension). «Plastik akzeptieren wir nicht – auch nicht in Form von Kreditkarten.»
Lage: Sonnenterrasse an der Strasse von Waltensburg nach Andiast.
Küche: Breites Spektrum, Schwerpunkt Vollwert. Kulinarische Spitzenreiter sind währschafte Bündner Spezialitäten wie Pizokels oder Capuns.
Sport & Animation: Sauna, Massagen, Billard, Bibliothek, Konzert- und Theatervorstellungen, eigener Kindergarten. Kurse für Yoga, Vollwertkochen, Skitouren, usw. Weitläufiges Wandergebiet. Im Winter führt eine Sesselbahn ins Skigebiet des Pez d' Artgas.
Anreise: Autobahn A 13 via Chur bis Ausfahrt Flims/Laax, Landstrasse nach Ilanz, von dort in Richtung Disentis bis zur Abzweigung Waltensburg/Vuorz. Mit öffentlichen Verkehrsmitteln: Ab Chur mit der RhB nach Ilanz, von dort 15 Minuten per Postauto Richtung Andiast. Die Haltestelle befindet sich 20 Meter oberhalb des Hotels.

Bodenseegebiet A-6900 Bregenz

Deuring Schlössle

WieWoWasWann?

Geschlossen: 1 Woche im Januar.
Preise: DZ 1880–5600 öS (inkl. Frühstück). Alle Cards.
Lage: Auf einem Hügel über der Altstadt, gut versteckt vor jedem Lärm.
Küche: Heino Huber lässt sich täglich neue Kreationen einfallen, bei denen gebührender Respekt vor dem Produkt gelegentliche Lust am Experiment nicht ausschliesst. Der Grundtenor ist österreichisch beeinflusst, aber das Resultat hat eher etwas mit Neuer Küche zu tun als mit Traditionen. Im Weinkeller aus der Römerzeit (!) ruhen 7000 Etiketten (!!), die für so manchen Gast in diesem Gourmethotel die Welt bedeuten.
Geheimtipp-Zimmer: Ein zeitloser Zauber liegt in den beiden Zimmern «Göttin Epona» und «Hugo von Montfort». Das «Gobelinzimmer» mit 200 Jahre alten Meisterwerken der Teppichkunst steht nur Nichtrauchern offen.
Anreise: Autobahn A 14 bis Ausfahrt Bregenz, Schildern in Richtung Altstadt folgen. Mit der Bahn ist Bregenz bequem über St. Margrethen erreichbar.

Beim Eintreten ins «Deuring Schlössle» fühlt man sich sofort in die schlossherrliche Welt des Albert von Deuring zurückversetzt, der seine Trutzburg (Schlössle ist eine typisch vorarlbergische Untertreibung) Ende des 17. Jahrhunderts auf den Mauern keltischer Wehranlagen erbauen liess. Das erstaunlich authentisch erhaltene Gemäuer in der mittelalterlichen Oberstadt von Bregenz ist seit 1989 eine der gastronomischen Hochburgen Österreichs. Die ganze erste Etage ist der Gastronomie vorbehalten. Wer hier hereinkommt und nicht augenblicklich hungrig wird, dem ist nicht zu helfen. Zudem sorgt sich Bernadette Huber um die Gäste, als wäre es eine Privateinladung in die Welt der besonderen Gourmandisen. Zwar klingen die Gerichte traditionell. Aber dann unterscheidet sich jedes Gericht eben doch von der klassischen Küche. Man muss es einfach probieren,

Ehre-Guta-Platz 4
Tel. (0043) 5574/4 78 00
Fax (0043) 5574/4 78 00 80
E-mail: deuring@relaischateaux.fr
✳✳✳✳❶❶❶

wie anders bei Heino Huber das Bodensee-Fischragout schmeckt, welches kulinarische Kunststück er fertig bringt, wenn er ein Hechtnockerl auf Blattspinat an einer Felchenkaviarsauce mit Tomatennüdele serviert, oder seine Karottenschaumsuppe mit gebratenen Minz-Hummerkrabben. Treppauf finden sich 13 einladende Gästezimmer, keines wie das andere, alle stilsicher möbliert. Nicht Nummern, sondern historische Namen bezeichnen die knarrenden Türen. An der Westseite des verwunschenen Gebäudes wurde dem Steilhang ein wild-romantisches, duftendes Gärtchen abgerungen, wo man sich zwischen jahrhundertealten Bäumen und dicken Mauern in Grimms Märchen glaubt.

D-78464 Konstanz   Bodenseegebiet

Seehotel Siber

Seestrasse 25
Tel. (0049) 7531/6 30 44
Fax (0049) 7531/6 48 13
E-mail: siber@relaischateaux.fr
★★★★❶❶❶❶

Die weisse Jugendstilvilla an der platanengesäumten Seepromenade von Konstanz ist atmosphärisch wie kulinarisch ein Volltreffer. Viele Besucher kommen in erster Linie wegen Bertold Sibers Haute cuisine. Aber auch das Haus selbst ist ein kleines Juwel; mit der vielleicht schönsten Terrasse am Schwäbischen Meer – eine Terrasse, die an warmen Sommerabenden zum mediterranen Erlebnis werden kann. Das Interieur ist eher modern und elegant als nostalgisch poliert, ein wunderschönes Treppenhaus mit einer imposanten Holztreppe führt zu einem dutzend pastellfarbenen Zimmern mit Art-déco-Möbeln und angenehmen Bädern, die ins sanfte Licht des Bodensees getaucht sind. Überall aufwendige Blumenarrangements und moderne Kunst, omnipräsent ist auch der unverwüstlich gut gelaunte Siber, in Feinschmeckerkreisen «Bertold der Prächtige» genannt. An den festlich dekorierten Tischen klagen edelalternative Filmkünstler ihr Weh, während Banker und Anwälte aufs Geratewohl bestellen und bei viel Gerede die Gabel über der Essenskunst kreisen lassen. Die «Bouillabaisse von Bodenseefischen mit geröstetem Weissbrot und zweierlei Saucen» bildet den köstlichsten Auftakt, der sich denken lässt, für eine kulinarische Reise am Bodensee. Unter dem weissen Sonnensegel respektive in den stimmungsvollen Speisesälen wird getrunken und gelacht und das Geld ungleich lustvoller verprasst als nebenan im Kasino Konstanz, wo Croupiers die Chips der Verlierer von den Roulettetischen harken.

WieWoWasWann?

Geschlossen: 10 Tage im Februar.
Preise: DZ 330–660 DM (ohne Frühstück). Alle Cards ausser American Express.
Lage: Direkt an der Uferpromenade.
Küche: Hier wird die grosse Gourmet-Oper mit grandioser Kulinarik gefeiert. Der ehemalige Bocuse-Schüler Bertold Siber hält unangefochten die Spitze der einfallsreichen Bodensee-Gastronomie. Wer sich für eines der drei grossen Menüs entscheidet, was auch aus ökonomischen Gründen ratsam erscheint, kann gespannt sein, wie einen der Meister eingeschätzt hat: Er passt nämlich die Mengen seiner göttlichen Gerichte jeweils dem «Umfang des Gastes» an.
Geheimtipp-Zimmer: Nr. 3 (mit grossem Balkon), Nr. 2 (grosses Zimmer mit Seitenbalkon), Nr. 6 und Nr. 7 (Art-déco-Betten).
Sport & Animation: Im Winterhalbjahr themenspezifische Gastro-Happenings.
Anreise: Über Kreuzlingen nach Konstanz, Stadt durchqueren und der Beschilderung zum «Kasino» folgen. Das «Seehotel Siber» liegt schräg gegenüber. Mit der Bahn ist Konstanz bequem via Kreuzlingen zu erreichen.

Bodenseegebiet

D-88131 Lindau

Villino

WieWoWasWann?

Geschlossen: Januar.
Preise: DZ 220–400 DM (inkl. Frühstück). Alle Cards.
Lage: In einem herrlichen Garten auf dem Hoyerberg bei Lindau. Absolut ruhig.
Küche: Leichtes, Raffiniertes und Regionales, inspiriert von der Küche Italiens. Grosse Weinauswahl vorwiegend italienischer Provenienz.
Sport & Animation: Römische Saunalandschaft, Massage, Beauty-Oase. Wassersportmöglichkeiten und Golfplätze in der Nähe. Spazierwege führen in die ländliche Umgebung.
Anreise: Autobahn St. Gallen–St. Margrethen, dann Landstrasse um die östliche Bodenseebucht via Bregenz nach Lindau. Abzweigung bei der Bahnunterführung B 31 Friedrichshafen/Lindau in Richtung Oberreitnau, Schönau. Mit der Bahn ist Lindau via St. Margrethen, Bregenz erreichbar.

Es sind oft die kleinen Dinge, die den grossen Unterschied ausmachen. Die Liebe zum Detail, ein individueller Stil, ein Hauch mehr Herzlichkeit, eine Spur mehr Fürsorge. Gross ist die Liebe von Sonja und Reiner Fischer zu ihrem Beruf als Gastgeber. Ihr freundlich stimmendes Hotel «Villino», das sich – nicht ganz leicht zu finden – auf dem aussichtsreichen Hoyerberg weitab vom Touristenrummel auf der Insel Lindau versteckt, liegt in einer blühenden Gartenlandschaft und bietet 16 helle, toskanisch anmutende Gästezimmer mit dem gewissen Etwas. Auch im mehrfach ausgezeichneten Gourmetrestaurant, das die «Küche der Sinne» zelebriert, kann man sich ganz der Illusion hingeben, in Italien zu weilen: sizilianische Fischsuppe mit Knoblauchcrostini, exzellente Hummerravioli mit Salbeitomaten, Tortellini mit Pfifferlingen, zum Schluss dann noch italienischer Rohmilchkäse

Hoyerberg 34
Tel. (0049) 8382/9 34 50
Fax (0049) 8382/93 45 12
✱✱✱✱❶❶❶

und eine Crème caramel der S-Klasse (S = saulecker). Der Bodensee war und ist auch eine beliebte Kurgegend. Wer sich mit Naturprodukten in massgeschneiderter Anwendung schön pflegen lassen und in wonnigem Wohlbehagen entspannen will, kann in der Beauty-Oase, der römischen Saunalandschaft oder im Garten Körper, Geist und Seele rundum verwöhnen lassen. Ohne Zweifel ist das traumhaft ruhig gelegene «Villino» ein ideales Wochenendrefugium in einer Gegend, deren Reiz vor allem auf ihrer heiteren Gelassenheit beruht.

CH-8202 Schaffhausen   Bodenseegebiet

Rheinhotel Fischerzunft

Rheinquai 8
Tel. 052/625 32 81
Fax 052/624 32 85
✳✳✳✳❶❶❶❶

Unter Feinschmeckerinnen und Feinschmeckern gibt es eine Handvoll Adressen in der Schweiz, die wirkliche Vorfreude auslösen. Die «Fischerzunft» in Schaffhausen gehört dazu. In einem ehemaligen Zunfthaus direkt am Rhein führt uns André Jaeger täglich vor, wie köstlich sich Ost und West treffen – mit einer einzigartigen Mariage vom Besten beider Esskulturen, die hier trefflich «Cuisine du bonheur» heisst. Bonheur? Die simple Zufriedenheit mit einem gelungenen Mahl kann Jaeger nicht meinen, das «Glück», das er vermitteln will, schliesst zumindest auch das Entzücken über seine ganz und gar ungewöhnlichen Orgien der Dekoration mit ein, aber auch die geschmacklichen Entdeckungen, die

man hier immer wieder machen kann. Traumhaft sicher jongliert Jaeger mit Ingwer, Curcuma, Sesam und mischt französische und asiatische Kochkunst zu einer Symphonie von exquisit arrangierten Delikatessen. «Glückliche Küche von glücklichen Köchen, serviert von glücklichen Kellnern», heisst das Rezept der «Fischerzunft». Entsprechend hoch sind die Erwartungen der Gäste. «Eurasisch» wie die Küche ist auch das Interieur: Exotische Blumendekorationen und antike Deckenbalken, moderne Kunst und orientalische Skulpturen. Eine schöne Harmonie liegt über dem Haus, man fühlt sich aufgehoben und rundum wohl. Auch in den zehn pastellfarbenen Zimmern, wo man nach einem ausgedehnten Schlemmerabend von west-östlicher Harmonie träumen kann, direkt am Schicksalsstrom, ein paar Minuten vom tosenden Rheinfall entfernt.

WieWoWasWann?

Geschlossen: Ende Januar–Mitte Februar.
Preise: DZ 270–415 Fr. (ohne Frühstück). Alle Cards.
Lage: Das schöne Zunfthaus aus dem 17. Jahrhundert liegt direkt am Rhein.
Küche: «La Cuisine du bonheur» von Starkoch André Jaeger steht auf dem Programm, das einen für Stunden in die grosse, weite Welt entrückt: Lachs in kantonesischem Tee-Sud, Hummer auf Mangochutney, Zander mit Mah Mee, knusprig gebraten mit Ingwer-Risotto. Manchmal geht es in der Tat etwas wild zu und her, eine Achterbahnfahrt für jeden Gaumen, aber nicht weniger spannend als köstlich. Und wenn Sie nicht wissen, was Pac Tsoi, Kwang Tung oder Hoi Sin bedeutet, wird Ihnen der grosse Koch gerne die kleine Bildungslücke schliessen.
Geheimtipp-Zimmer: Unbedingt ein Zimmer zum Rhein reservieren.
Anreise: Von Zürich/Winterthur: Direkt nach der Brücke unter dem Schaffhauser Munot rechts abbiegen. Mit der Bahn: Wenige Gehminuten vom Bahnhof Schaffhausen.

Bodenseegebiet   CH-8266 Steckborn

See- & Parkhotel Feldbach

WieWoWasWann?

Geschlossen: Nie.
Lage: Inmitten einer Parkanlage direkt am See. Absolut ruhig.
Preise: DZ 180–200 Fr. (inkl. Frühstück). Alle Cards.
Küche: Die schön angerichteten Teller atmen das Klima des Mittelmeers, ganz im Trend der heute aktuellen Küche.
Sport & Animation: Bade- und Schiffssteg, Tennisplätze, Bikes, Volleyball im Park, Sauna, Kleintheater.
Anreise: Steckborn liegt an der Seestrasse zwischen Stein am Rhein und Kreuzlingen, das Hotel ist ausgeschildert. Das Dorf ist mit dem Zug ab Schaffhausen erreichbar.

Tel. 052/762 21 21
Fax 052/762 21 91
E-mail: feldbach@active.ch
✱✱✱❶❶

Am Bodensee trifft der Norden auf den Süden, sagt man, viele Besucher spüren eine heitere Gelassenheit in der Luft liegen. Auf der Halbinsel Feldbach am Untersee herrscht nach der Neueröffnung des «See- & Parkhotel Feldbach» gar mediterrane Ferienstimmung. Das «Toctoc»-Geräusch der Schiffe im benachbarten Jachthafen rundet das Mittelmeer-Erlebnis akustisch ab. Farbig, fröhlich, klein und kreativ – einzigartig und ungestört, direkt am See und inmitten einer Parkanlage mit altem Baumbestand und dutzenden von Rosenbüschen, liegt das ehemalige Zisterzienserinnenkloster aus dem 12. Jahrhundert mit seinem modernen Hoteltrakt. Im Wechselspiel der Farben und Formen, der Spannung zwischen Alt und Neu, zwischen Gefühl und Ratio, ist eine überschaubare, lebendige «Feldbach»-Welt entstanden. Die 36 Zimmer sind alle dezent modern gestylt, überraschen mit kunterbunten Textilien und verfügen alle über einen Balkon. Auf der grossen Seeterrasse oder im heiter stimmenden Restaurant lässt sichs bei Gazpacho, knusprigen Eglifilets oder Perlhuhnbrust mit hausgemachten Nudeln wunderbar über lauter Nichts und Gott und die Welt reden. Vernünftige Preise, dankbare Gäste und ein junges, motiviertes Service-Team, so sind alle zufrieden. Hier spürt man sie wieder: Die irdische Sesselschwere, die den Kopf befreit von allen Grübeleien und die Seele schaukeln lässt. Nennen wirs Glück.

CH-8260 Stein am Rhein   Bodenseegebiet

Hotel Chlosterhof

Oehningerstrasse 201
Tel. 052/742 42 42
Fax 052/741 13 37
✳✳✳❶❶❶

Nur wenige Orte vermitteln einen so perfekten, geschlossenen Eindruck von einer spätmittelalterlichen Stadt wie Stein am Rhein. Der Rathausplatz mit seinen pittoresk bemalten Fachwerkbauten, Erkern und Fassadenmalereien gehört zu den schönsten – und meistfotografierten – der Schweiz. Am Rande dieser Traumkulisse liegt direkt am Fluss das «Hotel Chlosterhof». Die 70 elegant-rustikalen Zimmer und Junior-Suiten, alle mit Balkon, blicken entweder auf den Rhein (was besonders bei Sonnenuntergang oder frühmorgens, wenn die Fischer unterwegs sind, sehr reizvoll ist) oder in die Rebberge. Die Innendekoration mag etwas gar amerikanisiert sein, aber alles strahlt Fröhlichkeit und Vertraulichkeit aus, die Gastgeberfamilie Andresen ist ein Muster individueller Gastlichkeit. Das Essen im Gourmetrestaurant «Le Bateau» ist ausnahmslos schön zubereitet (das Auge isst bekanntlich mit) und schmeckt auch immer so, wie es aussieht – seien es gebratene Riesenkrevetten an knackigem Chinagemüse mit Ingwer, grillierte Auberginen und Zucchettischeiben mit Bandnudeln in Pesto-Sauce oder Zanderfilet mit frischen Gartenkräutern. Der junge Küchenchef Freddy Kaiser hat noch viel vor, und es lohnt sich, beim Erstbesuch mit einem drei- bis fünfgängigen Fisch- oder Gourmetmenü einen Überblick über das oft wechselnde Angebot zu gewinnen. Wer das Glück hat, ein, zwei Abende auf der Rheinterrasse zu verbringen, hat anschliessend für ein paar Monate lang keine Ferien mehr nötig.

WieWoWasWann?

Geschlossen: Nie.
Preise: DZ 250–450 Fr. (inkl. Frühstück). Alle Cards.
Lage: Am Ufer des Rheins, ein paar Schritte von der Altstadt entfernt.
Küche: Internationale Küche und lokale Spezialitäten im Restaurant «Le Jardin». Einfallsreiche Gourmetküche mit auserlesenen Frischprodukten und vergnüglichen Zubereitungen im Restaurant «Le Bateau». Interessante Weine zu fairen Preisen.
Geheimtipp-Zimmer: Die besten und ruhigsten Aussichten bieten die Junior-Suiten zum Rhein. Wer kein Zimmer mit Blick aufs Wasser mehr ergattern kann: Die Aussicht auf ein gepflegtes Menü am Abend ist ja schliesslich auch eine.
Sport & Animation: Hallenbad, Sauna, Fitnessraum, Massagen. Velos für Erkundungsfahrten durch die Rebberge stehen kostenlos bereit.
Anreise: Stein am Rhein liegt zwischen Schaffhausen und Kreuzlingen am westlichsten Zipfel des Untersees. Das Hotel ist ausgeschildert. Mit der Bahn ist Stein am Rhein via Winterthur oder Schaffhausen erreichbar.

Ostschweiz   CH-7310 Bad Ragaz

Grandhotels Bad Ragaz

WieWoWasWann?

Geschlossen: Nie.
Lage: Am Dorfrand, inmitten der sanften, voralpinen Landschaft des «Heidilands».
Preise: DZ 420–780 Fr. (inkl. Frühstück). Alle Cards.
Küche: In 4 Hotelrestaurants findet jeder Gast das, worauf er gerade Lust hat. Für kulinarische Höhenflüge sorgt Gabi Cecchellero in der «Äbtestube», mit Kräutern und Gemüsen aus dem eigenen Garten. Präsentation, Garzeiten, Produkte – es stimmt alles.
Sport & Animation: «The Leading Health Club to B.» ist unschlagbar der grosszügigste in der Schweiz und bietet neben eigenem Thermalbad und Tamina-Therme: Aroma-, Dampf- und Sprudelbäder, Saunalandschaft, Relaxarium, Cardio-Fitness, Bodystyling und Kräftigung, Massage und Solarium, Gesichts- und Körperpflege, Medizinisches Zentrum, Schlankheitstherapie, Ernährungsberatung. Eigener 18-Loch-Golfplatz, Indoor-Golf, Tennisanlagen.
Anreise: Autobahn A 3 Zürich–Chur bis Ausfahrt Bad Ragaz. Die Hotelanlage ist nicht zu verfehlen. Bad Ragaz ist mit dem Postauto ab Sargans zu erreichen.

Den Weg zum eigenen Wohlgefühl müssen stressgeplagte Menschen oft erst wieder mühsam lernen. Gutes Gelingen verspricht ein Wellness-Aufenthalt, am besten in einer harmonischen Naturlandschaft, die für sich schon ausgleichend wirkt. Ein spannungsvolles Wechselspiel von Vergangenheit und Zukunft, von Konzentration und Entspannung bieten die «Grandhotels Bad Ragaz». Das erste Thermen- und Golf-Resort der Schweiz setzt nicht auf Prunk und Gloria, sondern auf Raum und Zeit, Ruhe und Natur. Lustvolles Leben und ganzheitliches Wohlbefinden heisst denn auch das Motto im 1996 wieder aufgebauten «Quellenhof» und im kleinen Bruder «Hof Ragaz», der mit einem Stern weniger geschmückt ist. Auf Entdeckungsreise für ein neues Körpergefühl geht man im «Leading Health Club to B.», einer lichten, leichten Welt aus Wasser,

Tel. 081/303 30 30
Fax 081/303 30 33
E-mail: resortragaz@bluewin.ch
★★★★★❶❶❶❶❶

Düften und Dämpfen. Sie ist exklusiv den Hotelgästen vorbehalten. Auf 2100 m² öffnen sich Türen zu einer besonderen Art des Erlebens von Körper, Geist und Seele: Wasserlandschaften, Körpertraining, Entspannungszonen und Beauty. G wie Golf und Grandhotels – zwei Dinge, die damals, als die Engländer Bad Ragaz entdeckten, zusammengehörten: Die Freude am präzisen Spiel mit dem kleinen Ball und die Freude, die schönsten Seiten des Lebens zu geniessen. Bad Ragaz hat heute nicht nur einen der schönsten (18-Loch-) Golfplätze der Schweiz, sondern auch eine einzigartige Oase zum ganzheitlichen Sein und Werden.

CH-4051 Basel   Stadt Basel

Der Teufelhof

Leonhardsgraben 47
Tel. 061/261 10 10
Fax 061/261 10 04
★★★★★❶❶❶

«Hiermit ziehe ich meine Anmeldung für einen Platz im Himmel umgehend zurück und bewerbe mich für einen Daueraufenthalt in der Hölle – sie ist köstlich.» Mit dieser Eintragung verewigte sich ein Besucher im Gästebuch des «Teufelhof». Das gesellige Kultur- und Gasthaus am Rand der Basler Altstadt wird seit einigen Jahren in der Schweizer Szene als Spezialität gehandelt. Im Restaurant, in der Weinstube, im Delikatessenladen, im Café mit Bar wird, wie im Hotel- und Theaterbereich, ein hohes Ziel angestrebt: die Auswahl von Qualitätsprodukten und ihre Vermittlung. «Der Besuch des 'Teufelhof' soll ein Fest für alle sieben Sinne sein, ein individuelles Sichverwöhnenlassen», sagt Dominique Thommy-Kneschaurek, der mit seiner Frau Monica der Ideengeber und Besitzer ist. Der Hotelbereich teilt sich in «Kunsthotel» und «Galeriehotel» auf, wobei die 8 Kunstzimmer als Objekt künstlerischer Arbeit gedacht sind und die 21 Zimmer im 1996 hinzugekommenen Galeriehotel von schweizerischen und italienischen Design-Altmeistern eingerichtet wurden (die Korridore und Räume dienen jeweils einer Künstlerpersönlichkeit als Ausstellungsfläche). Wie die bildende Kunst und die Küche liegt den Thommys auch das Theater sehr am Herzen: Auf zwei Bühnen wird Theater zum Mitdenken geboten. In der Kulturstätte «Teufelhof» soll der Gast Partner sein – Partner auf einer gemeinsamen Entdeckungsreise durch die Gastronomie sowie durch die Theater- und Kunstwelt. Faszinierend wirkt das Gesamtklima, das in diesem erlebnisreichen Haus herrscht.

WieWoWasWann?

Geschlossen: Mitte Dezember–Anfang Januar.
Preise: DZ 250–400 Fr. (inkl. Frühstück). Alle Cards ausser Diners.
Lage: Am Rand der Basler Altstadt.
Küche: Teuflisch gut – oder einfach himmlisch. Küchenchef Michael Baader, einer der interessantesten Köche der Schweiz, verwirklicht hier eine ehrliche, spannende und frische Küche ohne Effekthascherei und Schickimicki. Weinraritäten aus Frankreich, Italien und der Schweiz.
Geheimtipp-Zimmer: Die 8 Zimmer im Kunsthotel werden in zweijährigem Turnus von Environment-Künstlern zu bewohnbaren Kunstwerken gemacht. Ein neues Konzept bietet das Galeriehotel im Erweiterungsbau: Dank der Ausstellungsfläche über vier Etagen ist es möglich, umfassende Werkschauen von einschlägigen Künstlern zu präsentieren.
Anreise: Autobahnausfahrt Basel-Süd, Richtung «Kantonsspital», nach Bahnhofunterführung bei dritter Ampel rechts abbiegen und der Beschilderung «Teufelhof» folgen. Mit den öffentlichen Verkehrsmitteln: Tram Nr. 3 bis Musikakademie.

Zürichsee

CH-8700 Küsnacht

Hotel Ermitage

WieWoWasWann?

Geschlossen: Nie.
Preise: DZ 324–744 Fr. (inkl. Frühstück). Alle Cards.
Lage: In einem Garten direkt am Ufer des Zürichsees.
Küche: Kulinarisch wähnt man sich hier an der Küste des Mittelmeers: Küchenchef Edgar Bovier hat sich der «Cuisine niçoise» verschrieben und damit die ganze Sonne Frankreichs und Italiens sowie 17 Gault-Millau-Punkte eingefangen. Die Weinkarte lädt zu einer kleinen Weltreise ein, auf der berauschend schönen Terrasse wähnt man sich an lauen Sommerabenden im tiefen Süden.
Geheimtipp-Zimmer: Zimmer zum See reservieren (z. B. Nr. 12). Honeymoon-Suite (im Dach).
Sport & Animation: Eigener Strand, Bootsanlegeplatz, Beach-Club-Bar.
Anreise: Seestrasse Zürich–Rapperswil bis Küsnacht. Die Hoteleinfahrt liegt direkt an der Seestrasse. 3 Gehminuten vom Bahnhof Küsnacht (S 7 ab Zürich Hauptbahnhof).

Die Welt des schlechten Geschmacks ist grausam, die Aggression der Hässlichkeit international. Wohin also mit den Weitgereisten, die es satt haben, von dämlicher Elevator-Musik und schaurigen Duty-Free-Impressionen gequält zu werden? Die Antwort: Ab ins «Hotel Ermitage», das mit einer verführerischen Mischung aus Luxus und Ländlichkeit überzeugt. Das ehemalige Rebbauernhaus direkt am Seeufer wurde so in ein Hotel umgebaut, dass man sich wie ein sehr willkommener Gast in einer gediegenen Landvilla fühlt – zehn Autominuten vom Zürcher Stadtzentrum entfernt. Hier sitzen Sie nachmittags im Garten unter dem riesigen Sonnendach der kreisförmigen Beach-Club-Bar und sehen den ankommenden Motorbooten zu, wie sie am hoteleigenen Bootssteg anlegen und je nach dem Durst ihrer Kapitäne mehr oder weniger elegant wieder abziehen.

Seestrasse 80
Tel. 01/910 52 22
Fax 01/910 52 44
✶✶✶✶❶❶❶❶

Abends geniessen Sie die allerfeinste südfranzösische Küche mit italienischem Einschlag und freuen sich, dass Sie sich hier ein, zwei Tage lang aus dem Alltag träumen können. Die Atmosphäre ist fast familiär, der Blick aus den meisten Zimmern und Suiten herrlich. Das gewisse Etwas verleiht dem Haus jedoch der Empfang, der Herzlichkeit und Perfektion in keinen Widerspruch bringt. Und wenn Sie es beispielsweise verpasst haben, drei Monate im Voraus Konzertkarten für eine begehrte Opernaufführung zu besorgen, macht der Concierge manchmal Wunder wahr.

CH-8700 Küsnacht   Zürichsee

Seehotel Sonne

Seestrasse 120
Tel. 01/914 18 18
Fax 01/914 18 00
✳︎✳︎✳︎✳︎❶❶❶

«Die Sonne ist ein Rohdiamant, der geschliffen werden muss», sagt Direktor Sepp Wimmer, in die Zukunft schauend. Das heisst, er hat zusammen mit seiner Crew noch viel vor. An Ideen fehlt es nicht, an finanziellen Mitteln auch nicht, insgesamt wurden 15 Millionen Franken in die Renovationsarbeiten investiert, die im Frühling 1997 ihr vorläufiges Ende fanden. Die innenarchitektonische Federführung hatte Roland Schön. Er setzte auf eine frische zeitgemässe Ambiance und hat die Gratwanderung zwischen Kitsch und Geschmack bravourös hingekriegt. Das Hotel bietet 40 Zimmer mit «Dreisternestandard zum Zweisternetarif», erklärt Wimmer und fügt hinzu: «Der Gast ist die Sonne, und wir sind in den verschiedenen Kompetenzbereichen die Planeten und Satelliten.» Entsprechend flach sind die Hierarchien, die Mitarbeiter engagieren sich gerne für ihre Gäste, für ihren Betrieb. Kulinarisch wird eine «neue traditionelle Küche» geboten, aufgetischt in einem beeindruckend schönen Raum, der von viel Lokalprominenz bevölkert wird, die es sich hier inmitten von modernen Originalgemälden gut sein lässt (Galerist Bruno Bischofberger hat das Lokal mit Kunstwerken von Tinguely über Julian Schnabel bis Basquiat ausstaffiert). Ein Blick in die Vergangenheit zeigt, dass der historische Gebäudekomplex schon immer etwas Besonderes war: Wladimir Iljitsch Lenin hielt in seinem Schweizer Exil während des Ersten Weltkriegs im Sonnen-Saal eine Rede. Johannes Brahms ass Krebse, und Thomas Mann studierte an seinem Zauberberg herum.

WieWoWasWann?

Geschlossen: Nie.
Preise: DZ 170–350 Fr. (inkl. Frühstück). Alle Cards.
Lage: Unmittelbar neben der Bootsanlegestelle Küsnacht, direkt am See.
Küche: Zwar liegt die «Sonne» im Sandwich zwischen den beiden benachbarten Gourmettempeln «Petermann's Kunststuben» und dem «Ermitage», ersteres mit 19, das zweite mit 17 Gault-Millau-Punkten gesegnet. Doch das macht «Sonnen»-Wirt Sepp Wimmer keine Sorgen, im Gegenteil: «Wir sind anders. Die beiden sind die besten, wir sind populär und versuchen, das Gewöhnliche aussergewöhnlich gut zu machen.» Das der «Sonne» eigene Understatement zieht bei schönem Wetter ein breit gefächertes Publikum an, das zwischen dem Selbstbedienungsrestaurant im Platanengarten, dem bedienten Gartenrestaurant und der «Sunnegalerie» wählen kann.
Geheimtipp-Zimmer: Unbedingt Zimmer zum See reservieren.
Anreise: Seestrasse Zürich–Rapperswil bis Küsnacht. Das Hotel liegt direkt an der Seestrasse. 3 Gehminuten vom Bahnhof Küsnacht (S 7 ab Zürich Hauptbahnhof).

Zürichsee   CH-8706 Meilen

Gasthof Hirschen am See

WieWoWasWann?

Geschlossen: Nie.
Lage: Idyllisch direkt am Sonnenseitenufer des Zürichsees.
Preise: DZ 180–260 Fr. (inkl. Frühstück). Alle Cards.
Küche: Die Karte steckt voller Überraschungen, Enttäuschungen inbegriffen. Sichere Konstanten sind die drei behaglichen Gaststuben und die einmalige Seeterrasse mit ihren über 100 grösstenteils überdachten Plätzen. Neu hinzugekommen ist die «Taverne» mit Bar, wo man in stimmungsvoller Ambiance unbeschwert originelle Teigwarengerichte geniessen kann.
Geheimtipp-Zimmer: Unbedingt eines der 8 Zimmer mit Seesicht reservieren.
Sport & Animation: Wassersportmöglichkeiten im Ort.
Anreise: Seestrasse Zürich–Rapperswil bis Obermeilen (ca. 15 Autominuten von Zürich). Meilen ist mit der S 7 ab Zürich HB erreichbar.

Fast genau in der Mitte der «Goldküste» des Zürichsees, zwischen Zürich und Rapperswil, Grossstadt und Voralpenlandschaft, urbaner Geschäftigkeit und ländlicher Beschaulichkeit, ist man in diesem wunderschönen Landgasthof bemüht, dem Gast das goldene Mass wohltuender Ausgewogenheit zu bieten. Das über dreihundertjährige Haus wurde liebevoll restauriert, und die drei Obergeschosse wurden zu einem heimelig-modernen Hotel mit 16 hellen, originell eingeteilten Zimmern ausgebaut. Freundlich und gemütlich präsentieren sich auch die drei der Seeterrasse angeschlossenen getäferten Gaststuben mit der elegant-rustikalen Einrichtung, den festlich aufgedeckten Tischen und den frischen Blumenarrangements. Der Service hat stets ein offenes Ohr für individuelle Sonderwünsche, Direktor Martin Stierli tut alles, damit die zahlreichen Stammgäste die Hek-

Seestrasse 856
Tel. 01/925 05 00
Fax 01/925 05 01
★★★❶❶

tik des Alltags sehr bald vergessen, und so ist der «Hirschen» ein Hotel, das sich nicht umsonst noch Gasthof nennt. Vom Empfang bis zur Abreise soll hier jeder Gast sein ganz persönliches Zuhause finden.

CH-9122 Mogelsberg Ostschweiz

Gasthaus Rössli

Tel. 071/374 15 11
Fax 071/374 19 41
*❶

Das altehrwürdige «Rössli» am Pilgerweg Einsiedeln–St. Gallen hat eine lange Geschichte: Gasthaus schon 1786, Gerichtsgebäude in der ersten Hälfte des 19. Jahrhunderts, später Poststation mit Stallungen für die Pferde, dann Bäckerei und heute wieder Gasthof und Herberge. 1979 mit viel Idealismus und wenig Geld eröffnet, hat sich das «Rössli» im Laufe der letzten zwanzig Jahre gemacht. Der Pionierbetrieb entwickelte sich zu einem professionell geführten, erfolgreichen Gasthaus, wo lustvoll gearbeitet und konsumiert wird, wo gesund und genussvoll keine Gegensätze sind, wo Tradition unkonventionell gelebt wird. Im Restaurant, an den langen Nussbaumtischen mit den gusseisernen Füssen, entstehen Kontakte wie von selbst. Alte Bekannte treffen sich, Fremde rücken zusammen, Gespräche kommen in Fluss. In der frechfrischen Saisonküche findet man die Pilze aus den umliegenden Wäldern, das Lamm aus dem Toggenburg und das Gemüse aus der nahen Bio-Gärtnerei wieder. Die mit vielen Informationen gespickte Weinkarte bietet einige preiswerte Trouvaillen aus der Schweiz und dem benachbarten Ausland. Ist der Magen wohlig gefüllt, sind die Glieder schwer und der Kopf müde geworden, bleibt nur noch ein Wunsch offen: Die knarrende Holztreppe hochzusteigen und ins Bett zu purzeln. Sonne, Mond und Sterne herrschen in den zwölf Sternzeichen-Zimmern. Die Stimmung wechselt von Widder zu Waage, von Jungfrau zu Fisch, und die Gäste sind aufgehoben in der Harmonie des Kosmos.

WieWoWasWann?

Geschlossen: Ende Januar–Mitte Februar.
Lage: In einem kleinen Dorf des Unter-Toggenburgs.
Preise: DZ 130 Fr. (inkl. Brunch). Gourmet-Arrangement (5-Gang-Saison-Menü, Wein für 20 Fr., Übernachtung im Doppelzimmer, Brunch) 150 Fr. pro Person. Cards: American Express.
Küche: Vielseitige, saisongerechte Küche mit Produkten aus artgerechter Tierhaltung und biologisch-dynamischem Anbau.
Geheimtipp-Zimmer: 12 Sternzeichen-Zimmer, jedes mit seiner ganz eigenen, persönlichen Atmosphäre.
Sport & Animation: Regelmässige kulturelle Veranstaltungen, Konzerte, Lesungen, Ausstellungen. Einsame Wälder laden zum Spazieren, im Sommer der nahe Necker zum Baden.
Anreise: Autobahn A 1 Winterthur–St. Gallen bis Ausfahrt Wil, dann Landstrasse in Richtung Wattwil/Jona bis Abzweigung Ganterschwil, von dort Richtung Degersheim/Herisau auf schmalen Strässchen nach Mogelsberg.

Ostschweiz

CH-8532 Warth

Kartause Ittingen

WieWoWasWann?

Geschlossen: Weihnachten bis Neujahr.
Lage: Freistehend in der grünen Thurgauer Hügellandschaft.
Preise: DZ 194 Fr. (inkl. Frühstück). Cards: Eurocard und Visa.
Küche: Im Restaurant «Zur Mühle» mit seinem idyllischen Garten am Teich wird Wert auf schmackhaftes, gesundes Essen gelegt. Viele Rohprodukte stammen aus den eigenen Betrieben: der Landwirtschaft, der Gärtnerei, der Käserei, der Metzgerei, der Fischzucht, der Holzofenbäckerei und dem Weinbau.
Sport & Animation: Sauna, Bikes, Kegelbahn, Billard, 2 Museen, Konzerte in der Klosterkirche, Spaziergänge durch die grossen Gartenanlagen oder in die hauseigenen Rebberge.
Anreise: Autobahn A 7 Winterthur–Kreuzlingen bis Ausfahrt Frauenfeld-West, dann genau 4,5 km den braunen Wegweisern entlang (Landstrasse in Richtung Hüttwilen). Die Kartause ist ab Frauenfeld mit dem Postauto erreichbar.

Auch 150 Jahre nach der Aufhebung des Klosters herrscht in der Kartause Ittingen ein beinahe mittelalterlicher Lebensrhythmus. Wer in den Hof der Kartause eintritt, ist überwältigt. Ittingen ist wie ein Dorf. Seine Bewohner führen die klösterlichen Werte der Gastfreundschaft, Bildung und Begegnung in zeitgemässer Form weiter. Verschiedene Betriebe arbeiten Hand in Hand: Der landwirtschaftliche Gutsbetrieb, die Gastwirtschaft, der Werkbetrieb für 30 Behinderte, das Ittinger Museum, das Kunstmuseum des Kantons Thurgau und die Evangelische Heimstätte. Als aussenstehender Gast kann man am (Alltags-)Leben teilhaben oder sich zurückziehen. Im Gästehaus, das auf drei Etagen 48 ansprechend eingerichtete Zimmer bietet, geniesst man – vom eigenen Balkon aus – höchst reizvolle Aussichten nach Süden oder Südwesten. Unkomplizierte Gäste über-

Tel. 052/748 44 11
Fax 052/747 26 57
E-mail: kartause@bluewin.ch
✹✹❶❶

nachten in der Herberge, die über 17 Zweier- und Viererzimmer verfügt. Die Köche im gepflegten Restaurant «Zur Mühle» brauchen kaum auf den Markt zu gehen: Kalb-, Lamm- und Schweinefleisch sowie Geflügel kommen vom eigenen Hof und die Fische aus dem Nussbaumersee. Die Betreiber räuchern und mosten auch selbst, bauen Beeren, Gemüse und Obst an – und Reben und den Hopfen für das würzige Ittinger Klosterbräu. Es ist schier unglaublich: Auch die Milch stammt von eigenen Kühen, natürlich auch die Butter und die verschiedenen Käse und Joghurts, dazu knuspriges Brot aus der Holzofenbäckerei und gebrannte Wasser. Einiges davon kann man Klosterladen kaufen.

CH-9057 Weissbad/Appenzell Ostschweiz

Hotel Hof Weissbad

Tel. 071/798 80 80
Fax 071/798 80 90
✯✯✯✺✺✺

«Appezöllisch ond e betzeli me...», heisst das Motto im leidenschaftlich von Damaris und Christian Lienhard geführten «Hof Weissbad», der sich nicht ausschliesslich als Hotel betrachtet, sondern die Umgebung im weiteren Sinne bewusst ins Angebot miteinbezieht. In Amerika wird ein solches Haus mit dem Begriff «Resort-Hotel» umschrieben. Dieses appenzellische «Resort» bietet neben einer komfortablen Hotelinfrastruktur 40 000 m² Land mit gepflegter Gartenanlage, umgeben von Mischwäldern, Wiesen und sprudelnden Bächen. Egal, auf welcher Seite, vor dem Zimmerfenster grüssen Kühe und die sanfte Hügellandschaft. Die Halle hat sich zum ungezwungenen Begegnungsort für Hotelgäste und Einheimische entwickelt. Sei es abends an der Hackbrett-Bar, am Pyramiden-Kamin oder bei Pianomusik zum Nachmittagstee. Mit Veranstaltungen und Ausstellungen wird den Besuchern einheimische Kultur und Kunsthandwerk näher gebracht. Und in der hauseigenen Schaukäserei produziert Käser Johann mehrmals wöchentlich einen Laib «Hof Weissbad»-Bergkäse sowie frische Molke für gesundheitsbewusste Gäste. Denn zu den Plaisirs einer Visite im ehemaligen Kurhotel zählt auch das «Gesundheitszentrum», das sich dem ganzheitlichen Wohlbefinden verschrieben hat. Hier kann man mal für zwei, drei Tage ab- und in die grosszügige Gesundheitswelt eintauchen und beispielsweise erfahren, worum es im Chi Gong geht, oder bei einer Entschlackungskur seine Selbstheilungskräfte auf Touren und sein seelisches Gleichgewicht wieder in die richtige Bahn bringen.

WieWoWasWann?

Geschlossen: Nie.
Preise: DZ 330–480 Fr. (inkl. Halbpension). Alle Cards ausser Diners.
Lage: Freistehend inmitten der hügeligen Wald- und Wiesenlandschaft am Fuss des bizarren Alpsteingebirges. Absolut ruhig.
Küche: Ob Trennkost, vegetarisch, kalorienreduziert oder ganz normal – hier kann man sich sein Menü aus verschiedenen Gerichten selber zusammenstellen.
Sport & Animation: Hallen- und Freibad (33 Grad C), römische Saunalandschaft, Beauty-Salon, Physio-, Hydro-, Elektro-, Sauerstofftherapien, Massagen, Atemgymnastik, Chi Gong, Kneipp, Körperwickel, Heilfasten nach F. X. Mayr, Molkenkur, 2 Tennisplätze, Boccia, Bikes, kulturelle Anlässe verschiedenster Art.
Anreise: Von St. Gallen Landstrasse nach Appenzell, von dort 6 km in Richtung Wasserauen bis Weissbad. Das Dorf ist auch mit dem Regionalzug via Appenzell erreichbar.

Stadt Zürich   CH-8001 Zürich

Hotel Florhof

WieWoWasWann?

Geschlossen: Hotel nie. Restaurant Samstag und Sonntag geschlossen.
Preise: DZ 310–340 Fr. (inkl. Frühstück). Alle Cards.
Lage: Oase der Ruhe am Rand der Zürcher Altstadt.
Küche: Was altbekannt klingt, schmeckt hier einfach anders, leichter, frischer, besser – wie die hausgemachten Steinpilzravioli an kräftiger Baumnusssauce oder die gebratene Perlhuhnbrust, gefüllt mit Eierschwämmli, Geflügelleber und Pistazien. Die unterschiedlichsten Leute frequentieren das «Restaurant Florhof». Die magnetische Anziehungskraft weiss eigentlich keiner so richtig zu erklären. Man betritt einfach gerne den einladenden, im englischen Country-Stil dekorierten Raum, der nicht den geringsten Anflug der zwanghaften Atmosphäre vieler In-Lokale hat.
Geheimtipp-Zimmer: Ausnahmslos alle.
Anreise: Die Florhofgasse ist eine kleine Seitenstrasse des Seilergrabens zwischen Central und Kunsthaus. Das Hotel ist ausgeschildert. Tram Nr. 3 ab Hauptbahnhof bis Neumarkt.

Ein behaglicheres Stadthotel als den «Florhof» lässt sich kaum vorstellen. Mit Understatement im Drei-Sterne-Bereich angesiedelt, wird das Patrizierhaus am Rand der Zürcher Altstadt auch gerne von kosmopolitischen Geniessern besucht, die Abwechslung und von allem das Beste wollen. Mit einer umfassenden, liebevollen Renovation im Jahr 1995 haben Brigitte und Beat Schiesser dem alten Gemäuer seinen individuellen Charme zurückgegeben, der anlässlich zweier «Modernisierungen» in den 70er- und 80er-Jahren verfälscht worden war. Und obwohl sich das lebenslustige Pächterpaar privat für die moderne Architektur begeistert, hütete es sich bei der Neugestaltung des «Florhof» vor einem modernen Interieur: «Moderne Architektur in Hotels und Restaurants ist äusserst heikel. Sie wirkt oft nüchtern und aufgezwungen. Wir wollen ja nichts Puristisches

Florhofgasse 4
Tel. 01/261 44 70
Fax 01/261 46 11
E-mail: florhof@florhof.ch
★★★★★❶❶❶

verkaufen, sondern etwas Sinnliches. Dies lässt sich in einem stimmungsvollen Rahmen besser vermitteln.» Dass das Romantikhotel voll dem Zeitgeist entspricht (wie die durchschnittliche Zimmerauslastung von über achtzig Prozent beweist), ist nur eine angenehme Nebenerscheinung. Jedenfalls ist dem renommierten Innenarchitekten Roland Schön in den 33 Zimmern, den einladenden Salons und im Restaurant eine Architektur gelungen, die in sich stimmt und zugleich eine gewisse Spannung erzeugt. Es ist wohl der Kontrast zwischen behaglich-warm und frisch, der sich als roter Faden auch durch den sehr persönlichen Empfang zieht.

CH-8001 Zürich Stadt Zürich

Hotel Rössli

Rössligasse 7
Tel. 01/252 21 21
Fax 01/252 21 31
E-mail: hotelroessli@reconline.ch
✱✱✱❶❶❶

Ein historisches Altstadthaus an zentralster Lage im Zürcher Niederdorf beherbergt diese Edelpension von Jörg und Karin Müller. Altes mit Neuem gemischt geben dem kleinen und sehr persönlichen Hotel seinen besonderen Charme. Es könnte ebensogut in Manhattan, in Paris oder im Gassengewirr von Barcelona zu finden sein. Hier herrscht jenes Weltstadt-Flair, um das sich luxuriösere Nobelabsteigen in Zürich meist vergebens bemühen. Das «Rössli» ist in kaum einem Hotelverzeichnis zu finden. Dennoch kommen die Gäste aus aller Welt: Theaterleute und Filmemacher, Mode- und Medienleute, Banker und Business-Reisende. Die 16 Zimmer sprechen Individualisten an, die die Verbindung von gekonnt schlichtem Design und einer relaxten, angenehmen Atmosphäre zu schätzen wissen. Wenn Sie Glück haben, können Sie die Suite Nr. 601 mit eigener Dachterrasse ergattern und einen traumhaften Abend bei einer Flasche Wein (oder zwei) hoch über Zürichs Dächern verbringen (der Blick schweift über Hinterhöfe mit einem Hauch von Paris Saint-Germain, und man fühlt sich wie im Set eines wunderbaren Films). Im Parterre versteckt sich zudem die szenige «Rössli Bar», wo coole Romantiker bei wohldosierten Jazzklängen eine wirklich exquisite Auswahl offener Weine und schöner alter Single Malts geniessen.

WieWoWasWann?

Geschlossen: Nie.
Lage: Im sprichwörtlichen Herzen der Zürcher Altstadt.
Preise: DZ 270–350 Fr. (inkl. Frühstück). Alle Cards.
Küche: Kein Restaurant, aber eine sehr lebendige Bar im Parterre. Wer ein Restaurant sucht, findet 1001 Möglichkeiten in der unmittelbaren Umgebung. Sehr zu empfehlen: «Kaiser's Reblaube» an der Glockengasse 7 (Tel. 01/221 21 20; 5 Gehminuten entfernt auf der gegenüberliegenden Limmatseite). Chefkoch Peter Brunner versucht in seinem zeitgeistorientierten Gourmettempel in der Einfachheit die Eleganz zu finden, und er versteht Gastwirtschaft als ein Stück Kultur im Alltag.
Geheimtipp-Zimmer: Alle Zimmer sind mit neustem Komfort eingerichtet, jeder Raum hat seinen individuellen Stil und eine eigene Farbgebung. Zur Suite Nr. 601 im obersten Stock gehört eine eigene Dachterrasse.
Anreise: Die Rössligasse ist eine kleine Seitengasse am Hechtplatz zwischen Bellevue und Central. Tram Nr. 4 und Nr. 15 bis Helmhaus.

Stadt Zürich CH-8044 Zürich

Hotel Zürichberg

WieWoWasWann?

Geschlossen: Nie.
Preise: DZ 180–250 Fr. (inkl. Frühstück). Alle Cards.
Lage: Idyllisch am Waldrand, mit Blick auf See und Stadt.
Küche: Schweizer Spezialitäten. Die Restaurantterrasse ist auch ohne Übernachtung einen Ausflug wert. Löffeln Sie hier Ihre Kürbissuppe unter weissen Sonnenschirmen, das Ganze untermalt vom Gezwitscher der Vögel – Ihnen wird kaum der Gedanke kommen, dass Sie ja eigentlich in Zürich weilen. Jeden Sonntag Brunch von 11 bis 14 Uhr mit warmen und kalten Köstlichkeiten vom herrlichen Buffet.
Geheimtipp-Zimmer: Ausnahmsweise sind im «Hotel Zürichberg» einmal die Zimmer im Neubau besonders zu empfehlen. Sie sind alle von der Innenarchitektur und Ausstattung identisch, wählen kann man zwischen See- und Waldsicht.
Sport & Animation: Zahlreiche Spazierwege durch die angrenzenden Wälder von der Haustür weg.
Anreise: Bei der Universität Zürichbergstrasse in Richtung Zoo hochfahren bis zur Abzweigung Orellistrasse. Tram Nr. 5 und Nr. 6 bis Zoo.

Umgeben von Wäldern, Wiesen und Natur, liegt auf 628 Meter über dem Alltag Zürichs gelungenster Hotelumbau: das «Hotel Zürichberg». Der Blick auf See und Stadt ist grandios, und das Hotel, das vom Zürcher Frauenverein 1995 neu eröffnet wurde, hat wirklich Stil. Eigentlich sind es zwei Hotels: der Altbau (ein ehemaliges Kurhaus vom «Verein für Mässigkeit und Volkswohl») wurde sorgfältig renoviert, der Anbau ist nicht der sonst übliche lieblose Erweiterungsbau, sondern eine kleine architektonische Sensation. Ganz selbstverständlich wächst der runde Holzpavillon wie ein Schneckenhaus aus dem Terrain. Die Hotelzimmer, die man durch einen spiralförmigen Treppenaufgang erreicht (der alleine schon ein ästhetisches Erlebnis ist) öffnen sich nach aussen, was, ein Luxus für ein Dreisternehotel, Badezimmer an der Fassade erlaubt. Jedes der dezent gestylten und

Orellistrasse 21
Tel. 01/268 35 35
Fax 01/268 35 45
✶✶✶✶●●

munter stimmenden Zimmer hat einen kleinen Balkon, der sich mit Holzläden verschliessen lässt. Sie sind Stimmungsregulatoren, durch waagrechte Ritzen dringt tags ein mediterranes Flimmerlicht ins Innere und nachts goldene Wärme nach aussen. Einziger Wermutstropfen für Lebemänner und -frauen: Das Restaurant, das auch über eine traumhafte Terrasse verfügt, wird alkoholfrei geführt; die Stimmung ist deshalb nicht gerade pulsierend, sondern eher beschaulich.

55

CH-6363 Bürgenstock   Zentralschweiz

Bürgenstock Hotels

Tel. 041/611 05 45
Fax 041/610 14 15
E-mail
information@buergenstock-hotels.ch
✶✶✶✶❶❶❶❶

Eingebettet in eine fabelhafte Naturszenerie liegt der Bürgenstock auf einer gebirgigen Halbinsel 450 Meter über dem Vierwaldstättersee. Das renommierte Hoteldorf, bestehend aus dem Fünfsternehaus «Park Hotel» und den beiden Viersternehäusern «Grand-Hotel» und «Palace Hotel», ist ein Stück Kulturgeschichte helvetischer Gastfreundschaft seit 1873. Die Liste der Persönlichkeiten, die hier schon abstiegen sind, ist beeindruckend und lang. Zwischendurch – das schrieb vor Jahren ein Sohn der ehemaligen Besitzerfamilie Frey – habe der Bürgenstock allerdings «wie eine Heilanstalt für die dekadenten Söhne verrückter Millionäre» gewirkt. Heute sind die zum Verkauf stehenden «Bürgenstock Hotels» mit bewundernswerter Dynamik von Rolf E. Brönnimann geführt und ertragen gelassen und unaufgeregt, wie es einem solchen Anwesen gebührt, den gleichzeitigen Ansturm eines französischen Filmteams, eines lateinamerikanischen Aussenministers mit Delegation und einer japanischen Incentive-Gruppe. Der überwältigende, schier unglaubliche Panoramablick zieht seit über hundert Jahren ein internationales Publikum und an schönen Tagen etwas gar viele Tagestouristen und Schulklassen an. Zum Hotelareal gehören neben einer weitläufigen Infrastruktur 60 ha Wald- und Wiesengebiet, eine Standseilbahn aus dem 19. Jahrhundert sowie Europas schnellster und höchster Aussenlift, der die Fahrgäste in knapp einer Minute vom malerischen Felsenweg auf die 1132 Meter über Meer gelegene Hammetschwand bringt.

WieWoWasWann?

Geschlossen: November–März.
Preise: DZ 330–690 Fr. (inkl. Frühstück). Alle Cards.
Lage: Auf einer bergigen Halbinsel über dem Vierwaldstättersee, 900 m ü. M. Herrlicher Rundblick.
Küche: 4 Restaurants von «very casual» bis «très chic». Im exklusiven «Le Club» klassische Gourmetküche.
Geheimtipp-Zimmer: Am luxuriösesten wohnt man im neu aufgebauten «Park», nostalgischer im «Grand» und «Palace». Unbedingt Zimmer zum See buchen.
Sport & Animation: Innen- und Aussenschwimmbad, Tennis, Sauna, Dampfbad, Fitness- und Schönheitscenter, Bikes. Country- und Leisure Club, alpiner Golfplatz (9 Loch) exklusiv für Hotelgäste. 10 km eigene Wanderwege.
Anreise: Den Bürgenstock erreichen Sie von Luzern aus über die Autobahn A 2 (Ausfahrt Stansstad/Bürgenstock) und die Kantonsstrasse in 20 Minuten. Für den, der etwas mehr Zeit hat: Der romantischste Weg auf den Bürgenstock führt ab Luzern mit dem Raddampfer bis Kehrsiten und mit der nostalgischen Standseilbahn auf die Hotelpiazza.

Zentralschweiz CH-6442 Gersau

Paradieshotel Rotschuo

WieWoWasWann?

Geschlossen: Nie.
Preise: 136–186 Fr. (inkl. Frühstück). Alle Cards.
Lage: Geschlossene Hotelanlage inmitten eines exotischen Parks direkt am Vierwaldstättersee.
Küche: In den drei Restaurants bekommt man eine breite Palette von Rösti mit Bratwurst über Felchenfilets bis zum Lammkarree.
Sport & Animation: Hoteleigener Badestrand, Paddelboote, Tauchschule, Hallenbad, Sauna, Fitness, Kegelbahn, Billard, Bibliothek, Bikes, Jeeps für Innerschweizer Safaris. Zahlreiche Spezialveranstaltungen und Rahmenprogramme – das «Rotschuo» soll ein Erlebnishotel werden.
Anreise: Autobahn Zug–Altdorf (Axenstrasse) bis Ausfahrt Brunnen, dann Seestrasse in Richtung Weggis/Küssnacht a. R. bis Gersau. Das «Rotschuo» versteckt sich unterhalb der Seestrasse ein paar Kurven nach Gersau (die Einfahrt sieht man kaum!). Mit dem Postauto oder Schiff ab Brunnen erreichbar.

Zwar wurde das «Rotschuo» gerade zum besten Seminarhotel der Schweiz gewählt (entscheidene Faktoren waren Ambiente, Service und Freundlichkeit), trotzdem fühlt man sich hier auch als «normaler» Individualgast rundum aufgehoben. Das frühere Gewerkschaftsheim wurde im Frühjahr 1996 nach längerem Dornröschenschlaf von Yvonne und Hans-Werner Danckwardt wachgeküsst und bewegt sich seitdem – zum Ärger der müden Konkurrenz – auf der Überholspur. Die Lage ist traumhaft, das Grundstück verfügt über 1,3 km Uferlänge und einen exotischen Park, in dem man sich verlaufen kann. Unter der Ägide der Danckwardts wird Gastfreundlichkeit zu Gastfreundschaft. Aufmerksam drehen die beiden von morgens früh bis abends spät ihre Runden und scheuen sich nicht, dem ohnehin sehr aufmerksamen Service auch mal helfend zur Hand zu gehen.

Seestrasse
Tel. 041/828 22 66
Fax 041/828 22 70
✹✹✹❶❶

Man möchte sich wünschen, dass andere Innerschweizer Hoteliers ebenso engagiert mit ihren Häusern und Mitarbeitern umgingen wie hier. Und auf ebenso spielerische Weise Ideen entwickelten wie zum Beispiel das sommerliche Sunrise-Breakfast mit Champagner um 5.30 Uhr früh (und nachher wieder ins Bett), Hallenbad-Feten, Sommernachtsfeste mit Open-air-Kino, Ballett oder auch mal einen Auftritt der italienischen Weltmeister im Männerstrip. Die ausgezeichnete Infrastruktur und die bald durchgängig renovierten Zimmer (alle mit Seesicht) machen aus dem «Rotschuo» ein Dreisternehotel mit Viersternekomfort an Fünfsternelage.

CH-6002 Luzern   Zentralschweiz

Artdéco Hotel Montana

Adligenswilerstrasse 22
Tel. 041/410 65 65
Fax 041/410 66 76
E-mail: info@hotel-montana.ch
**** ❶❶❶

An leicht erhöhter Lage mit einer unvergleichlichen Aussicht auf den Vierwaldstättersee und den Pilatus, fern von Lärm und doch nur einige Schritte bis zur Luzerner Altstadt, wird das «Artdéco Hotel Montana» zum Inbegriff von Nostalgie. Die kürzeste Standseilbahn der Welt führt von der Seepromenade direkt in die Lobby. Die Innendekoration ist ein höherer ästhetischer Genuss und vermittelt einem das nicht unangenehme Gefühl, dass man auf der Sonnenseite des Lebens angekommen ist. Im Jugendstilrestaurant «Scala» diniert man unter Palmen, und auf der aussichtsreichen Terrasse fühlt man sich in den tiefen Süden versetzt. Küchenchef und Buchautor («Farben des Kochens») Raimund Froetscher legt grössten Wert auf frische und natürliche Produkte, schonendste Zubereitung und ungekünstelte Präsentation, sei es ein Seeteufelsalat mit Tomaten und Basilikum, ein schmackhafter Risotto mit Crevetten oder ein Lamm auf Frühlingsgemüse mit frischen Kräutern. Im zweiten und dritten Stockwerk hat die Innenarchitektin Pia Schmid (die auch schon im «Hotel Saratz», Seite 31, sowie im «See- & Parkhotel Feldbach», Seite 43, erfolgreich Hand angelegt hat) den Art-déco-Stil modern interpretiert. Die Zimmer sind die originellsten der ganzen Innerschweiz und verfügen zudem über sinnliche Badezimmer in Rot, Blau, Türkis und Sienagelb. In der stimmigen Hotelbar kann man neben der Statue von Louis Armstrong Platz nehmen und bei einem Glas «Opus One» von den guten alten Zeiten träumen.

WieWoWasWann?

Geschlossen: Nie.
Lage: An prächtiger Aussichtslage, wenige Gehminuten von der Altstadt entfernt.
Preise: DZ 240–750 Fr. (inkl. Frühstück). Alle Cards.
Küche: Trendige, mediterran inspirierte Sonnenküche. Interessante Weine zu fairen Preisen, auch im Offenausschank.
Geheimtipp-Zimmer: Alle modernen Art-déco-Zimmer zum See im 2. und 3. Stock. Besonders schön: Die Junior-Ecksuiten Nr. 203 und Nr. 303.
Sport & Animation: Immer donnerstags gibts in der «Louis Bar» Jam-Session für Hotelgäste (unter der Regie von Hauspianist Richard Decker). Freitags Live-Music-Konzerte von Folklore über Oldtime-Jazz, Swing, Blues bis Boogie. Mittwochnachmittags «Afternoon Classics» mit Salonmusik bei Kaffee und Kuchen.
Anreise: Stadtzentrum ansteuern und hinter der Hofkirche in die Adligenswilerstrasse einbiegen. Vom Bahnhof mit Bus Nr. 2 bis Station «Palace». Von dort führt die kleine Standseilbahn direkt in die Hotelhalle.

Zentralschweiz   CH-6005 Luzern

Hotel des Balances

WieWoWasWann?

Geschlossen: Nie.
Preise: DZ 250–520 Fr. (inkl. Frühstück). Alle Cards.
Lage: An beneidenswerter Lage im Herzen der Leuchtenstadt, zwischen dem Weinmarkt auf der einen und dem Reuss-Ufer auf der anderen Seite.
Küche: Der Gast hat die Wahl zwischen rustikalen regionalen Gerichten und aufwendigen Hummervariationen mit Exkursen in fremdländische Küchen. Auf der einmaligen Terrasse direkt über der ruhig dahin fliessenden Reuss diniert man wie in einer Hollywood-Filmkulisse.
Geheimtipp-Zimmer: Alle Zimmer zur Reuss haben einen traumhaften Ausblick.
Anreise: Mit dem Wagen nicht ganz einfach: Das «Balances» liegt auf der nördlichen Seite der Altstadt unmittelbar neben der Reuss-Brücke in der Fussgängerzone. Am besten stellt man das Auto in einem der Parkhäuser rings um die Bahnhofstrasse ab und läuft zu Fuss über den Rathaussteg oder die Reuss-Brücke. Der Bahnhof liegt fünf Gehminuten vom Hotel entfernt.

Als im 13. Jahrhundert der Gotthardpass zu einem der wichtigsten Alpenübergänge ausgebaut wurde, gewann Luzern seine enorme Bedeutung als Handelsstadt. Die Museggmauer mit den schönen, ganz unterschiedlichen Wachttürmen zeugt von der einstigen Wehrhaftigkeit, welche die Waren und den Reichtum der Bürger und Zünfte zu schützen hatte. Wie gut es den Zünften damals erging, zeigt sich in der Tatsache, dass die schönsten und bestgelegensten Häuser der Stadt Zunfthäuser sind. So auch das «Hotel des Balances», das in seiner bewegten Geschichte (im 12. Jahrhundert erstmals erwähnt) als Rathaus, Gefängnis, Stadtmetzgerei, Gerichtshaus, Spielbank, luxuriöses Gasthaus, Schule und eben als Zunfthaus diente. Heute herrscht in dem angenehm gestylten Viersternehotel mit historischen Räumlichkeiten und einer schön bemalten Fassade zur Altstadt

Weinmarkt
Tel. 041/410 30 10
Fax 041/410 64 51
✱✱✱❶❶❶❶

hin eine fröhlich-ungezwungene Atmosphäre, die man auch in der Bar oder im Restaurant «Rotes Gatter» findet. Im Sommer vermittelt die gedeckte Terrasse gerade über der grünen, glitzernden Reuss romantische Venedig-Atmosphäre. Von den luftigen, pastellfarbenen Zimmern blickt man direkt auf Luzerns Wahrzeichen, die wiederhergestellte Kapellbrücke mit dem Wasserturm. Und im Hintergrund grüssen die Alpen um den Vierwaldstättersee. Wer am nächsten Tag einen Ausflug auf die Rigi plant, nimmt seinen Nightcup im benachbarten «Hotel des Alpes», dessen Direktor das Wetter vorauszusagen weiss. Sein Hilfsmittel: «Beobachten der Stellung der Möwen auf der Kapellbrücke».

CH-6007 Luzern   Zentralschweiz

Hotel Château Gütsch

Kanonenstrasse 4
Tel. 041/249 41 00
Fax 041/249 41 91
★★★★❶❶❶❶

Die traumhafte Aussichtslage des «Château Gütsch» lässt kaum jemanden unberührt. Wie ein Wahrzeichen von überall her zu sehen, thront das zuckerbäckrige Walt-Disney-Schloss auf dem Waldhügel hinter Luzerns malerischer Altstadt. Mit der hoteleigenen Drahtseilbahn kann man sich Ruck für Ruck den Niederungen des Gewöhnlichen am Fuss des Gütsch-Hügels entziehen. Oben empfangen einen Ruhe, frische Luft und das im Jahr 1992 umfassend renovierte Märchenschloss im grünen Park. Von da mag man dann sinnend auf die Stadt und den Vierwaldstättersee hinunterschauen, etwa von der Badewanne der Toscanini-Suite aus. Die mit Himmelbett und antiken Möbeln ausgestattete Traumsuite ist für 750 Franken (inkl. Champagner) vergleichsweise günstig und zu 90 Prozent des Jahres ausgebucht – an den Wochenenden vor allem von Honeymoonern aus der ganzen Welt, aber auch US-General James Schwarzkopf oder die Schönheitskönigin von Amerika nächtigten schon hier. Auch frühere «Gütsch»-Gäste wie Queen Victoria, Pablo Casals, Sergej Rachmaninow oder Victor Hugo hätten Gefallen an dem beeindruckenden Marmorbad mit den vergoldeten Belle-Époque-Armaturen gefunden. Unverändert geblieben ist die traditionsreiche Schloss-Ambiance, die die nostalgischen Aufenthaltsräume und Salons mit prunkvollen Antiquitäten und Spiegeln, ritterlichen Accessoires und Ölgemälden verströmen. Direktor Peter Glanzmann: «Von noch romantischeren Schlössern vermochte einst wohl nur König Ludwig II. von Bayern geträumt haben...»

WieWoWasWann?

Geschlossen: Nie.
Preise: DZ 220–900 Fr. (inkl. Frühstück). Alle Cards.
Lage: Auf einem bewaldeten Hügel über der Luzerner Altstadt thronend. Fantastische Aussicht, besonders nachts sehr romantisch.
Küche: Seit der Elsässer Marc Zimmermann Einzug in die Küche gehalten hat, isst man im «Gütsch» so gut wie noch nie zuvor. Wer keine Lust auf französische Schlemmereien hat: Der Schlosskeller wurde unlängst zum orientalischen Spezialitätenrestaurant «1001 Nacht» verwandelt – ein «Sesam-öffne-dich»-Erlebnis für alle, die sich einfach mal einen Abend lang verzaubern lassen wollen.
Geheimtipp-Zimmer: Duplex-Zimmer, Pablo-Casals-Suite, Toscanini-Suite.
Sport & Animation: Freibad.
Anreise: Von Bern/Basel/Zürich: Autobahn bis Ausfahrt Luzern-Zentrum, Fahrtrichtung Littau. Auf der Baselstrasse beim Rondell links hochfahren. Nach 200 m links in die Kanonenstrasse einbiegen. Ausgeschildert. Die hoteleigene Drahtseilbahn führt vom Rand der Altstadt zum «Château Gütsch».

Zentralschweiz   CH-6006 Luzern

Hotel Hofgarten

WieWoWasWann?

Geschlossen: Nie.
Preise: DZ 225–280 Fr. (inkl. Frühstück). Alle Cards.
Lage: Bei der Hofkirche, einen Pfeilschuss von der Seepromenade entfernt.
Küche: Fleischlos, aber lustvoll heisst das Motto. Phantasievolle Zubereitung von allerlei Salaten, Pilzen, Gemüsen, Getreiden, Teigwaren und Desserts. Im Sommer wird auf der blühenden Gartenterrasse im idyllischen Innenhof gespeist. Wer auf Fleisch und Fisch nicht verzichten mag, findet gleich nebenan das lebendige In-Lokal «Rebstock»: Auf der Speisekarte finden sich beispielsweise Kaninchenschlegel mit Grappa oder einfach und gut schweizerisch «Luzerner Chügeli-Pastete» (in Würfel geschnittenes Kalb- und Schweinefleisch im Blätterteig).
Geheimtipp-Zimmer: In allen Zimmern setzt man auf die Verbindung von altem Gemäuer und modernem Ambiente. Zimmer zum Garten sind ruhiger.
Anreise: Uferpromenade vis-à-vis Bahnhof ansteuern. Der «Hofgarten» befindet sich bei der Hofkirche und ist ausgeschildert. Zehn Gehminuten vom Bahnhof entfernt.

Eines der charmantesten aus der neuen Generation kleiner, feiner Stadthotels ist der «Hofgarten» direkt neben der berühmten Hofkirche. Wer einmal in einem der 18 Zimmer in den drei labyrinthisch zusammengebauten Stiftshäusern übernachtet hat, möchte gar nicht wieder weg. In diesen jahrhundertealten Häusern wird hochwertiges Altes höchster Qualität Neuem gegenübergestellt, romantisch Verspieltes verbindet sich mit aktueller Kunst, traditionelle Behaglichkeit mit modernem Lebensstil. Jedes Gästezimmer hat seine eigene Struktur, Ambiance und Möblierung – das prunkvolle Jugendstilbett oder die gemütlichen Biedermeiermöbel, das schräge Designersofa oder der alte Kachelofen mit dem wärmenden Bänkchen gibts nur einmal. Historische Bauelemente wie Täfer, Balken und Stützen wurden raffiniert ins Raumkonzept integriert, so dass die Gäste

Stadthofstrasse 14
Tel. 041/410 88 88
Fax 041/410 83 33
✸✸✸❶❶❶

einen Querschnitt der Luzerner Baugeschichte ablesen können. Faszinierend ist jedes Detail. Und der «Hofgarten» besteht nur aus Details, Details aus Holz, aus Glas und aus Textilien – hier ist schlicht und einfach alles einmalig. In den Gängen sind Abdrücke von mittelalterlichen Keramikplatten, die bei der Renovation unter dem alten Gemäuer gefunden wurden, in die Wände gemauert. Im vegetarischen Restaurant, dessen Küche zu den Gästen hin offen ist, vereinen sich auf angenehmste Art klassische Gastfreundschaft und neue Ideen. Im Hintergrund kein lautes Musikgeplänkel; der schönste Klang sind hier die Stimmen plaudernder Gäste.

CH-6354 Vitznau   Zentralschweiz

Park Hotel Vitznau

Tel. 041/397 01 01
Fax 041/397 01 10
E-mail:
parkvitznau@shoppingnet.ch
★★★★★ ooooo

Amerikaner nennen so eine Aussicht «one million dollar view»: ein geheimnisvoller See, saftig grüne Wiesen, weidende Kühe, Bauernhäuser, dahinter dunkelgrüner Wald, schroffe Felsen, markante Alpengipfel – und mitten in dieser Postkartenidylle ein luxuriöses Belle-Époque-Märchenschloss am Seeufer, von dem aus man alles überblickt. Das «Park Hotel Vitznau» des deutschen Puddingmultimillionärs Dr. Oetker hat einen Logenplatz mit Cinemascope-Panorama. Und man kann sogar hinter die Kulissen schauen: Die grossartigen Salons und Zimmer strahlen eine erfrischende Eleganz aus, und Junia Bally kümmert sich mit sicherem Geschmack um die stetige Verbesserung der Einrichtung, soweit das überhaupt noch möglich ist. Schon bei der Reservation oder beim ersten Gespräch an der Rezeption spürt man: Hier stimmt der Ton. Und diese innere Herzlichkeit, diese Freude, hier zu arbeiten, strahlen auch ein Grossteil der 130 Mitarbeiter aus. In der Küche weht ein neuer Wind – der junge Küchenchef Rudolf Möller ist drauf und dran, aus dem «Park Hotel» eine kulinarische Perle zu machen. Die Atmosphäre in den beiden Restaurants ist wohltuend gedämpft, der Service agiert flink und unaufdringlich, und stets bezaubert einen dieser Ausblick – derselbe unveränderte Ausblick, den schon Mark Twain unter dem Stichwort «Sonnenaufgang am Abend» in der Kurzgeschichte «Die Rigireise» in unnachahmliche Form gegossen hat. Ankommen fällt hier in jedem Fall leichter als Weggehen!

WieWoWasWann?

Geschlossen: Mitte Oktober–Mitte April.
Preise: 420–1500 Fr. (inkl. Frühstück). Alle Cards.
Lage: Am Fusse der Rigi, in einem Park direkt am Vierwaldstättersee.
Küche: Grosse Überraschung, wenn man sich über die Teller beugt: Rudolf Möller beherrscht die klassische französische Küche (z. B. Chateaubriand, Turbot in der Salzkruste) ebenso wie kreative Eigenkompositionen (Roulade von Hummer und Maispoularde mit knackigem Gemüsesalat auf Kerbelvinaigrette).
Geheimtipp-Zimmer: Junior-Ecksuite Nr. 102, Deluxe-Doppelzimmer Nr. 135, Suite Nr. 731, Honeymoonsuite Nr. 733 (zuoberst im Turm).
Sport & Animation: Hallen-/Freibad, Sauna, Dampfbad, Fitnessraum, Wasserski, Motorboote, Minigolf, 2 Tennisplätze, Kinderspielplatz.
Anreise: Autobahn A 4 Rotkreuz–Brunnen bis Ausfahrt Küssnacht a. R., dann Seestrasse via Weggis nach Vitznau. Mit dem Postauto ab Küssnacht oder Brunnen oder auch mit dem Schiff ab Luzern erreichbar.

Zentralschweiz   CH-6354 Vitznau

Seehotel Vitznauerhof

WieWoWasWann?

Geschlossen: Nie.
Preise: DZ 158–420 Fr. (inkl. Frühstück). Alle Cards.
Lage: Am Fusse der Rigi, in einer malerischen Seebucht direkt am Vierwaldstättersee.
Küche: Was sich auf den Tellern im Restaurant «Grand Siècle» oder auf der lauschigen Seeterrasse präsentiert, kann sich sehen lassen: die Spargelravioli ebenso wie die Lachstranche in Haselnuss-Bärlauch-Kruste oder die Kalbmignons mit Morcheln.
Sport & Animation: Kleines Hallenbad, Sauna, Dampfbad, Fitnessraum, Tennisplatz, privater Badestrand, Wassersport, eigenes Motorboot und H-Segler, Spielzimmer mit Billard, Dart und Tischfussball, Kinderspielplatz.
Geheimtipp-Zimmer: 2-stöckige Juniorsuiten im Dach, Pilatus-Suite mit Panoramabalkon und Sprudelbad.
Anreise: Autobahn A 1 Rotkreuz–Brunnen bis Ausfahrt Küssnacht a. R., dann Seestrasse via Weggis nach Vitznau. Mit dem Postauto ab Küssnacht oder Brunnen oder auch mit dem Schiff ab Luzern erreichbar.

Hier scheint alles wie geschaffen für Menschen, die den Sinn des Lebens gern geniessen. Seit der Totalrenovation des Seehotels im Jahr 1997 ist mächtig Staub weggepustet worden, das historische Haus präsentiert sich nach jahrzehntelangem Dornröschenschlaf heute in einer gelungenen Mischung von Jugendstil und modernem Design. Avantgardistische Raumbeleuchtungen und stilistisch reduzierte Möbel stehen in spannungsvollem Kontrast zu verspielten Art-déco-Elementen und bizarren Balkenkonstruktionen. Man wohnt in behaglichen, teilweise originell eingeteilten Zimmern oder Suiten mit Viersternekomfort. Im Ganzen ein totaler Lichtblick in der morbiden Hotelfriedhofslandschaft rund um den Vierwaldstättersee, wo der Kalk nicht nur von den Stuckaturen vieler alter Speisesäle rieselt, sondern auch aus den Köpfen der alternden Hoteliers. Gastgeber Josef

Tel. 041/399 77 77
Fax 041/399 76 66
★★★★❶❶

Inderbitzin glänzt mit kreativen Einfällen für einen abwechslungsreichen Aufenthalt, obwohl man hier ohnehin schon allerlei tun kann: Mit dem hauseigenen Motorboot und dem H-Segler über den See kreuzen, Wasserski fahren oder Florida-Banane reiten. Auf dem hauseigenen Platz Tennis spielen, im Fitnesscenter seine Muskeln in Form bringen oder sich in der kleinen Wellness-Anlage mit Hallenbad, Sauna und Dampfbad entspannen. Zudem hält die älteste Zahnradbahn Europas ebenso vor der Haustür wie die nostalgische Raddampferflotte des Vierwaldstättersees. Das Schönste jedoch, das man im «Vitznauerhof» tun kann, ist in Ruhe nichts zu tun.

CH-6353 Weggis   Zentralschweiz

Hotel Friedheim

Tel. 041/390 11 81
Fax 041/390 27 40
✱✱❿

Die meisten zeitgenössischen Hotels- und Schlafdorfbauten in und um den einstmals bedeutenden Kurort Weggis verdienen die Qualifikation «architektonische Klagemauer». Und die älteren Gasthäuser erzählen, wie man so schön sagt, von besseren Zeiten. Einige wurden zwar renoviert, aber die Inneneinrichtung ist meist von überwältigender Geschmacklosigkeit und die Halbpension erinnert an die Massenverköstigung für die Beteiligten einer Busfahrt für Wärmedeckenverkauf. Ein kleiner Lichtblick in dieser Hotelwüste ist das «Friedheim» auf der Halbinsel Hertenstein. Wer Gemütlichkeit und Umsorgtsein liebt, auf den wirkt das Haus entspannend: das ländliche Bauerngehöft, der ruhige Garten, die prächtige Sicht auf See und Berge,

geniesserische Stammgäste in der heimeligen Gaststube und der herzliche Empfang der Gastgeberfamilie Zimmermann – wie ein schönes Zuhause. Nur schmeckt es hier besser, will sagen exzellent. Denn es bräuchte schon einen sehr versierten Amateurkoch, um die alten Innerschweizer Spezialitäten so fein nachzukochen. Und einen kurzen Draht zum Fischer: Die Eglifilets sind dermassen frisch, filigran und ästhetisch, dass jeder Japaner sie ruckzuck roh verspeisen würde; in der Pfanne kurz gewendet, mit buttrigem Blattspinat, schmecken diese Fische hier grossartig. Einziger Wermutstropfen: Bei den neuen Zimmern haben sich die Zimmermanns gestalterisch vergriffen – sie sind so 08/15 wie aus dem Hoteleinrichtungskatalog.

WieWoWasWann?

Geschlossen: Mitte Oktober–Anfang April.
Preise: DZ 136–198 Fr. (inkl. Frühstück). Alle Cards.
Lage: Freistehend mitten im Grünen auf der Halbinsel Hertenstein. Wunderbares Panorama auf See und Berge. Vorbeifahrende Schiffe vermitteln ein Gefühl der Langsamkeit.
Küche: Gut gemachte regionale Spezialitäten aus Grossmutters Kochbuch. Allerfeinste Eglifilets.
Sport & Animation: Spazier- und Wanderwege vor der Haustür.
Anreise: Autobahn A 4 Rotkreuz–Brunnen bis Ausfahrt Küssnacht a. R., dann Seestrasse in Richtung Brunnen bis Weggis. Mit dem Postauto ab Küssnacht oder auch mit dem Schiff ab Luzern erreichbar.

Berner Oberland CH-3715 Adelboden

Parkhotel Bellevue

WieWoWasWann?

Geschlossen: Mitte April–Mitte Juni und Mitte Oktober–Mitte Dezember.
Lage: In einer Parkanlage über dem Dorfzentrum.
Preise: DZ 230–420 Fr. (inkl. Halbpension). Keine Cards.
Küche: Variantenreiche Marktküche von festlich-exklusiv über herzhaft-währschaft. Der Weinkeller gleicht einer Sammlung, die mit Liebe und Sorgfalt über die Jahre gewachsen ist und reicht von seltenen Walliser Spezialitäten über grosse Châteaux zu Neuentdeckungen aus fernen Kontinenten.
Geheimtipp-Zimmer: Suite on the top (Nr. 416) mit grossem Eckbalkon und Luxus-Badezimmer.
Sport und Animation: Hallenbad, römische Thermen, Saunas, Mountainbikes, Tischtennis, Kinderspielzimmer. Freibad und Kunsteisbahn im Ort sind für «Bellevue»-Gäste gratis.
Anreise: Autobahn Bern–Interlaken bis Spiez, dann Landstrasse via Frutigen nach Adelboden. Mit der Bahn von Bern via Spiez nach Frutigen, von dort mit dem Postauto nach Adelboden.

Das «Parkhotel Bellevue» ist weiträumig und komfortabel wie ein Grandhotel, aber behaglich und gemütlich wie ein Landhaus und als Familienbetrieb so persönlich geführt wie ein Gasthof. Es liegt in einem lauschigen Park in absoluter Ruhe leicht erhöht über der Ortsmitte von Adelboden. Die Zimmer sind so individuell wie die Gäste und strahlen wohlig-wohnliche Wärme aus, egal ob im rustikal-behaglichen Sennenzimmer mit Schindeldach und Kachelofen, im romantischen Honeymoon-Salonzimmer in Kirschbaum, in der klassisch-eleganten Louis-quatorze-Suite oder im grosszügig-luftigen Familienappartement. Im Wellness-Center mit Hallenbad, römischen Thermen, Saunas und Whirlpools können Sie in Wasser und Wärme, Dampf und Duft eintauchen, loslassen, entspannen und neue Kräfte tanken.

Tel. 033/673 40 00
Fax 033/673 41 73
E-mail:
parkhotel-adelboden@bluewin.ch
✹✹✹❶❶

CH-3011 Bern   Stadt Bern

Hotel Belle Époque

Gerechtigkeitsgasse 18
Tel. 031/311 43 36
Fax 031/311 39 36
✳✳✳❶❶❶

Zwischen dem Bärengraben im Osten, wo auch heute noch die Wappentiere der Stadt gehalten werden, und der Heiliggeistkirche im Westen kuscheln sich die aus graugrünem Natursandstein gemauerten Häuser der Patrizier, Händler und Handwerker. Die Strassen dazwischen sind von Arkaden gesäumt – auf sechs Kilometern winden sich Laubengänge durch die Stadt, eine der längsten Einkaufspassagen Europas. Gerade im ältesten Stadtteil zwischen Junkern-, Gerechtigkeits- und Postgasse ducken sich im Schatten der Bögen viele kleine Antiquariate, Goldschmieden und Boutiquen, in denen es sich lustvoll stöbern lässt. Unter den «Lauben» der Gerechtigkeitsgasse tritt man in eines der eigenwilligsten Hotels der Schweiz: das «Belle Époque». Es birgt eine der schönsten Privatsammlungen des Jugendstils und profiliert sich als Hotel der neuen «U-Klasse» (Unique). Zu diesen Hotels gehören zur Zeit einige wenige Häuser, die in ihrer Art aussergewöhnlich sind und sich nicht in eine der bestehenden Kategorien des Schweizer Hotelliervereins einstufen lassen. Ursprünglich planten die Besitzer, hier eine Galerie zu eröffnen. Daraus ergab sich die Einrichtung für ein kleines Garni-Hotel. Von den beiden Junior-Suiten im obersten Stockwerk bis hinunter zur Jazzbar und Galerie sind über 500 Jugendstilobjekte von mehr als 100 Künstlern, darunter Werke von Toulouse-Lautrec, Klimt, Lalique, Sandier und Gaudí ausgestellt. Kunstliebhaber staunen: Vom Türgriff des Liftes, über Möbel, Lampen und Bilder bis hin zum Hotelschild ist alles stilecht und original.

WieWoWasWann?

Geschlossen: Nie.
Preise: DZ 220–350 Fr. (ohne Frühstück). Alle Cards.
Lage: Mitten in der Berner Altstadt, wenige Schritte vom Bärengraben entfernt.
Küche: Kein Restaurant im Haus. Ein paar Schritte weiter ist aber das sehr stimmungsvolle «Ristorante Enoteca Verdi» zu empfehlen, eine moderne Interpretation eines Kellerlokals und zugleich ein gelungenes Beispiel für italienische Urbanität (Gerechtigkeitsgasse 5, Tel. 031/ 312 63 68). Hier bleiben die Berner gerne länger sitzen, als ein Essen dauert.
Geheimtipp-Zimmer: Junior-Suiten «Hoffmann» und «Van de Velde» reservieren, die natürlich meistens ausgebucht sind.
Anreise: Bern-Zentrum anpeilen und Richtung Bärengraben fahren. Das Hotel liegt am unteren Ende der Gerechtigkeitsgasse oberhalb der Nydeggbrücke. 15 Gehminuten vom Hauptbahnhof Bern entfernt.

Stadt Bern CH-3012 Bern

Hotel Innere Enge

WieWoWasWann?

Geschlossen: Nie.
Preise: DZ 230–580 Fr. (inkl. Frühstück). Alle Cards.
Lage: In einer kleinen Parkanlage mit beeindruckender Fernsicht auf die Alpen.
Küche: Man strebt nicht nach Sternen in den Gastroführern, sondern pflegt eine marktgerechte, frische Küche mit Gerichten für jedes Budget.
Geheimtipp-Zimmer: Nr. 1 («Clark Terry-Room», voller Jazz-Bilder), Nr. 38 (mit Balkon), Nr. 7 (schöne Suite mit TV über der Badewanne), Nr. 28 (Honeymoon-Suite).
Sport & Animation: «Traditional Jazz» mit internationalen Top-Stars in «Marian's Jazzroom» im Untergeschoss des Hotels (Dienstag- bis Samstagabend ab 19.30 Uhr), jeden Sonntag «Jazz-Brunch» mit Live-Musik (10–13.30 Uhr). Schöne Minigolf-Anlage, Tischtennis, Billard. Food-Festivals.
Anreise: 800 Meter ab Autobahnausfahrt Bern-Neufeld (Neubrückstrasse in Richtung Hauptbahnhof bis Abzweigung Engestrasse). Bus-Haltestelle «Innere Enge» vor dem Haus (Bus Nr. 21 ab Bahnhof, Richtung «Bremgarten»).

Es muss irgendein Naturgesetz geben, das Ausflugslokale automatisch in den gastronomischen Sumpf zieht. Das war auch lange Jahre bei der «Inneren Enge» nicht anders. Kein Mensch weiss, warum die früheren Pächter nie zurechtkamen an diesem wunderbaren Ort über Berns City, der Sonntagsausflügler in Scharen wie von selbst anzieht. Das hat sich Anfang der 90er-Jahre geändert: Hans und Marianne Zurbrügg übernahmen das geschichtsträchtige Anwesen, wo schon im Jahr 1810 für die Kaiserin Joséphine, Gemahlin Napoleons I., ein «Grand-Déjeuner» veranstaltet wurde, und verpassten den Räumlichkeiten mit viel persönlichem Engagement wieder ein individuelles Aussehen. Spiegel, Lampen und andere Kleinode hat das Paar auf Brocantes in halb Europa zusammengesucht, die Eingangstüre und ein Teil der Einrichtung des Restaurants

Engestrasse 54
Tel. 031/309 61 61
Fax 031/309 61 51
★★★★❶❶❶

stammen aus einem alten Bistro in Frankreich. Im Park steht ein Gartenhaus aus dem Anwesen von Gunther Sachs, der Kamin erwärmte einst die Villa Stucki und wurde vor ihrem Umbau von der Denkmalpflege in Sicherheit gebracht. Und alles passt zusammen, als habe es schon immer zur «Inneren Enge» gehört. Der Betrieb basiert auf drei Pfeilern: auf dem Restaurant (mit traumhaftem Garten), dem Hotel (mit 26 persönlich und individuell eingerichteten Zimmern) und «Marian's Jazzroom» im Untergeschoss, wo sich in den letzten Jahren ein Weltklasseprogramm etabliert hat. Als Organisator des Berner Jazzfestivals hat Patron Hans Zurbrügg beste Beziehungen zu Musikern in aller Welt.

CH-3855 Brienz Berner Oberland

Grandhotel Giessbach

Tel. 033/952 25 25
Fax 033/952 25 30
E-mail: grandhotel@giessbach.ch
✷✷✷❶❶❶

Es gibt Hotels, da weiss man gleich: Hier hat sich jemand einen Traum erfüllt. Das sagenumwobene «Grandhotel Giessbach» am Brienzersee ist so ein Hotel. Mit viel Idealismus und noch mehr Herzblut hat im Jahr 1983 der renommierte Umweltschützer Franz Weber dank unzähliger Kleinanteilscheinen das vor dem Verfall bedrohte Märchenschloss mit dem Ziel erworben, es in seiner ursprünglichen Schönheit auf alle Zeiten zu erhalten. Und ein «Grandhotel für Leute wie du und ich» zu gestalten, ein Grandhotel, in dem man nicht unter dem «Aschenputtel-Syndrom» leiden muss, weil die Kluft zwischen der rundum perfekten Palastszenerie und unserer eigenen Unvollkommenheit dermassen gross ist, dass man von der zur Schau gestellten Pracht geradezu erschlagen wird; ein Grandhotel, in dem sich auch normalverdienende Familien mit Kindern wie Weekend-Fürsten fühlen können; ein Grandhotel schliesslich, in dem eine entspannte, fröhliche Atmosphäre herrscht. Das Experiment ist gelungen. Viel Nostalgie in den Gästezimmern (aber auch durchgelegene Matratzen und renovationsbedürftige Textilien), viel Jugendstil-Flair in den Salons und Aufenthaltsräumen (aber an manchen Sommerwochenenden auch etwas gar viele Hochzeiten und Bustouristen). Ein zeitloser Zauber liegt über Haus und Parkanlagen, was auch den amerikanischen Filmproduzenten nicht unverborgen blieb: Einige Szenen aus dem Film «Tender is the Night» wurden hier abgedreht.

WieWoWasWann?

Geschlossen: Mitte Oktober–Ende April.
Preise: DZ 180–400 Fr. (mit Frühstück). Alle Cards.
Lage: Vorne der Brienzersee, hinten der imposante Wasserfall: Das «Giessbach» liegt in einer prämierungswürdig wildromantischen Umgebung.
Küche: Auch in der Küche scheint die Zeit stillzustehen: In die drei Restaurants kommt man wie in die Tonhalle, um wieder einmal einem Konzert zu lauschen, das man Takt für Takt auswendig kennt.
Geheimtipp-Zimmer:
Nr. 359 (heiteres Laura-Ashley-Dekor), Nr. 110 und 210 (rosa Honeymoon-Zimmer mit Himmelbetten), Nr. 301 (Turmzimmer zum Giessbach) oder Nr. 310 (Laura-Ashley-Turmzimmer mit Sicht auf Giessbach und See).
Sport & Animation: Tennis, Freibad, Billard, Kinderspielzimmer, klassische Konzerte.
Anreise: Autobahn A 8 Interlaken–Brienz, Ausfahrt Brienz-Giessbach. Ausgeschildert. Hotelbus, Schiffsverbindung und Drahtseilbahn erlauben, den Ort auch ohne Wagen zu erreichen, ganz wie in den glanzvollen Jahren des Fin de Siècle.

Berner Oberland CH-3818 Grindelwald

Hotel Gletschergarten

WieWoWasWann?

Geschlossen: Anfang April–Anfang Juni und Anfang Oktober–Mitte Dezember.
Lage: Im Dorf.
Preise: DZ 190–260 Fr. (inkl. Frühstück). Cards: Visa, Eurocard.
Küche: Gute Hotelküche mit vielen regionalen Produkten und Spezialitäten.
Geheimtipp-Zimmer: Alle 26 Zimmer verfügen über Balkon und haben eine prächtige Aussicht.
Sport & Animation: Sauna, Dampfbad, Tischtennis, Billard, Tischfussball, Indoor-Golf. Vielfältige Sommer- und Wintersportmöglichkeiten in unmittelbarer Nähe.
Anfahrt: Autobahn Bern–Interlaken bis Ausfahrt Wilderswil, dann Landstrasse bis Grindelwald. Mit der Bahn via Interlaken zu erreichen.

Die Zeit vergeht, aber das kümmert den «Gletschergarten» nicht. Er hat sein eigenes Wesen, sein eigenes Sein. Elsbeth und Finn Breitenstein weihen all ihre Zeit dem fast hundertjährigen Haus und versehen es sachte mit allem, was zu den heutigen Annehmlichkeiten zählt: Schliesslich sind hundert Sommer und Winter das beste Alter für ein Landhaus. Entstanden ist im Lauf der Jahre das schönste und individuellste Hotel in Grindelwald. Hier hat jede Ecke ihren Charakter, jedes Zimmer seine eigene Geschichte. «Ein heimeliges Chalet mit familiärer Atmosphäre» wird jeder sofort sagen, den man nach dem «Gletschergarten» fragt. Wie reifer Wein rundet sich das Holz ab und entwickelt erlesenen Geschmack, Erinnerungen mit einem Hauch aus alten Zeiten. Der romantische Zauber, der den ursprünglichen Behausungen des Berner Oberlandes eigen

Tel. 033/853 17 21
Fax 033/853 29 57
✳✳✳❶❶

ist, ist hier nicht verloren gegangen und bestimmt den einladenden Salon mit dem knisternden Kaminfeuer ebenso wie das urgemütliche Restaurant. Unnötig zu sagen, dass auf eine persönliche Betreuung der Gäste grosser Wert gelegt wird und sich die Breitensteins auf jeden Gast freuen, als wäre er der Erste.

CH-3780 Gstaad   Berner Oberland

Le Grand Chalet

Tel. 033/748 32 52
Fax 033/744 44 15
****❶❶❶

«Wunderbare Aussicht, ein schönes Chalet, Komfort, am wärmenden Cheminée sitzen und gutes Essen geniessen...»: Dieser Film läuft wohl vor einem Kunden ab, der in Hamburg, Paris oder Tokio in einem Reisebüro steht und Ferien in der Schweiz buchen will. Das «Grand Chalet» kommt diesem Traum sehr nahe. Die einmalige Lage und der fantastische Rundblick von Les Diablerets bis weit hinunter ins Greyerzerland waren gegeben, den Rest hat Franz Rosskogler mit viel Liebe und Geschmack geschaffen. Die meisten der dezent luxuriös gehaltenen Zimmer verfügen über einen eigenen Balkon, alle über einen Prospektblick in die grüne respektive weisse Alpenlandschaft, die sich durch eine wunderbare Weichheit auszeichnet – alles Schroffe ist ihr fremd. Auch kulinarisch ragt das Hotel über Gstaad hinaus: Chefkoch Christophe Chastellain vollbringt in seinem Restaurant «La Bagatelle» Kunststücke von verblüffender Schlichtheit, fern jeglichen Manierismus, zu dem die jüngeren Köche der Region neigen: «Wir haben uns mit der Qualität vernetzt. Wir haben gar keine andere Wahl als höchste Qualität auf dieser Höhe zu servieren. Damit die Gäste nicht nur eine schöne Aussicht, sondern auch Aussicht auf höchsten Genuss haben. Das ist mein Kredo, nach dieser Philosophie koche und arbeite ich.» Die Gesamtleistung hat zwar ihren Preis, bleibt dafür aber nachhaltig in Erinnerung. Im Ganzen ist das «Grand Chalet» ein rundum angenehmer Platz zum Sein – ein einladendes Ganzes, wo auch persönliche Gastfreundschaft noch ihre Bedeutung hat.

WieWoWasWann?

Geschlossen: Ostern–Ende Mai, Mitte Oktober–Mitte Dezember.
Preise: DZ 220–650 Fr. (inkl. Frühstück). Alle Cards.
Lage: 15 Gehminuten über dem Ort Gstaad, an wunderbarer Aussichtslage.
Küche: Das «Bagatelle» ist eines der besten Restaurants im Berner Oberland. Geboten wird eine leichte feine Küche, in lockerer und persönlicher Atmosphäre. Vegetarische Menüs der Spitzenklasse.
Sport & Animation: Freibad, Sauna, Dampfbad, Fitness, Massage, Golf-putting-green, Kinderspielplatz. Herrliches Sommer- und Wintersportgebiet, vielseitige Musik- und Sportanlässe.
Anreise: Autobahn Bern–Thun–Spiez bis Ausfahrt Wimmis, dann Landstrasse durchs Simmental via Zweisimmen und Saanen nach Gstaad. Bei der Eisbahn/Tennisplatz (vis-à-vis Coop) Strässchen hochfahren, unter dem Eisenbahn-Viadukt durch und den Wegweisern folgen. Gstaad ist mit der Bahn ab Spiez oder Montreux erreichbar.

Berner Oberland   CH-3780 Gstaad

Palace Hotel Gstaad

WieWoWasWann?

Geschlossen: April–Juni, Oktober–Mitte Dezember.
Preise: DZ 450–2150 Fr. (inkl. Frühstück). Alle Cards.
Lage: Wortwörtlich über dem Ort Gstaad thronend.
Küche: Sehr ansprechende klassische Küche. Die Preise sind kein Thema, die Qualität auch nicht; Geld ist hier so selbstverständlich wie Qualität.
Geheimtipp-Zimmer: Wegen der Zimmer geht niemand ins «Palace» – die sind rustikal-bodenständig eingerichtet und mit allem technischen Komfort eines modernen City-Hotels ausgestattet. Die schönsten haben Aussicht auf Les Diablerets.
Sport & Animation: Innen- und Aussenschwimmbad, Sauna, Dampfbad, Gymnastikraum, Massagen, Squash-Halle, Tennisplätze, Beauty-Salon. Sämtliche Wintersportmöglichkeiten im Ort. Zahlreiche Wanderwege. Die Diskothek «Green Go» ist seit Jahren «the place to be».
Anreise: Autobahn Bern–Thun–Spiez bis Ausfahrt Wimmis, dann Landstrasse durchs Simmental via Zweisimmen und Saanen nach Gstaad. Mit der Bahn ab Spiez oder Montreux erreichbar.

Das im Jahr 1913 erbaute «Palace» in Gstaad war von Anfang an grosses Kino und ist es bis heute geblieben. Mit Stars und Nebenrollen. Sie alle treffen sich im weissen Palast, einst waren es Maurice Chevalier, Louis Armstrong und Ella Fitzgerald, heute sind es Roger Moore, Liza Minelli, Liz Taylor und Johnny Hallyday; von den vielen Königen, erlauchten und betuchten Gästen ganz zu schweigen. Die Gäste im Palast. Sie sind Hauptdarsteller in einem Stück, das Hotel heisst. Natürlich haben sie Geld oder tun so, als ob sie es hätten. Doch weniger Prunk zieht sie hier an, als die Gemütlichkeit, die «Empfindung einer luxuriösen Heimeligkeit»: Sie wissen, welcher Platz in der Halle Jahr für Jahr ihrer Rolle gebührt, genau wie im Landhaus am Meer, in das sie auch nur einmal, immer im Juli, hinfahren. Besitzer Ernst A. Scherz nennt sein romantisches Schlosshotel

Tel. 033/748 50 00
Fax 033/748 50 01
E-mail: palace@gstaad.ch
★★★★●●●●●

mit der rustikalen Innendekoration aus den 60er-Jahren und der modernen Infrastruktur denn auch bescheiden «die grösste Familienpension der Schweiz». Eine Familienpension mit 111 Zimmern und 45 (!) Suiten; diejenigen im Turm – für 2100 Franken pro Nacht – verfügen über berauschende Badezimmer, bei dessen Anblick Victoria Principal, alias Dallas Pamela, ausgerufen haben soll: «Such a wonderful erotic corner!» Das Highlife-Märchenschloss gilt als Motor der traumhaften Gegend. Und wenn das «Palace» hüstelt, hat Gstaad die Grippe.

CH-3780 Gstaad   Berner Oberland

Grand Hotel Park

Tel. 033/748 98 00
Fax 033/748 98 08
E-mail: grandpark@gstaad.ch
✹✹✹✹✹❶❶❶❶❶

Die Landschaft verzaubert, verführt, umschmeichelt, berührt und hat auf viele Menschen die gleiche Wirkung wie eine Mozart-Oper. Ganz ruhig wird es innendrin, und die Seele lächelt unter Tränen: alles wird einfach und gut. Wer sich nicht nur von der lieblichen Hügellandschaft um Gstaad betören lassen, sondern auch in diskreten Luxus eintauchen will, ist im «Grand Hotel Park» an der richtigen Adresse. Nicht alte Pracht, sondern erfrischende Eleganz versteckt sich hinter der etwas zu gross geratenen Fassade des Fünfsternechalets, in der alle Sehnsüchte gestillt werden nach anspruchsvollster Qualität und schönem Leben. Die 82 Zimmer und 11 Suiten sind grosszügigst angelegt und strahlen durch das überall verwendete Eichenholz eine warme und zugleich heitere Atmosphäre aus. In der einladenden Sauna-, Fitness- und Beautylandschaft mit Sole-Hallenbad kann man viel für sein körperliches und seelisches Wohl tun oder sich antun lassen. Die einen machen das ganz lässig während des «Musiksommers» (Mitte Juli bis Anfang September), tagsüber Kurlaub, abends Kultur; andere kommen extra zu Spezialwochen (Golf, Ski, Beauty, usw.). Genuss- und Tafelfreuden bieten die Restaurants: gemütlich-herzhaft im «Grill», festlich im «Grand-Restaurant», wo jeder Abend zum Feier-Abend wird. Ein idealer Ort, um das Leben wieder einmal mit allen Sinnen zu geniessen.

WieWoWasWann?

Geschlossen: Ende März–Anfang Juni und Mitte September–Mitte Dezember.
Lage: In einer gepflegten Parkanlage am Dorfrand von Gstaad. Einmalige Sicht auf die Alpen, absolute Ruhe.
Preise: DZ 490–1650 Fr. (inkl. Halbpension). Alle Cards.
Küche: Allerbeste Traditionsküche mit einer grandhoteltypischen Mässigung und vorsichtigen Beschränkung. Die Parole lautet: Ja nichts, was den Gast vergraulen könnte, die Gerichte müssen ihm vertraut sein, um Himmels willen nichts Gewagtes, Neues, Verrücktes. Schöner Weinkeller mit regelmässigen Degustationen.
Sport & Animation: Grosser Beauty- und Wellness-Bereich mit Sole-Hallenbad, Sauna, Dampfbad, Whirlpool, Fitness, Massagen, Fango, Sauerstofftherapie, Gymnastikprogrammen, Coiffeur, Tennis, Freibad.
Anreise: Autobahn Bern–Thun–Spiez bis Ausfahrt Wimmis, dann Landstrasse durchs Simmental via Zweisimmen und Saanen nach Gstaad. Mit der Bahn ab Spiez oder Montreux erreichbar.

Berner Oberland   CH-3800 Interlaken

Grandhotel Victoria-Jungfrau

WieWoWasWann?

Geschlossen: Nie.
Preise: DZ 510–3500 Fr. (inkl. Frühstück). Alle Cards.
Lage: Wie ein grosser Ozeandampfer liegt das stolze Hotel aus der Pionierzeit des Tourismus unübersehbar am Ortsrand.
Küche: Der vielversprechende junge Küchenchef Martin Guntern hat noch einiges vor. Er hat sich dem Prinzip der multikulturellen, dogmenfreien Küche verpflichtet, dem intelligenten Spiel mit den Rezepten und Traditionen anderer Weltgegenden – auf hohem Niveau und mit ausgesuchten, frischen Produkten. Und selbst wenn bei Hochbetrieb in der Küche schon mal etwas schief gehen kann, ist man hier nie vor positiven Überraschungen sicher.
Sport & Animation: Ganzheitliches Wellness-Angebot im einzigartigen «Spa»-Bereich mit spektakulärem Pool, Beauty-Behandlungen, Massagen, Fitness und Gymnastik, Ernährungsberatung, Thalasso-Anwendungen, usw. Indoor-Golf und -Tennis, Reitschule, Kindergarten.
Anreise: Von Bern: Autobahn A 6 über Spiez bis Interlaken. Das Hotel ist ausgeschildert. Mit der Bahn ist Interlaken bequem via Bern zu erreichen.

Zwei Wahrzeichen prägen das umtriebige Städtchen Interlaken am Fusse des Berner Oberlandes: ein weltbekannter Alpengipfel und ein Hotel von Weltrang. Das erste, die «Jungfrau», ist aus erdgeschichtlicher Sicht jung, das zweite, das «Grand Hotel Victoria-Jungfrau» feiert gerade sein 134-jähriges Bestehen. 1882 erhielt das monumentale Hotel mit der fast endlos langen Fassade – noch vor der Stadt Interlaken – einen eigenen Stromgenerator –, bot also für damalige Zeiten grössten Luxus. Das hat sich nicht geändert: Was damals noch überwältigen musste, weil es revolutionär war, ist heute nicht weniger beeindruckend, weil wirklicher Luxus in klassischer Eleganz längst wieder eine Rarität geworden ist. Unwillkürliche Ahs und Ohs entwischen einem beim Eintreten in die pompösen Hallen, die zum Teil wie Kathedralen ausgemalt sind. Das gilt auch für die

Tel. 033/828 28 28
Fax 033/828 28 80
E-mail: victoria@bluewin.ch
★★★★★●●●●

122 Zimmer und 94 Suiten: Die sind teilweise so schön, die gibt es eigentlich gar nicht. Im Wintergartenrestaurant «La Terrasse» vereinen sich Extravaganz und Gemütlichkeit und im Sommer wird das Abendessen regelmässig von Musical-Einlagen der «Singing Waiters» aus San Francisco begleitet. Allumfassendes Wohlbefinden bietet der hoteleigene Badetempel «Spa», wo man sich so fühlt, wie ein antiker Römer sich gefühlt haben muss. Je länger man verweilt, umso weiter weg wähnt man sich vom Rest der Welt. Das gilt natürlich für das ganze Haus: Hier können Sie sich in eine vornehme Ruhe zurückziehen und so tun, als würde Sie das alles nichts angehen.

CH-3807 Iseltwald   Berner Oberland

Hotel Bellevue

Tel. 033/845 11 09
Fax 033/845 12 77
E-mail:
bellevue.iseltwald@popnet.ch
✳✳❶❶

Anders als der grössere und heitere Thunersee strahlt der 14 Kilometer lange und 2,5 Kilometer breite Brienzersee einen melancholischen, urlandschaftlichen Reiz aus. Die hochaufragenden Gebirgszüge mit ihren teilweise bis ans Ufer reichenden Wäldern tragen sicher zu diesem Eindruck bei. Inmitten dieser wildromantischen Naturkulisse liegt in einer kleinen Bucht das Fischerdörfchen Iseltwald, das eine innere Ruhe und Harmonie ausstrahlt. Auch kein Autolärm stört, denn Fahrzeuge werden auf dem Parkplatz beim Dorfeingang deponiert. Am Ende der Seepromenade versteckt sich das «Hotel Bellevue» mit elf einfachrustikalen Gästezimmern und einmalig schöner Seeterrasse. Die (Fisch-)Küche von Hanspeter Kinner versteht es, neue Ideen und Fremdes mit Altbewährtem und traditionell Heimischem auf hohem Niveau zu einer Synthese zu bringen. Es verwundert deshalb nicht, dass die Behaglichkeit des «Bellevue» samt seinem aufmerksamen Service nicht nur von den Einheimischen geschätzt, ja geliebt wird, sondern als ein kleiner Gourmettreffpunkt der Berner weit über die Kantonsgrenzen bekannt geworden ist.

WieWoWasWann?

Geschlossen: Anfang Januar–Mitte Februar.
Lage: Abseits vom Durchgangsverkehr ausgesprochen ruhig direkt am Brienzersee.
Preise: DZ 152–172 Fr. (inkl. Frühstück). Alle Cards.
Küche: Wo nur das Plätschern des Wassers und das Zwitschern der Vögel hörbar ist, schmecken die Saiblinge, Forellen und Felchen aus dem See gleich doppelt. Ein idealer Platz für ein romantisches Abendessen zu zweit.
Sport & Animation: Wassersportmöglichkeiten in unmittelbarer Nähe. Spazier- und Wanderwege beginnen vor der Haustür. Sehr eindrücklich: Wanderung zu den nahen Giessbachfällen und von dort mit dem Schiff zurück nach Iseltwald.
Anreise: Autobahn A 8 Interlaken–Brienz bis Ausfahrt Iseltwald. Das Dorf ist mit dem Postauto ab Interlaken zu erreichen.

Berner Oberland   CH-3718 Kandersteg

Landgasthof Ruedihaus

WieWoWasWann?

Geschlossen: Mitte April–Anfang Mai und Ende Oktober–Anfang Dezember.
Lage: Idyllisch am Dorfrand.
Preise: DZ 160–220 Fr. (inkl. Frühstück). Alle Cards.
Küche: Ausschliesslich Schweizer Produkte, wahlweise Käsegerichte oder regionale Spezialitäten aus Grossmutters Kochbuch. Interessante Weinkarte mit helvetischen Trouvaillen.
Geheimtipp-Zimmer: Nr. 603 («Hochzeitsstube») mit Himmelbett.
Sport & Animation: Spazier- und Wanderwege vor der Haustür, breite Palette von Sommer- und Wintersportmöglichkeiten in unmittelbarer Nähe.
Anreise: Autobahn Thun–Interlaken bis Spiez, dann auf der Landstrasse via Frutigen nach Kandersteg. Mit der Bahn ist Kandersteg bequem via Bern/Thun zu erreichen.

Tel. 033/675 81 82
Fax 033/675 81 85
✱✱✱❶❶

Dort, wo die Bahn im Lötschbergtunnel verschwindet, liegt das besonders bei Wanderern und Bergsteigern bekannte Feriendorf Kandersteg (1176 m ü. M.). Im breiten Talkessel am Ende des Kandertals holt die Landschaft noch einmal tief Atem, bevor sie sich zum vergletscherten Hochgebirge der Berner Alpen aufschwingt, das eine mächtige Barriere zwischen den beiden Kantonen Wallis und Bern bildet. Inmitten dieser beeindruckenden Bergkulisse steht das «Ruedihaus», das wie ein Heimatmuseum aussieht, mit seinen Kachelöfen, handbemalten Schränken, den antiquarischen Accessoires und den kunstvollen Schnitzereien und Fenstereinfassungen an der wettergegerbten Holzfassade. Das 1753 erbaute Haus wurde 1990 sanft renoviert, das heisst die Heizung und die sanitären Anlagen sind neu. Jedes der neun Zimmer ist ein Berner Oberländer Original, keines gleicht dem anderen, teilweise verfügen sie über romantische Himmelbetten. In der heimeligen «Chäs- und Wystube» im Erdgeschoss werden Käsegerichte in Hülle und Fülle serviert, in den beiden Biedermeierstuben im ersten Stock ursprüngliche Schweizer Spezialitäten aus regionalen Produkten. Die Gastgeberfamilie Maeder führt übrigens ebenfalls das gegenüberliegende Waldhotel Doldenhorn, das der «Relais du Silence»-Gruppe angehört. Hier wie dort könnte das unmittelbare landschaftliche Umfeld dem Bilderbuch entsprungen sein: malerische Wiesen und Wälder mit Bergen auf drei Seiten.

CH-6197 Schangnau im Emmental — Bernbiet

Hotel Kemmeriboden-Bad

Tel. 034/493 77 77
Fax 034/493 77 70
✴✴❶❶

Wollte man jemandem das «Ende der Welt» erklären, so müsste man ihn lediglich in den Emmentaler Weiler Kemmeriboden-Bad schicken. Die Anreise lohnt sich. Umgeben von hohen Bergen, liegt auf rund 1000 Meter Höhe ein stattlicher Landgasthof wie im Bilderbuch. Fünf alte Gebäude mit Holzfassade und für die Gegend typischen, weit vorgezogenen Dächern, eine kleine Steinbrücke über das Flüsschen Emme, Kastanien, eine Linde. Von hier führen keine Strassen weiter, hier gibt es im Auto kein Vorwärts. Kemmeriboden-Bad ist eine Welt für sich. Eine Jeremias-Gotthelf-Welt, in die die Gegenwart zwar Einzug gehalten hat, aber nur langsam und fast widerwillig. Während der Anfahrt durch das grüne, weiche und wellige Emmental hat man Zeit, sich auf diese Welt einzustimmen, die weltweit Synonym für Schweizer Käse ist. Hinter der Fassade des Landgasthauses «Kemmeriboden-Bad», die eher zu einem Lebkuchenhaus als zu einem Hotel passen würde, stehen zwei dutzend rustikale Zimmer für Gäste bereit. Am schönsten sind die alten Zimmer im Haupthaus, mit knarrenden Böden und alten Holzdecken. Jedes Jahr wird renoviert, restauriert, und trotzdem sieht vieles noch so rummelig aus wie vor hundert Jahren. Was für das Ambiente gilt, stimmt auch für die Speisekarte, und wer vielleicht einmal etwas zuviel vom rundherum beglückenden Angebot genossen hat, dem verrät die Familie Invernizzi den Weg zu einem idyllischen Verdauungsspaziergang. Dann hat man zumindest einen Teil jener ungezählten Kalorien, die hier gewiss auf einen zukommen, bereits abgearbeitet.

WieWoWasWann?

Geschlossen: Dezember.
Preise: DZ 161–173 Fr. (inkl. Frühstück)
Lage: Absolut ruhig auf 1000 m ü. M. in der Emmentaler Hügellandschaft.
Küche: Wer nach Kemmeriboden kommt, muss Appetit mitbringen: Hier werden mächtige Portionen aufgetischt. Auf der Karte stehen Emmentaler Spezialitäten, an vorderster Front die Berner Platte und die hausgemachten Meringues. Und selbst wenn die Bedienung den falschen Wein bringt und Mühe mit dem Korkenzieher hat – dem Charme des währschaften Lokals tut das keinen Abbruch.
Geheimtipp-Zimmer: Alle Zimmer sind einfach und haben einen hölzernen Charme. Aber wer hier einmal beim Rauschen der Emme eingeschlafen ist, wird sanft bis ins Herz.
Sport & Animation: Bikes, weitläufiges Wander- und Vita-Parcours-Gebiet im Quellgebiet der Emme. Im Winter: Langlaufloipe direkt vor dem Haus, Schlittelwege.
Anfahrt: Von Langnau im Emmental über Wiggen und Schangnau nach Kemmeriboden. Ab dem Bahnhof Wiggen führt ein Postauto direkt vors Haus.

Berner Oberland   CH-3778 Schönried

Hostellerie Alpenrose

WieWoWasWann?

Geschlossen: Mitte Oktober–Mitte Dezember.
Preise: DZ 200–470 Fr. (inkl. Frühstück). Alle Cards.
Lage: Am unteren Dorfrand von Schönried.
Küche: Im einfachen «Sammy's Restaurant» gibt es Grilladen, Raclette und bodenständige Gerichte aus der Region. Im Gourmetrestaurant «Azalée» wird lokale und französische Kochkunst mit sicherer Hand gemischt.
Geheimtipp-Zimmer: Nr. 22 (romantisches Honeymoon-Zimmer), Nr. 9 und Nr. 18.
Sport & Animation: «Sammy's Bar» mit Disco-Dancing bis in die frühen Morgenstunden. Antistress- und Yogakurse. Im Sommer unzählige Wanderwege zu den umliegenden Alpen, Golfplatz 2 km nah. Im Winter beginnen die Langlaufloipen vor dem Haus, Skipisten in unmittelbarer Nähe.
Anreise: Autobahn A 12 Bern–Vevey bis Ausfahrt Bulle. Landstrasse in Richtung Zweisimmen via Château-d'Œx und Saanen nach Schönried. Mit der Bahn ab Thun oder Montreux erreichbar.

Ein idealer Ausgangspunkt für einen Aufenthalt im Berner Oberland ist die «Alpenrose» in Schönried, zehn Autominuten vom Schickimicki-Resort Gstaad entfernt. Das Haus ist ein Bijou mit einer blumengeschmückten Aussichts- und Sonnenterrasse mit spektakulärem Blick in das weite Saanenland. Da der Empfang in einem familiären Hotel über die Grundstimmung des Besuchers während seines Aufenthaltes entscheidet, verwendet die herzliche Familie Siebenthal viel Mühe darauf, den eintreffenden Gast mit unaufdringlicher Freundlichkeit zu entwaffnen, so dass er gar nicht anders kann, als sich schlagartig in diesem Berner Bilderbuchhaus wohl zu fühlen. Jedes Zimmer ist ein bisschen anders, jedes fast so traumhaft wie die Nummer 22 mit Himmelbett. Ausserordentlich gemütlich ist auch das Restaurant. Generationen von Besitzern haben ihren Profit

Tel. 033/744 67 67
Fax 033/744 67 12
E-mail: alpenrose@relaischateaux.fr
✳✳✳✳❶❶❶

unter der Matratze versteckt und jeglichem Gedanken an Renovierung widerstanden, und das Innere sieht hier noch ziemlich genau so aus wie vor hundert Jahren. An langen Winterabenden sorgt ein knisterndes Kaminfeuer für Behaglichkeit. Die Küche von Michel von Siebenthal ist eine «gekochte» und keine verspielte Küche. Alles schmeckt herzhaft, selbst dann, wenn er feine Produkte wie Entenbrust und Entenleber zu einem köstlichen Salat kombiniert oder eine Rehterrine mit Haselnüssen und Artischocken garniert. Insgesamt ein rundum sympathisches Hideaway, wie geschaffen für ein glückliches Wochenende zu zweit.

Bernbiet CH-1738 Schwefelberg-Bad

Hotel Schwefelberg-Bad

Tel. 026/419 33 66
Fax 026/419 24 08
✱✱✱❶❶

Die etwas komplizierte Anfahrt von Bern lohnt sich. Alle, die Ruhe und Regeneration in purer Natur suchen, werden sich im nostalgischen, mit Liebe geführten «Romantik-Hotel Schwefelberg-Bad» rundum wohl fühlen. Das kleine, wohltuend antiquierte Kurparadies im sanften Schwarzenburgerland auf 1400 m ü. M. hat die Landschaft der Berner Voralpen in all seine Räumlichkeiten miteinbezogen – der Hotelaufenthalt ist genauso wichtig wie die Therapie. Denn dort, wo sich der Mensch aufgehoben und geborgen fühlt, entsteht eine positive Stimmung, eigene Heilkräfte werden mobilisiert. Und Glück wirkt ansteckend... So tut die Gastgeberfamilie Meier alles, dass sich die Kurlauber im «Schwefelberg-Bad» wohl fühlen und die Tage geniessen, die sie sich selbst gewidmet haben. Neben einem umfangreichen Therapieangebot, das Schul- und Komplementärmedizin heilsam verbindet (Ozon-, Neural-, Sauerstoff-, Zell-Anti-Cellulite-Therapie, chinesische Medizin, Bioresonanz, Massagen, Ernährungsberatung, Römerbad und Biosauna), bietet das Hotel als Schweizer Unikat täglich frischen Naturfango aus eigener Schwefelquelle. Zum Hotel gehören auch 100 ha Wald und Matten und eine eigene Alp. Die Ziegen von der Stierenmooshütte liefern die Milch für Zieger, Butter und Käse. Genau wie zu der Zeit, als «s Vreneli ab em Guggisberg» in dieser herzerfrischenden Gegend zu Hause war.

WieWoWasWann?

Geschlossen: Mitte Oktober–Anfang Januar und Mitte April–Mitte Mai.
Lage: Eingebettet in die voralpine Bergwelt des Gantrisch-Gebiets.
Preise: DZ 170–260 Fr. (inkl. Frühstück). Keine Cards.
Küche: Die befrachtete Karte reicht vom würzigen Gitzi-Trockenfleisch von der eigenen Alp über vegetarische Vollwertkost bis zu französischen Klassikern. Alles, was auf den gut bestückten Tellern liegt, schmeckt delikat, ist kulinarisch logisch zusammengestellt und verweigert sich der Diktatur der Food-Fotografen.
Sport & Animation: Breitgefächertes ärztlich-therapeutisches Angebot in Richtung ganzheitliche Medizin, Tennisplatz, Boccia. Herrliche Wander- und Tourenmöglichkeiten, im Winter zwei Skilifte direkt beim Hotel, 50 km präparierte Langlaufloipen.
Anreise: Von Bern Autobahn A 6 bis Belp, dann via Riggisberg auf immer schmaler werdenden Landsträsschen über den Gurnigel nach Schwefelberg-Bad. Mit der Bahn nach Fribourg und mit dem Postauto bis Sangernboden. Von dort Hotelbus.

Dreiseenlandschaft CH-2502 Biel

Villa Lindenegg

WieWoWasWann?

Geschlossen: Weihnachten–Anfang Januar.
Preise: DZ 100–195 Fr. (inkl. Frühstück). Cards: Eurocard, Visa.
Lage: In einem kleinen Park am Rand der Altstadt.
Küche: Marktfrische, saisongerechte und phantasievolle Küche, in einem ansprechenden Rahmen serviert. Grosses Sonntagsfrühstück von 10 bis 14 Uhr.
Geheimtipp-Zimmer: Das schönste und grösste Zimmer ist die Nr. 5, die Nr. 4 verfügt über einen Traumbalkon, aber auch die Nrn. 3, 7 und 6 haben ihren Charme. Alle Zimmer blicken ins Grüne. Zimmer Nr. 1, 3 und 7 haben ein Etagenbad, kosten dafür nur 100 resp. 120 Fr.
Sport & Animation: City-Bikes. Bielersee und Wassersportmöglichkeiten in wenigen Minuten zu Fuss erreichbar.
Anreise: Landstrasse Solothurn–Neuenburg bis Biel, bei der Mühlebrücke den Wegweisern «Ingenieurschule/Spitäler» folgen. Mit öffentlichen Verkehrsmitteln: Ab Bahnhof Biel Trolleybus Nr. 1 in Richtung Bözingen oder Nr. 4 in Richtung Mühlebrücke, Haltestelle Mühlebrücke.

Mit viel Elan und Herzblut haben es die drei jungen Frauen Brigitte Balzli, Marianne Läng und Rosmarie Birchler geschafft, das ehemalige Gästehaus der Stadt Biel zum schönsten Hotel am Bielersee zu machen. Die sanft renovierte Liegenschaft aus dem 19. Jahrhundert liegt in einem malerischen Park am Rand der Altstadt, verfügt über sieben liebevoll und individuell eingerichtete Zimmer, ein stimmungsvolles Restaurant mit Cheminée und eine herrliche Terrasse, wo das charmante Bieler Sprachenwirrwarr bis spätabends in der Luft liegt. Was andernorts Konfliktstoff bietet, steht hier für Lebensqualität – die Bieler verstehen es, Deutschschweizer Fleiss mit welschem Savoir-vivre zu verknüpfen. Der Küchenchef sorgt für ein täglich wechselndes Menü, das aus zwei Vorspeisen (z.B. Frischkäseterrine in Weinblättern), zwei Hauptspeisen (z.B. Lammragout an Balsamico-

Tel. 032/322 94 66
Fax 032/322 95 66
✹✹✹❶

essig mit Gratin dauphinois oder Crêpes mit Spinat-Feta-Füllung) und zwei Desserts (z.B. Zitronen-Quark-Mousse mit Aprikosensauce) besteht. Daneben gibt es für den kleinen Hunger zahlreiche Tapas und feine offene Weine aus der Region. Das im Sommer 1996 eröffnete Hotel hat sich sehr schnell herumgesprochen und zieht die verschiedensten Menschen an: Von Geschäftsleuten über Referentinnen und Hochzeitspaare bis zu New Yorker DJs beherbergen die alten Mauern der «Villa Lindenegg» eine bunte Gästeschar, die sich in der sehr persönlichen Ambiance wohl zu fühlen scheint.

CH-2336 Les Bois   Jura

Ranch Cerneux-au-Maire

Tel. 032/962 50 00
Fax 032/962 50 01
✳❶

Dort, wo die Freiberge am schönsten sind und man sich ein bisschen wie in Kanada und ein bisschen wie in Lappland fühlt, kann man jurassisches Cowboy-Life ausprobieren. Cowboy sein für ein paar Tage, bis einem der Hintern vom Reiten so weh tut, dass man anschliessend weder liegen noch gehen kann, vom Sitzen mal ganz zu schweigen. Reiten über die unendlich weiten Hochebenen, durch tief eingeschnittene Schluchten oder durch die von Tannen durchsetzten Weiden vereinigt alles, was man sich als Pferdefreund nur wünschen kann. Hier, inmitten von Weideland, Wiesen und Wäldern liegt einsam auf einem Plateau bei Les Bois die «Hôtel-Ranch Cerneux-au-Maire» mit integrierter Pferdefarm. Rund ums Haus begegnet man denn auch den zwei dutzend Pferden und Ponys, die den Gästen für (auf Wunsch begleitete) Tages- und Halbtagesausritte oder auch kürzere Strecken zur Verfügung stehen. Alle Pferde sind gut ausgebildete, zuverlässige Freiberger. Und damit es eine gute Erfahrung wird, behandelt die Gastgeberfamilie Baeriswyl Neuankömmlinge nicht als Gäste, sondern wie Nachbarn oder Freunde. Auch die Reitlehrer wissen in einer entspannten Atmosphäre «horse-sense» zu vermitteln – das Gespür dafür, wie ein Pferd fühlt und denkt. Nichts schöner, als nach einem Tag auf der Farm nicht mehr heimfahren zu müssen, sondern sich in eines der elf rustikalen Zimmer zurückziehen zu können und sich auf den morgigen Ausritt bei Sonnenaufgang zu freuen. Das Klick-Klack der Sporen in den Pferdegehegen vor der Ranch ersetzt am nächsten Morgen den Wecker.

WieWoWasWann?

Geschlossen: Nie.
Preise: DZ 115–135 Fr. (inkl. Frühstück). Keine Cards.
Lage: Freistehend auf einem idyllischen Plateau 1100 m ü. M.
Küche: Der Koch ist einer jener Meister, die den Gast nicht mit Dekorationen bestechen wollen. Das Raffinement seiner Küche besteht in ihrer Schlichtheit, ob er nun mit Doubs-Forellen oder Zürcher Geschnetzeltem mit Rösti hantiert.
Sport & Animation: Pferdefarm mit 16 Hektar Umschwung. Halbtagesausritt mit Mietpferd (begleitet) 70 Fr.; Ganztagesausritt mit Mietpferd (begleitet, ab 4 Reitern) 130 Fr. Die «Hôtel-Ranch Cerneux-au-Maire» ist nicht nur ein idealer Ausgangspunkt für Reitausflüge, sondern auch für Wanderungen und Mountainbike-Touren.
Anreise: Les Bois liegt 13 km nordöstlich von La Chaux-de-Fonds an der Landstrasse nach Delémont. Das Hotel liegt 1 km ausserhalb des Dorfes und ist ausgeschildert. Les Bois ist mit dem Postbus von La Chaux-de-Fonds erreichbar.

Dreiseenlandschaft   CH-3235 Erlach

Hotel St. Petersinsel

WieWoWasWann?

Geschlossen: Ende Oktober–Ende März.
Preise: DZ 125–210 Fr. (inkl. Frühstück). Alle Cards.
Lage: In absoluter Idylle am Ende der St. Petersinsel, inmitten eines herrlichen Naturschutzgebietes.
Küche: Einfaches, stimmungsvolles Gartenrestaurant im Klosterinnenhof. Gepflegte regionale Fischspezialitäten in der urgemütlichen Seestube. Die authentische Küche bewahrt den Geschmack der Produkte so, wie er von Natur aus ist. Bei den fruchtigen Weissweinen aus den eigenen Rebbergen hinter dem Haus wäre selbst der heilige Antonius schwach geworden.
Geheimtipp-Zimmer: Die mucksmäuschenstillen Gästezimmer in den ehemaligen Mönchszellen sind sehr einfach möbliert. Besonders ansprechend sind die Biedermeierzimmer.
Sport & Animation: Spazierwege und verträumte Badestrände.
Anreise: Die St. Petersinsel ist per Schiff ab Biel und weiteren Seegemeinden oder zu Fuss (resp. Velo) ab Erlach in anderthalb Stunden (resp. 15 Minuten) erreichbar.

Wer auf die St. Petersinsel im Bielersee kommt, muss auf der St. Petersinsel bleiben. Mindestens so lange, bis das nächste Schiff nach Erlach oder Biel ablegt. Denn die St. Petersinsel, eine kilometerlange Bilderbuch-Halbinsel in Form eines Walfischrückens ist nicht mit dem Auto befahrbar. Begehbar ist sie nur für Leute mit guter Ausdauer: Wer den anderthalbstündigen Spazierweg – den «Heidenweg» – von Erlach bis zum Ende der Halbinsel in Kauf nimmt, durchquert ein zauberhaftes Steppenland, umsäumt von Schilf und Buschwerk. An der nördlichen Spitze steht ein ehemaliges Kluniazenser-Kloster, das vor mehr als zweihundert Jahren den ruhelosen Naturphilosophen Jean-Jacques Rousseau beherbergte. Dieser fühlte sich hier während zwei Monaten so glücklich wie nirgendwo sonst auf der Welt. «Warum kann ich nicht hingehen und meine

Tel. 032/338 11 14
Fax 032/338 25 82
***❶❶

Tage auf dieser geliebten Insel beschliessen», fragte er sich in den «Träumereien eines einsamen Spaziergängers». Nach ihm haben sich Leute wie Goethe und Exkaiserin Josephine Bonaparte am milden Klima erfreut, das die Reben so wunderbar gedeihen lässt. Mitte der 80er-Jahre wurde das aus dem 12. Jahrhundert stammende Inselgebäude umfassend renoviert. Ob Sie nun in einem der stilvollen Räume des Klosterrestaurants eine Fischspezialität mit Inselwein geniessen oder in einem im Biedermeierstil eingerichteten Hotelzimmer ruhigen Schlaf finden oder angesichts des Juras und der Alpen spazieren: Immer fühlen Sie sich im «Hotel St. Petersinsel» gut aufgehoben und um ein Erlebnis reicher.

CH-2205 Montezillon   Jura

L' Aubier

Tel. 032/730 30 10
Fax 032/730 30 16
✳✳❶❶

Das «L' Aubier» war eines der ersten Öko-Hotels der Schweiz und diente vielen Nachahmern als Vorbild. Viele dieser Nachahmerbetriebe strahlen allerdings eine sektiererische Lustfeindlichkeit aus, so dass das einzig wirklich Positive an einem Öko-Weekend die Freude beim Verlassen des Öko-Hotels ist – die Freude, den schulmeisterlichen Blicken der korrekt und biologisch-ökologisch Lebenden entkommen zu sein. Das Grundsympathische am «L' Aubier» ist die Tatsache, dass man hier weiss, dass der Mensch nunmal nicht mit dem Kopf allein isst und wohnt. Im Gegenteil: Das einladende Haus an herrlichster Aussichtslage über dem Neuenburgersee löst die schiere Lebensfreude aus. 15 originelle, sinnliche Zimmer mit hellen Dachbalken, mit schönen weissen Bädern und bequemen Rattansesseln, mit frischen Wildblumen und witzigen architektonischen Details. Menschen, die einander Geschichten zu erzählen haben, werden sich wohl fühlen im Restaurant, wo einem jene grummelnde Kulisse im Ohr liegt, die einen immer noch ein Viertelstündchen länger sitzen bleiben lässt. Selbst Hochleistungsesser kommen hier auf ihre Rechnung: Sie können sich über die einfallsreich zusammengestellten Speisen freuen. Zur Abbusse der Schlemmerei von hundertprozentig gesunden und frisch zubereiteten Enten, Lämmern, Kälbern und Fischen kann man durch ein weitreichendes Ökotop flanieren und sich in der hauseigenen Boutique mit Bioroggen, esoterischen Edelsteinen oder einer anthroposophischen Broschüre eindecken. Ein organisches Ganzes, dessen Teile sich vielfältig durchdringen.

WieWoWasWann?

Geschlossen: Anfang–Mitte Januar.
Preise: DZ 120–180 Fr. (inkl. Frühstück). Dreierzimmer 230 Fr., Viererzimmer 270 Fr., Fünferzimmer 300 Fr. Alle Cards ausser Diners.
Lage: An herzerfrischender Aussichtslage mitten auf dem Land.
Küche: Kreative Vollwertküche mit einer grossen Palette hausgemachter Produkte, basierend auf den Erzeugnissen des eigenen, biologisch-dynamisch geführten Bauerhofes.
Geheimtipp-Zimmer: Einfachheit und Raffinesse verweben sich in allen Zimmern zu einer Ganzheit. Besonders schön sind die Zimmer «Kepler» (Duplex mit vier Betten, von denen man Himmel und Sterne sieht), «Tea-Time» (architektonisch witziges Dachzimmer mit Supersicht auf den See) und «Deauville» (Südzimmer mit kleiner Privatterrasse und Ausgang zum Garten).
Anreise: 10 Minuten von Neuchâtel, Landstrasse Richtung Pontarlier, Abzweigung Montezillon. Per Bahn ist Montezillon mit dem Regionalzug Neuchâtel–La Chaux-de-Fonds erreichbar.

Dreiseenlandschaft   CH-3280 Murten-Meyriez

Le Vieux Manoir au Lac

WieWoWasWann?

Geschlossen: Mitte Dezember–Mitte Februar.
Preise: DZ 280–520 Fr. (inkl. Frühstück). Alle Cards.
Lage: Der Rahmen ist traumhaft: ein grosser, baumreicher Park, direkt am Murtensee, und mittendrin der normannisch wirkende Landsitz.
Küche: Kreative, aber unverkünstelte Gerichte aus überwiegend regionalen Zutaten in höchster Vollendung. Unbedingt probieren: «Brochet du lac à la maison» – ein saftiger Hecht aus dem See, angerichtet mit einer herrlichen Weisswein-Butter-Sauce und frischem Dill.
Geheimtipp-Zimmer: Alle Zimmer sind einfach und luxuriös, raffiniert und rustikal zugleich. Sehr schön: Nr. 26. Paradiesisch: die Turmsuiten.
Sport & Animation: Privatstrand und Hafen. Sportliche Gäste nimmt Hotelier Thomas morgens auf eine kleine Velotour um den Murtensee mit.
Anreise: Autobahn A 1 in Richtung Bern–Neufeld, Ausfahrt Murten. Das Hotel liegt 1 km stadtauswärts am See (Richtung Meyriez). Mit der Bahn ist Murten bequem über Bern zu erreichen.

Ein Hauch von immerwährenden Ferien liegt in der Luft des «Vieux Manoir au Lac», das sich hinter hohen Bäumen direkt am Ufer des Murtensees versteckt. Schon beim Eintreten verbreitet die ehemalige Sommerresidenz eines französischen Generals das Flair relaxter Gastlichkeit. Man fühlt sich wie in einem Privathaus, hat aber die Möglichkeit, wie in einem sehr gepflegten Viersternehotel verwöhnt zu werden. 30 Zimmer, jeder Quadratzentimeter liebevollste Innendekoration. Am lautesten sind die Amseln in den mächtigen alten Bäumen, manchmal ein Wasserklatschen vom privaten Schiffssteg, eine schöne Harmonie liegt über Haus und Park. Hier sitzen Sie abends bei einem festlichen Essen im zum Garten geöffneten Wintergarten, geniessen ein Glas spritzigen Vully (der an den Rebhängen des gegenüberliegenden Ufers wächst), kosten den frischen Hecht

Route de Lausanne
Tel. 026/678 61 61
Fax 026/678 61 62
E-mail: vieuxmanoir@bluewin.ch
✶✶✶✶✶❶❶❶❶

und freuen sich morgens auf das gute rustikale Frühstücksbuffet mit herrlichem Schwarzbrot und hausgemachter Konfitüre. Und über allem lacht das herzliche Direktoren-Ehepaar Thomas, das mit Heiterkeit und Lebensfreude alles tut, damit Sie sich als der liebste Gast behandelt fühlen. P. S: Dass das «Vieux Manoir» eines der schönsten Landhotels der Schweiz ist, wissen auch viele Weekend-Harmonie-Suchende. Deshalb ist dieses Traumhotel an Wochenenden stets ausgebucht. Unser Tip: Gönnen Sie sich einmal zwei Sonntage unter der Woche: Ein Haus wie das «Vieux Manoir» hat dann alle Zeit für Sie und kann rundum auf Ihre Sonderwünsche eingehen.

CH-2001 Neuchâtel   Dreiseenlandschaft

Hôtel Beau-Rivage

1, Esplanade du Mont-Blanc
Tel. 032/723 15 15
Fax 032/723 16 16
E-mail:
reception@beau-rivage-hotel.ch
★★★★❁❁❁❁

Keine Frage – das schönste Hotel am Neuenburgersee, direkt am Wasser gelegen, alle 65 Zimmer bieten grosszügige Marmorbäder, Seesicht und andere schöne Aussichten. 1993 in einem sorgfältig restaurierten historischen Gebäude eröffnet, hat sich das «Beau-Rivage» innert kurzer Zeit einen Namen als elegantes und zugleich entspanntes Grandhotel geschaffen. Das Interieur ist in gedämpften Farben gehalten, die harmonisch zum dominierenden Kirschbaumholz (Täfelungen und Möbel) passen. Der umsichtige Service läuft rund, im festlich aufgedeckten Restaurant überzeugt eine anständige, nach Süden schielende Hotelküche, in der Veranda und auf der Terrasse geniesst man das ständig wechselnde Schauspiel des berauschenden See- und Alpenpanoramas, und die Pianobar «Best Of» hat auch Nachtschwärmern etwas zu bieten. Im Keller lagert das Beste aus der Dreiseenlandschaft und eine schöne Auswahl aus dem westlichen Nachbarland.

WieWoWasWann?

Geschlossen: Nie.
Lage: Direkt am See und doch im Stadtzentrum.
Preise: DZ 350–1000 Fr. (ohne Frühstück). Attraktive Wochenendpreise und -pauschalen (z. B. «Erholsames Wochenende zu zweit» für 390 Fr. inkl. Übernachtung, 5-Gang-Candlelight-Dinner mit Champagner, Nightcup in der Hotelbar, Frühstück). Alle Cards.
Küche: Mediterran inspirierte Gerichte mit regionalen Einschlägen.
Sport & Animation: Wassersportmöglichkeiten in unmittelbarer Nähe.
Anreise: Von Bern Autobahn A 1 bis Ausfahrt Kerzers, dann Landstrasse nach Neuchâtel. Das Hotel liegt im Zentrum. Neuchâtel ist bequem mit der Bahn zu erreichen. (Das «Beau-Rivage» liegt 10 Minuten zu Fuss vom Bahnhof entfernt.)

Dreiseenlandschaft CH-2006 Neuchâtel

La Maison du Prussien

WieWoWasWann?

Geschlossen: Anfang–Mitte Januar. Restaurant sonntags.
Preise: DZ 150–290 Fr. (inkl. Frühstück). Alle Cards.
Lage: Das Hotel liegt in einer grünen Oase im Industrieviertel. Letzteres vergisst man allerdings, sobald man sich hier inmitten von Mühlenruinen, Wasserfällen und uralten Bäumen direkt am Flüsschen Vauseyon aufhält.
Küche: Einfache einheimische Spezialitäten in der Brasserie. Abwechslung und Qualität bestimmen den Speiseplan im wunderschönen «Salle à manger».
Geheimtipp-Zimmer: Nr. 7 (mit Cheminée), Nr. 9 und Nr. 10 (sehr grosse und günstige Junior-Suiten mit Cheminée im Dach).
Sport & Animation: Ganztägige kulturelle Entdeckungsreisen mit dem Hotelbus, Kunstausstellungen, Konzerte (jeden letzten Mittwoch des Monats).
Anreise: In Neuchâtel Stadtzentrum durchqueren und die Richtung La Chaux-de-Fonds einschlagen, bis Schilder «Gor du Vauseyon» anzeigen. Mit der Bahn ist Neuchâtel bequem über Bern oder Lausanne zu erreichen. Von dort empfiehlt sich ein Taxi.

Was in Neuchâtel als erstes auffällt, ist die alles dominierende Farbe des Sandsteins: ein warmes, ockriges Honiggelb. Alexandre Dumas beschrieb nicht nur die Farbe, sondern auch eine welsche Üppigkeit, als er meinte, Neuchâtel wirke wie eine Skulptur aus Butter. Wer in diese Skulptur eintauchen will, tut dies am besten im «Maison du Prussien», einem kunstvoll renovierten Haus, wenige Gehminuten von der Altstadt entfernt. Nur zehn Gästezimmer gibt es hier, und jedes hat seinen eigenen, unverwechselbaren Charakter. Und wenn Sie sich in Ihr Zimmer ein bisschen verlieben, seien Sie gewiss: das verspielte Badezimmer oder der gemütliche Bauernschrank, das schräge Designerbett, das alte Cheminée – das gibts nur einmal. Darum sind auch die Gäste so verschieden: Künstler, Bonvivants und auch Geschäftsleute, die die üblichen Hotels zur

Au Gor du Vauseyon
Tel. 032/730 54 54
Fax 032/730 21 43
✶✶❶❶

Genüge kennen. Eine französisch-legere Atmosphäre liegt in der Luft, auf allzu grossen Pomp wird verzichtet, die Gastgeberfamilie Schneider ist herzlich, ohne einen aber vor lauter Liebenswürdigkeit zu erdrücken. Der Speisesaal lädt zum gemütlichen Verweilen und geistvollen Parlieren ein. Hier kann man sich bei einer in Massen kreativen Cuisine du marché auf unkomplizierte und sympathische Art verwöhnen lassen, ohne dass der Traum bei der Präsentation der Rechnung zum Alptraum wird. Dass alles, was an den Rebhängen des Neuenburgersees Rang und Namen hat, im Keller versammelt ist, versteht sich bei diesem Haus von selbst.

CH-2520 La Neuveville   Dreiseenlandschaft

Hostellerie J.-J. Rousseau

Tel. 032/752 36 52
Fax 032/751 56 23
✱✱✱❍❍

Das kleine, feine Hotel im Hafen von La Neuveville lädt drinnen wie draussen zum Bleiben ein. Es besticht mit einer der schönsten Terrassen am Bielersee, einer modernen Innendekoration, die wohltuend mit den rustikalen Interieurs umliegender Gasthöfe kontrastiert, 23 angenehmen Zimmern sowie einem lebendigen und sympathischen Publikumsmix. Ein breites Publikum verlangt nach einem vielseitigen kulinarischen Angebot. Dabei grenzt sich die «Hostellerie Jean-Jacques Rousseau» aber von durchschnittlichen Lokalen, die für jeden Anspruch – ausser für den etwas höheren – etwas bieten, klar ab. So reicht die Vielfalt hier nicht von Schnitzel mit Pommes frites bis zu Zürcher Geschnetzeltem, sondern von knackig-frischen Gemüsesalaten bis zu fantasievollen See- und Meerfischkreationen. Und dies zu moderaten Preisen: Hier kann man mit grosser Sicherheit ausschliessen, dass irgendein Gast weniger als den besten Gegenwert für sein Geld bekommt. Bleibt zu hoffen, dass alles so bleibt und es Jean-Marie Tschäppät nicht in den Kopf steigt, dass in seinem kleinen Bijou gelegentlich auch der versammelte Bundesrat zum gemeinschaftlichen Nachdenken absteigt.

WieWoWasWann?

Geschlossen: Mitte November–Anfang Dezember und Weihnachten–Anfang Januar.
Lage: Idyllisch im Hafen von La Neuveville.
Preise: DZ 180–350 Fr. (inkl. Frühstück). Alle Cards.
Küche: Die «Hostellerie J.-J. Rousseau» besucht, wer sich wieder mal etwas Gutes tun und einen unbeschwert-genüsslichen (Sommer-) Abend mit Freunden verbringen will. Auf der einmalig schönen Terrasse werden kleine und grosse Köstlichkeiten aufgetischt. Und selbst wenn Sie einfach nur für einen Haussalat und ein Glas Twanner von den umliegenden Rebhängen vorbeikommen, sind Sie hier ein gern gesehener Gast – vorausgesetzt, Sie haben sich einen Tisch ergattern können.
Geheimtipp-Zimmer: Nr. 108 (schönes, helles Eckzimmer zum See), Nr. 206 (Eckzimmer zum See in der Dachschräge).
Anreise: La Neuveville liegt auf der Seestrasse zwischen Biel und Neuchâtel, das Hotel im Hafen. Das Dorf ist mit dem Zug ab Biel erreichbar.

Jura   **CH-2350 Saignelégier**

Hôtel du Soleil

WieWoWasWann?

Geschlossen: Nie.
Preise: DZ 96–112 Fr. (inkl. Frühstück). Kinder bezahlen pro Altersjahr einen Franken. Keine Cards.
Lage: Am oberen Dorfrand, mit Aussicht auf die jurassische Landschaft.
Küche: Das Angebot umfasst kein modisches Sammelsurium, sondern gut gemachte regionale Spezialitäten.
Sport & Animation: Diverse Reitställe im Dorf. Spazier- und Wanderwege von der Haustür weg. Regelmässige Konzerte von Jazz über Chansons bis Klassik, Lesungen, Ausstellungen. Mal- und Zeichenkurse im hauseigenen «Atelier de dessin et peinture». Wer am zweiten Augustwochenende in der Gegend ist, sollte den «Marché-Concours», den Pferdemarkt, gleich gegenüber dem «Hôtel du Soleil» nicht verpassen – die eindrückliche Schau wird von verschiedenen Prämierungen und sportlichen Wettbewerben begleitet.
Anreise: Saignelégier liegt etwa in der Mitte der Landstrasse von La Chaux-de-Fonds nach Delémont. Das Dorf ist mit dem Bus von La Chaux-de-Fonds oder Delémont erreichbar.

Das «Hôtel du Soleil» in Saignelégier ist so etwas wie das kulturelle Zentrum der jurassischen Berge. Unter einem riesigen Fladendach vereinen eine Handvoll initiativer Leute Literatur und Kunst, Genüsse fürs Ohr und Gaumenfreuden. Wer in diesem zweihundertjährigen Freiberger Haus seine Freizeit verbringt, tut dies nicht, weil er den Komfort einer Luxusabsteige sucht, sondern weil er/sie gerne unter Leuten ist, die etwas vom Leben verstehen – mitten auf dem Land. Sie kommen weniger aus den umliegenden Dörfern, sondern aus Basel und Genf, weils nah ist und doch weit weg, und, ja, schon mal aus Zürich und Luzern. Der Küchenchef hat es hier gut (und mit ihm die Gäste), denn er kann weitgehend auf Produkte der Gegend zurückgreifen. So dominieren in seiner einfachen, gut gemachten «Cuisine du terroir» die frisch gefangenen Doubs-Forellen, Lämmer

Tel. 032/951 16 88
Fax 032/951 22 95
✹✹❶

von nahen Weiden, aus den umliegenden Wäldern kommt Wild aller Art, Pilze und Beeren gibts im Überfluss. Da das Hotel von Reitställen umgeben ist wie eine Trauminsel von Korallenriffen, kann man hier während des ganzen Jahres (geführte) Ausritte von der Haustüre weg unternehmen. Wer dem Nichtstun frönen will, kann den ganzen Tag an den langen Holztischen auf der Terrasse verbringen und sich beim vierten Glas Weissen auf die abendliche Vernissage in der hauseigenen Galerie freuen. Im Ganzen eine spannende Adresse, wo jeder mit jedem quatscht und Welten sich begegnen.

CH-1833 Les Avants Genferseegebiet

Hôtel de Sonloup

Tel. 021/964 34 31
Fax 021/964 34 80
*❶

Ganz leicht ist es nicht, aber sie schaffen es alle, die Lenker der kleinen und grossen Limousinen aus GE und VS, aus BE und gar ZH ihre Wagen die engen Serpentinen von Montreux nach Les Avants hinaufzukurven, denn dann sind sie ja endlich am Ziel ihrer Wünsche: Abseits der Massen, inmitten einer grünen Postkartenlandschaft an fantastischer Aussichtslage, wartet auf 1160 Metern – endlich – ein kleines Schlösschen auf Gäste. Das «Hôtel de Sonloup» bietet auf drei Etagen 30 einfach-atmosphärische Zimmer, die genauso gut in ein Privathaus passen könnten. Draussen bellt ein Hund, ansonsten sind die Singvögel das lauteste Geräusch. Manchmal ein paar Schritte auf dem Kiesweg. Von der hinteren Terrasse und von den schönsten Zimmern späht man wie von einem Adlernest hinab auf den Genfersee, ohne dass ein einziges Auto zu sehen wäre. Wie soll man ihn nennen, den Blick über den Léman? Grossartig, weit, befreiend vielleicht und himmlisch. P. S: Einen Kilometer die Strasse hinauf versteckt sich in einem einladenden Holzchalet das geheimtippwürdigste Restaurant der Romandie: Die heimliche Schlemmerhochburg «Auberge de la Cergniaulaz», wo eine einfache, aber raffiniert zubereitete Cuisine du marché angeboten wird, die mit den Jahreszeiten lebt: Fische aus dem See, Lamm und Hase vom Bauern, Pilze und Beeren aus dem umliegenden Wald. Neben der Küche und der idyllischen Lage ist die Rechnung schliesslich das dritte Geschenk: Hauptgänge zwischen 19 und 28 Franken. Aber behalten Sie diese Adresse um Himmels willen für sich.

WieWoWasWann?

Geschlossen: Mitte Dezember–Mitte März.
Preise: DZ 85–145 Fr. (inkl. Frühstück). Cards: Eurocard, Visa.
Lage: Alleinstehend in einer wunderbaren Hügellandschaft über dem Dörfchen Les Avants. Spektakuläre Aussicht auf See und Berge.
Küche: Je höher man hinauffährt, um so deftiger wird die Küche. Hier erwarten einen die besten Fondues und Raclettes in Helvetien. Ausser diesen beiden Käsespezialitäten finden sich Klassiker wie Zürcher Geschnetzeltes mit Rösti oder Kalbsplätzli mit Nudeln auf der Speisekarte.
Geheimtipp-Zimmer: Unbedingt Zimmer mit Balkon zum See reservieren.
Sport & Animation: Minigolf-Anlage. Von Frühling bis Herbst ein herrliches Wandergebiet.
Anreise: Autobahn A 9 bis Ausfahrt Montreux, Landstrasse nach Les Avants ausgeschildert. Das Hotel thront unübersehbar 200 Meter über dem Dorf. Mit der Bahn ist Les Avants bequem mit der MOB Montreux–Zweisimmen erreichbar. Das hauseigene Zahnradbähnchen fährt regelmässig von Les Avants zum Hotel.

Genferseegebiet 1837 Château-d'Œx

Hostellerie Bon Accueil

WieWoWasWann?

Geschlossen: Ende Oktober–Weihnachten.
Lage: Am Waldrand über dem Dorf Château-d'Œx.
Preise: DZ 140–220 Fr. (inkl. Frühstück). Alle Cards.
Küche: Stéphane Chouzenoux kocht alles mit Sorgfalt und ohne industrielle Unterstützung.
Sport & Animation: Spazier- und Wanderwege vor der Haustür. Château-d'Œx gilt als Mekka der Heissluftballonfahrer (Ballonfahrten frühzeitig reservieren bei: Ballons Châteaux-d'Œx, Tel. 026/924 61 74. Preis: Erwachsene 325 Fr./Person, Kinder (8-12 Jahre): 165 Fr./Person).
Geheimtipp-Zimmer: Nr. 8 (sehr schönes Eckzimmer mit Blick ins Pays d'Enhaut), Nr. 12 (kleines, heimeliges Zimmer ganz aus Holz).
Anreise: Autobahn Bern–Lausanne bis Ausfahrt Bulle, dann Landstrasse in Richtung Gstaad bis Château-d'Œx. Mit dem Zug ab Montreux oder Zweisimmen erreichbar.

Gelegentlich spielen kleine Kinder Verstecken, indem sie sich die Augen zuhalten. Weil sie dann nichts sehen, gehen sie davon aus, dass sie keiner sieht. Ein ähnliches Spiel versuchen manche Gasthäuser mit uns: Sie hoffen, wenn sie uns keine Informationen geben, könnten sie Informationen über sie verhindern. Die «Hostellerie Bon Accueil» ist so ein Haus, das um jeden Preis ein Geheimtipp bleiben will. Es wird auch so ein Geheimtipp bleiben, weil sich hier nur Menschen wohl fühlen, die auf Zwischentöne achten und das raffiniert-authentische Leben auf dem Land schätzen. Im Sommer von einem Blumenmeer umgeben, im Winter in Schnee eingehüllt, verbreitet das zweihundertjährige Chalet schon beim Eintreten das Flair entspannter Wohnlichkeit. Die 20 vollkommen aus Holz bestehenden Zimmer (in denen striktes Rauchverbot herrscht) verfügen über

Tel. 026/924 63 20
Fax 026/924 51 26
★★★★❶❶

gute Betten und sind mit viel Gespür für regionales Cachet liebevoll bis ins kleinste Detail eingerichtet. Im ganzen Haus finden sich massive Bauernschränke und alte, restaurierte Tische und Stühle, die hier eine zweite Jugend erleben. Am Abend isst man bei Kerzenlicht an hübsch gedeckten Tischen. An lauen Sommerabenden wird das Restaurant in den Garten verlegt. Der junge Küchenchef Stéphane Chouzenoux stammt aus dem Périgord und hat noch viel vor. Das merkt man bereits an der wunderbaren Vinaigrette zum fein gekräuterten Salat. Beim Zanderfilet im Steinpilzmantel stimmen Konsistenz und Aroma. Die Auswahl an Bergkäse ist wunderbar. Die Alpen glühen pünktlich zum Dessert.

F-01220 Divonne-les-Bains   Genferseegebiet

Château de Divonne

115, rue des Bains
Tel. (0033) 450 20 00 32
Fax (0033) 450 20 03 73
E-mail: divonne@relaischateaux.fr
★★★★❶❶❶

Der elegante Landsitz aus dem 19. Jahrhundert liegt in einem Park über dem Kasino von Divonne, dem ersten Frankreichs. Panoramasicht auf die Montblanc-Kette, von einigen Zimmern blickt man direkt in den riesigen Gemüse- und Kräutergarten des Küchenchefs Michel de Matteis hinein, und manchmal weht der Duft von Salbei, Thymian und Zitronenmelisse zur Terrasse. Abends sitzt man entspannt am Tisch und traut seinen Augen nicht. Wohin soll man zuerst schauen? Soviel kostbares Silber, so viele Kerzen, Körbe, Leuchter, Keramiktöpfe, Gläser, Sträusse. Man fühlt sich mitten in ein savoyisches Stillleben hineinversetzt. Dazu fröhliche, festlich tafelnde Menschen.

Eine französische Leichtigkeit des Seins, Sinnenfreude liegt über dem Raum. Die innovative Küche ist schon allein die Reise wert, und das grillierte Poulet de Bresse mit Gemüsen aus dem Garten ist einer jener Klassiker, für die die Genfer bereit sind, die Fahrt aus der Stadt unter die Räder zu nehmen. Wer einmal hier war, kommt wieder. Am besten im Herbst, wenn der Léman im Rebenmeer versinkt, oder im Winter, wenn das Haus nach frischen Brioches duftet, oder im Frühling, wenn Matteis Spargeln auf der Karte hat; im Sommer, wenn man auf der Terrasse zu Abend essen kann. Aber eigentlich ist der Zeitpunkt egal. Weil das «Château de Divonne» kein Hotel ist, sondern eine Lebenshaltung.

WieWoWasWann?

Geschlossen: Januar und Februar.
Preise: DZ 810–1800 FF (ohne Frühstück). Alle Cards ausser Diners.
Lage: Über dem Städtchen Divonne, inmitten eines baumreichen Parks.
Küche: Michel de Matteis ist die personifizierte Kochleidenschaft, die das Regionale mit dem Modernen vermischt. Vor einem Ende des Gourmet-Booms um die Rhonestadt ist dem ambitionierten Chef trotz anhaltender Rezession nicht bange; in seinem Keller lagern schliesslich noch mehrere tausend Bordeaux-Flaschen, die erst in zehn Jahren trinkreif sind. «Der Genfer», so Matteis, «macht keine Ferien und kauft kein neues Auto. Aber auf ein gutes Essen mag er nicht verzichten.»
Geheimtipp-Zimmer: Nr. 18, Nr. 20, Nr. 28.
Sport & Animation: Tennisplatz, Musikabende. Golfplatz und Kasino 100 m nah.
Anreise: Autobahn A 1 Bern–Genf, Ausfahrt Coppet–Divonne. Das Hotel versteckt sich auf dem bewaldeten Hügel über dem Städtchen.

Genferseegebiet F-74500 Evian-les-Bains

Hôtel Royal

WieWoWasWann?

Geschlossen: Dezember und Januar.
Preise: DZ 1660–8340 FF (ohne Frühstück). Alle Cards.
Lage: In einem 17 Hektar grossen Park, mit fantastischer Aussicht über den ganzen Genfersee und auf die Gletscher und Gebirgsbäche der Haute Savoie im Hintergrund.
Küche: Sucher nach der verlorenen Belle Époque werden vor allem beim Dinieren in den freskengeschmückten Speisesälen fündig.
Sport & Animation: Aussen- und Innenschwimmbad, Sauna, Dampfbad. Fitness und Beauty als sinnliches Vergnügen im «Institut Mieux-Vivre». Jazzdance, Stretching, Workout mit Trainer. 18-Loch-Golfplatz 2 km nah. Sämtliche Sport- und Freizeitmöglichkeiten in der Umgebung.
Anreise: Autobahn A 12 Bern–Fribourg–Vevey, dann A 9 Richtung Martigny bis Ausfahrt Villeneuve, von dort Landstrasse via St-Gingolph dem südlichen Genferseeufer entlang bis Evian. Im Ort ist das Hotel ausgeschildert. Mit der Bahn anreisende Gäste steigen in Lausanne auf die Fähre nach Evian und lassen sich im Hafen abholen.

Ruhe, Zeit und Raum gehören zu den neuen «Luxusgütern», die heutzutage höchst rar und deshalb gesucht sind. Im spektakulär über dem Genfersee thronenden «Royal» in Evian können Sie mehr von allem haben. Das Flair der Jahrhundertwende, als Kurorte noch erlesene Tummelplätze der feinen Gesellschaft waren, schwebt noch heute durch die eleganten Salons und die im Stil der Belle Époque eingerichteten Zimmer, hängt in den schweren, drapierten Vorhängen, weht durch die riesigen Parkanlagen. Im Jahr 1907 wurde der Bau des «Royal» eigens für den englischen König Eduard VII. begonnen, der zu einer Feier nach Evian kommen sollte und sich ein «Hotel wie kein anderes» wünschte. Doch bevor der elegante Bettenpalast seine ersten Gäste begrüsste, starb der Monarch in London. Doch Evian, ab 1909 auch gerüstet mit einem Kasino im Baustil

Tel. (0033) 450 26 85 00
Fax (0033) 450 75 38 40
E-mail: Reservation.Domaine-Royal@wanadoo.fr
★★★★★●●●●

von Istanbuls Hagia Sophia, zog dafür andere «very important» Evian-Drinkers von Igor Strawinsky über Greta Garbo bis Aga Khan an. Savoir-vivre? Wie wäre es mit der Steigerung «Mieux-vivre»! So heisst hier nämlich die ultramoderne Beauty-Farm: Ob man reich oder berühmt ist oder die letzten Franken zusammengekratzt hat, um hier ein paar Tage im Luxus zu baden – hier sind alle gleich. Jeder wandelt in einen Bademantel gehüllt und mit einem Becher Evian in der Hand durch das elegante terrakottafarbene Reich der Schönheit, das ein besseres Leben verheisst: Für Schönheit total ist das «Royal» in jedem Fall die richtige Quelle.

F-74500 Evian-les-Bains   Genferseegebiet

La Verniaz

Tel. (0033) 450 75 04 90
Fax (0033) 450 70 78 92
✳✳✳❶❶❶

Das Wochenendversteck «La Verniaz» ist eines dieser charmanten Hotels, die die Errungenschaften der Vergangenheit mit viel Liebe hegen und pflegen. Dabei wirkt hier nichts verlebt oder verstaubt: Es ist eher so, als sei man beim Erklimmen der steilen Strasse in die Höhen des elegantmorbiden Kurortes Evian auch gleich einige Jahrzehnte in der Zeit zurückgereist. Die Zimmer sind kuschelig und gemütlich – sofern der Gast die aberwitzigen Dekorationen erträgt, mit denen jeder Quadratmeter verziert ist. Von den meisten Zimmern kann man auf den endlos weiten Genfersee hinausblicken und beobachten, wie das Wasser mindestens hundertmal am Tag seine Farbe ändert: von sanftem Grün bei Regen bis zu strahlendem Blau

bei Sonnenschein. Am schönsten sind die fünf Chalets, laubverhangen wie der ganze Landsitz, ein ehemaliger savoyischer Bauernhof aus dem 17. Jahrhundert. Trotzdem gibt es allen modernen Komfort: einen grossen beheizten Pool im schon fast unwirklich schönen Park mit Tennisplätzen usw. Als Background läuft permanent der perfekte Country-Soundtrack: Vogelgezwitscher und Bachrauschen. Geniessen Sie die familiäre Atmosphäre, bestellen Sie Fleisch und Fisch vom Grill in der schönsten aller Rotiserien, und Sie geraten in diesen herrlich schwebenden Zustand wie schon tausend Gäste zuvor. Ein Platz, wo sich Traum und Wirklichkeit miteinander verbinden. Ein Platz, an dem ein Wochenende zu einer wundervollen Ewigkeit voller Zauber und Geheimnis werden kann. Denn die Gedanken haben plötzlich Flügel.

WieWoWasWann?

Geschlossen: Mitte November–Mitte Februar.
Preise: DZ 500–2000 FF (ohne Frühstück). Alle Cards.
Lage: Zwischen Wald, Wiesen und Hügeln 300 m oberhalb von Evian.
Küche: Liebhaber einer traditionellen Rotisserie-Küche werden hier glücklich. Unübertrefflich stimmungsvolle Terrasse. Dass dies keine Neuigkeit ist, beweist die Gästezahl an lauen Abenden: Ohne Reservierung geht nichts.
Geheimtipp-Zimmer: Nr. 15 (mit grosser Terrasse), Chalet «Le Liseron».
Sport & Animation: Freibad, Tennis. Golfplatz und Thermalbäder 2 km nah. Direktanschluss an diverse Wanderwege.
Anreise: Autobahn A 12 Bern–Fribourg–Vevey, dann A 9 Richtung Martigny bis Ausfahrt Villeneuve, von dort Landstrasse via St-Gingolph dem südlichen Genferseeufer entlang bis Evian. Im Ort ist das Hotel ausgeschildert. Mit der Bahn anreisende Gäste steigen in Lausanne auf die Fähre nach Evian und lassen sich im Hafen abholen.

Stadt Genf CH-1204 Genf

Hôtel de la Cigogne

WieWoWasWann?

Geschlossen: Nie.
Preise: DZ 410–890 Fr. (ohne Frühstück). Alle Cards.
Lage: Wenige Schritte vom Jet d'eau und der Genfer Altstadt entfernt.
Küche: Im Restaurant wähnt man sich in einer mondänen Pariser Brasserie der Spitzenklasse, die Einrichtung strahlt mit ihrer schönen Täfelung und den bequemen Stühlen gepflegte Gemütlichkeit aus. Aber ach, wenn dann aufgetragen wird, eine jener glücklichen kulinarischen Kreationen von Küchenchef Albert Wagner, spürt man in jeder Nuance den guten alten Reformator Calvin, der uns alle Bescheidenheit und Einfach-Echtes lehrte…
Geheimtipp-Zimmer: Ästheten werden sich in allen Zimmern besonders wohl fühlen. Individueller kann man in der Rhonestadt kaum übernachten.
Sport & Animation: In unmittelbarer Nähe gibts alles, was Genf zwischen Abendgebet und Frühmesse interessant macht.
Anreise: Die Place Longemalle versteckt sich hinter dem Jardin anglais bei der Montblanc-Brücke. Mit dem Bus direkt vom Bahnhof aus erreichbar.

In europäischen Städten entfaltet sich ein neuer, diskreter Charme: Hotels ziehen sich in ruhige Nebenstrassen, in Hinterhöfe und hinter unscheinbar wirkende Fassaden zurück. Understatement als Trend. Zwischen Springbrunnen und Altstadt versteckt sich an zentralster Lage das attraktivste Hotel von Genf – und doch kann man es kaum finden. Es kann einem passieren, dass man am Nest der «Cigogne» einfach vorbeiläuft. Vorne zur Strasse hin erkennt man nichts besonders Auffälliges. Man muss schon eintreten, um die Einzigartigkeit dieses exklusiven Hide-aways für Eingeweihte zu erleben. Das in den 80er-Jahren aufwendig renovierte Hotel bietet eine unübertreffbare Ästhetik, die durch raffinierte Farbzusammenstellungen und Trompe-l'œil-Wandgemälde, patinaschwere Schränke und Teppiche, edelste Materialien und exotische Blumenarrange-

17, place Longemalle
Tel. 022/818 40 40
Fax 022/818 40 50
E-mail: cigogne@relaischateaux.fr
★★★★★❶❶❶❶❶

ments geschaffen wird – das Beste vom Besten in theatralischer Manier quer durch alle Stile. Eine geschliffene Pariser Atmosphäre liegt in der Luft, auf allzu grossen Pomp wird bewusst verzichtet, die weltgewandten Mitarbeiter sind von geradezu chevaleresker Zuvorkommenheit. Die 50 völlig verschiedenen Zimmer, die genauso gut in ein stilvolles Privatpalais passen könnten, sind mit skurrilen Sammelstücken eingerichtet, die Betten haben alle eine erstaunliche Vorgeschichte – in einem haben schon Cary Grant und Barbara Hutton übernachtet. Ein wahres Juwel, in dem alte Bausubstanz mit einer Portion Einfallsreichtum harmoniert.

CH-1201 Genf   Stadt Genf

Le Richemond

Jardin Brunswick
Tel. 022/731 14 00
Fax 022/731 67 09
E-mail: richmond@iprolink.ch
*****❶❶❶❶❶

Das «Richemond» ist mehr als ein Genfer Luxushotel. Es ist auch ein sehr individuelles Privathaus. Als solches verstehen sich Luxushotels nur selten. Für Direktor Pierre Bord aber gehört es zum Wichtigsten, eine exklusive Privatatmosphäre zu schaffen. Die einmalige Innenarchitektur des 1875 eröffneten Hotels unterstützt ihn darin: Keines der Zimmer gleicht dem anderen, jedes hat seinen eigenen Grundriss, seine spezielle Gestaltung und Ausstattung – ganz wie ein privates Haus. Ein Haus indessen, in dem Millionengeschäfte abgewickelt werden. Hier geht es um Geld, um viel Geld, und wer mit so viel handelt, ist wichtig. Deshalb sind die Fenster der Suiten nicht nur vergittert – das ist mehr eine psychologische Massnahme, um dem Gast das Gefühl von Sicherheit zu geben –, sondern auch mit kugelsicherem Glas versehen. Wohl mit ein Grund, weshalb sich Michael Jackson und Pavarotti hier wie in ihren eigenen vier Wänden fühlen. In dieser prestigeträchtigsten aller Genfer Absteigen werden Sonderwünsche flink in den Computer gespeichert, so dass der Gast seine Bedürfnisse jeweils nur einmal anbringen muss. Wer bei seinem ersten Besuch Litschis zum Frühstück bestellt oder einen Käfig für seinen Papagei braucht, erhält diese Extras beim zweiten Mal ganz automatisch. Allerdings eignet sich das «Richemond» nur für Leute, die nicht auf ihr Portemonnaie zu achten brauchen: Die grösseren Suiten, die zweifellos zu den schönsten der Schweiz zählen, kosten zwischen 4700 und 6900 Franken. Für eine Nacht versteht sich.

WieWoWasWann?

Geschlossen: Nie.
Preise: DZ 680–6960 Fr. (mit Frühstück). Alle Cards.
Lage: Im Stadtzentrum, wenige Schritte vom See entfernt.
Küche: Das «Gentilhomme» hat ein filmreifes Dekor wie in alten Zeiten, und wenn unversehens wieder Somerset Maugham auftauchte, würde man sich nicht weiter wundern. Klassische französische Küche und erlesene Weine (die ältesten stammen aus dem Jahr 1875!).
Geheimtipp-Zimmer: Von den halbwegs bezahlbaren Zimmern sind die Nr. 221 und Nr. 301 besonders zu empfehlen. Die schönste Suite ist die «Colette-Suite», in der riesigen «Royal-Suite» gibt es auch royalistische Exklusiv-Gags à discrétion: So ist beispielsweise zwischen den zwei aneinandergebauten Badewannen mit himmelbettartigem Überbau zum Zeitvertreib der eingeweichten Badefreaks ein Schachbrett eingelassen.
Anreise: Autobahn Lausanne–Genf bis Ausfahrt Centre ville, zum See fahren. Das Hotel liegt kurz vor der Montblanc-Brücke und ist ausgeschildert. Wenige Gehminuten vom Bahnhof entfernt.

Genferseegebiet   CH-1823 Glion sur Montreux

Hôtel Righi Vaudois

WieWoWasWann?

Geschlossen: Nie.
Preise: DZ 196–496 Fr. (inkl. Frühstück). Alle Cards.
Lage: Es gibt gewisse Tage im Sommer, an denen es in der Westschweiz keinen schöneren Ort gibt als diesen. Vom «Righi Vaudois» späht man wie von einem Adlernest hinab auf Montreux und den Genfersee.
Küche: Mit leichter Hand nach den Regeln des französischen Küchenhandwerks. Wer das jeden Tag neu komponierte Gourmetmenü wählt, wird nie enttäuscht.
Sport & Animation: Idealer Ausgangspunkt für Wanderungen und Ausflüge ins Waadtland und Wallis.
Anreise: Autobahnausfahrt Montreux, 500 m Richtung See, dann nach Caux/Glion abbiegen. Mit der Bahn bis nach Montreux und von dort mit der Zahnradbahn Montreux-Rochers de Naye bis Glion. Das «Righi Vaudois» liegt ein paar Schritte vom Miniatur-Bahnhof entfernt.

Im Gegensatz zu seinen meisten Nachbarn unten in Montreux ist das frisch renovierte «Righi Vaudois» nicht der Versuchung erlegen, ein Ziel für Touristenbusse zu werden. Das kleine, feine Grandhotel auf 700 Meter Höhe, zwischen See und Himmel, hat seine Seele nicht verkauft und bietet heute eine unnachahmliche Mischung aus nostalgischer Noblesse und zeitgemässer Gemütlichkeit. Das Flair der Belle Époque, als Montreux ein erlesener Tummelplatz der feinen Gesellschaft war, schwebt noch heute durch die eleganten Kaminsalons und Hotelhallen, hängt in den verspielten Kronleuchtern und bunten Vorhängen, weht durch den grossen, verträumten Park mit jahrhundertealten Bäumen. In den 68 atmosphärischen Zimmern und Suiten wird die Leichtigkeit des Seins spürbar. Das Gleiche gilt für den Speisesaal, der vor Gastlichkeit und Lebensfreude schier explodiert und

Tel. 021/966 18 18
Fax 021/961 15 12
E-mail: hotel-righi-glionvd@swissonline.ch
✯✯✯✯❶❶❶

mit dazu beiträgt, dass höchstes Wohlbefinden ein ganz normaler Zustand in diesem Traumhotel ist. Bei schönem Wetter geniesst man die französisch inspirierte Cuisine du marché, auf der pulsbeschleunigenden Terrasse, und fühlt sich irgendwo ans Mittelmeer versetzt. Einzig die unberührbaren und unberührten Mitarbeiter hinter den Countern und Computern lassen zu wünschen übrig – ihnen scheint der Gast schnuppe zu sein, weil sie zu der westeuropäischen Generation gehören, die sich zuallererst selbst am nächsten ist und für die das Wort «Dienstleistung» eine Schmähung bedeutet.

CH-1000 Lausanne-Ouchy   Genferseegebiet

Beau-Rivage Palace

Tel. 021/613 33 33
Fax 021/613 33 34
E-mail:
reservation@beau-rivage-palace.ch
✶✶✶✶✶❶❶❶❶❶

Ende des letzten Jahrhunderts reisten die gekrönten Häupter und illustren Vertreter der Aristokratie und Industrie Sommer für Sommer an die Gestade des Genfersees. In den erhabenkolossalen Palace-Hotels, welche auch heute noch die Seepromenaden von Lausanne, Genf, Vevey und Montreux prägen, pflegten sie ihr luxuriöses Image. Es war die Zeit des Jugendstils – eine Epoche, in der die Architektur zum Werbeträger wurde. Diejenigen Tempel der Musse, die sich in unsere Zeit hinüberretten liessen, hatten enorme Schwierigkeiten zu überwinden, bevor sie in jüngster Zeit ein neues Publikum erobern konnten. Heute gilt das kürzlich renovierte «Beau-Rivage Palace» an der Uferpromenade von Ouchy als eines der führenden Hotels in ganz Europa. Es herrscht eine entspannte Atmosphäre, die ein bemerkenswert motiviertes junges Team im Griff hat. Und hat man anfangs beim Betreten der gigantischen Bettenburg (180 Zimmer und Suiten) mit Schwellenängsten zu kämpfen, so schwelgt man schon nach kurzer Zeit hemmungslos in den Gefilden wonnigen Wohlbehagens. Für viele Gäste ist das «Beau-Rivage Palace» die beste Inszenierung des gerngespielten Stücks «Menschen im Hotel». Wer das Schauspiel auf dieser Bühne zwischen Grandezza und Zeitmaschine mag, sollte hier eine Nacht Geschichte atmen. Wer sich solch ein königliches Wochenende nicht leisten kann, wird auch bei einem Apéro auf der traumhaften Terrasse des eleganten «Café Beau-Rivage» wie der Kaiser von China bedient.

WieWoWasWann?

Geschlossen: Nie.
Preise: DZ 395–2650 Fr. (ohne Frühstück). Alle Cards.
Lage: An der Uferpromenade von Lausanne-Ouchy, in einem 40 000 m² grossen Hotelpark.
Küche: Neuzeitlich interpretierte französische Klassiker im Gourmetrestaurant «Rotonde». Italienisch inspirierte Cuisine du marché im «Café Beau-Rivage», das über eine sehr schöne Terrasse verfügt. Originelle, auch glasweise servierte Weine in der «Wine Bar».
Geheimtipp-Zimmer: Nrn. 123, 223 und 323 (prächtig ausgestattete Junior-Ecksuiten zum See), Nr. 121 (charmantes Superior-Zimmer mit kleiner Terrasse zum See), Nr. 119 (schönes Deluxe-Zimmer mit grosser Terrasse zum See).
Sport & Animation: Hallenbad, Sauna, Dampfbad, Whirlpool, Fitness, Massage, 2 Tennisplätze, Tischtennis, Beauty-Salon. Diskothek/Musik-Bar «Janus».
Anreise: Lausanne-Ouchy anpeilen. Das «Beau-Rivage Palace» beherrscht die Uferpromenade. Mit der Bahn: Beim Hauptbahnhof Lausanne die Métro nach Ouchy nehmen, von der Talstation sind es 2 Gehminuten zum Hotel.

Genferseegebiet CH-1801 Mont-Pèlerin

Hôtel Le Mirador

WieWoWasWann?

Geschlossen: Mitte Dezember–Anfang Februar.
Preise: DZ 420–1100 Fr. (inkl. Frühstück). Alle Cards.
Lage: Vom Mont-Pèlerin ob Vevey geniesst man eine der spektakulärsten Aussichten der Schweiz.
Küche: Französische Haute Cuisine im Restaurant «Le Trianon», leichte «Spa»-Küche im «Le Patio» (Restaurant und Panoramaterrasse). Preisgekrönter Weinkeller mit 600 Sorten und 14 000 Flaschen (viele kalifornische Spezialitäten und alte Dézaleys).
Sport & Animation: Hallen-/Freibad, Saunas, Dampfbäder, Whirlpools; mehr als 40 Massageangebote, Körper- und Schönheitsbehandlungen, Wassergymnastik, Luffa-Peelings, Kräuterkörperwickel, Aroma-Therapie, Algen-Körpermaske, Stress-Management durch Respiration-Bio-Feedback, Fitnesszentrum mit 22 computergesteuerten Geräten; 3 Tennisplätze, Golfsimulator.
Anreise: Autobahn A 1 Bern–Genf bis Ausfahrt Vevey, und von dort aus auf der Landstrasse in Richtung Châtel-St-Denis bis zur Abzweigung nach Mont-Pèlerin. Ab Vevey ist der Mont-Pèlerin auch mit der Drahtseilbahn zu erreichen.

Luxuriöse Rundum-Wellness und dazu ein atemberaubendes Panorama auf die blaue Weite des Genfersees verspricht diese Nobelherberge auf dem Mont-Pèlerin ob Vevey. Tatsächlich fühlt man sich hier oben eher wie auf einem eleganten Landsitz als wie bei einem der jüngsten Mitglieder der (sonst eher städtisch ausgerichteten) Leading Hotels of the World. Die sonnendurchfluteten Zimmer sind mit viel Geschmack und ungewöhnlich vielen Extras eingerichtet (so kann man z. B. die Beleuchtung, Sonnenstoren und Rollläden mit der Fernbedienung vom Tisch oder vom Bett aus regulieren). Im «Spa», das nach amerikanischem Vorbild aufgebaut wurde, wird viel Wert auf eine ganzheitliche Behandlung gelegt: Mit einer breiten Palette von Schönheitsbehandlungen für Gesicht und Körper, verschiedenen Massagetechniken, Algen- und Schlammpackungen, Aroma-

Tel. 021/925 11 11
Fax 021/925 11 12
E-Mail: mirador@ibm.net
✶✶✶✶✶❶❶❶❶

Therapien, Ernährungsberatung, Fitnessbetreuung, Wassergymnastik im aussichtsreichen Pool und vielem mehr. Wer sich dabei gleich das Rauchen abgewöhnen will, ist hier goldrichtig: «Le Mirador» ist das erste rauchfreie Luxushotel – das Rauchen ist nur in bestimmten Räumen mit eigenem Entlüftungssystem gestattet. Dank des erfrischenden Klimas auf 1000 Meter über dem Alltag, der herrlichen Umgebung (die für sich schon ausgleichend wirkt) und der belebenden Behandlungen im «Spa» kommt der stressgeplagte Körper fast von selbst wieder auf Trab und der Geist zur Ruhe.

CH-1820 Montreux — Genferseegebiet

Hôtel Eden au Lac

Tel. 021/963 55 51
Fax 021/963 18 13
E-mail: eden@montreux.ch
✱✱✱❶❶❶❶

Heisse Rhythmen und laue Sommernächte verspricht jedes Jahr im Juli das Montreux Jazz Festival durch einen gelungenen Mix von Feststimmung und Konzerten mit musikalischen Stimmen aus allen Ecken der Welt. In Montreux ein schönes Zimmer zu bekommen ist nicht nur während der Festivalzeit ein Problem. Nicht etwa, weil hier rund ums Jahr Hochbetrieb herrschen würde, sondern weil die meisten Hotels ihre touristische Glanzzeit um die Jahrhundertwende, in der sogenannten Belle Époque, erlebten. So prunken zwar viele Fassaden auch heute noch mit verschnörkelten Balkonen und Loggien, dahinter versteckt sich aber meist ein Sammelsurium von Hässlichkeiten oder ein hygienisches Gruselkabinett.

Allenfalls einen morbiden Charme kann man dem «Suisse Majestic» zugestehen, das von aussen pompös strahlende und auf japanische Touristenbusse spezialisierte «Montreux Palace» zählt wohl nur aufgrund seiner imposanten Ausmasse noch zu den «Leading Hotels» der Schweiz, während einzig das «Eden au Lac» unweit der gedeckten Markthalle eine ferienhafte Heiterkeit verströmt und zudem den Vorteil bietet, keine lärmige Strasse vor der Haustür zu haben, sondern direkt am See zu liegen. Um die Jahrhundertwende im viktorianischen Stil erbaut, Mitte der 90er-Jahre umfassend renoviert, bietet das Viersternehotel eine unaufdringlich geschmackvolle Einrichtung und 105 geräumige Zimmer mit allem Komfort. Das schönste ist die grosse Halle: Hier fühlt man sich wie im Set für einen wunderbaren Film.

WieWoWasWann?

Geschlossen: Mitte Dezember–Ende Januar.
Preise: DZ 280–680 Fr. (inkl. Frühstück). Alle Cards.
Lage: Direkt an der Fussgänger-Seepromenade von Montreux. Ruhig.
Küche: Typische Hotelküche internationaler Ausrichtung: eher mittelmässig, nicht sehr genau bei den Garzeiten, zurückhaltend beim Würzen, festlich bei der Präsentation, gefällig bei der Komposition.
Sport & Animation: Öffentliches Freibad nebenan. Wassersportmöglichkeiten vor der Haustür.
Anreise: Autobahnausfahrt Montreux, an die Seestrasse runterfahren und dann links halten. Nach der Migros zweimal rechts abbiegen. Der Bahnhof von Montreux liegt fünf Gehminuten entfernt.

Genferseegebiet CH-1815 Montreux-Clarens

Hôtel Ermitage

WieWoWasWann?

Geschlossen: Mitte Dezember–Mitte Januar.
Preise: DZ 250–460 Fr. (inkl. Frühstück). Alle Cards.
Lage: Direkt an der tropischüppigen Seepromenade, mit wunderbarem Ausblick auf See und Berge.
Küche: Etienne Krebs mischt die Palette der Geschmacksnoten jeden Tag aufs Neue. Die raffinierten Menüs sind stets ein Feuerwerk für den Gaumen, eine Entdeckungsreise zu neuen kulinarischen Ufern.
Geheimtipp-Zimmer: Nr. 11 (karibisch anmutendes Eckzimmer mit Balkon) und Nr. 12 (vorn hinaus eine eigene Terrasse mit 360-Grad-Panorama und im grossen Badezimmer mit Riesenpalme eine Wanne, aus der man direkt auf die meistfotografierte Burg der Welt blickt: Château de Chillon).
Anreise: Autobahn A 9 Vevey–Simplon bis Ausfahrt Montreux, zur Seestrasse runter und einige hundert Meter in Richtung Vevey fahren. Mit der Bahn bis Montreux, dann mit dem Bus Nr. 1 bis Haltestelle VMCV-Depot. Von dort zwei Minuten zu Fuss.

Die einladende Villa für Leckermäuler und Landschaftsanbeter ist ein glückliches Zusammenspiel von Passion und Engagement. Terrasse und Garten suchen ihresgleichen, zum Empfang kommen einem die Adjektive «welcoming» und «caretaking» in den Sinn, eine lebensfroh-beschwingte Atmosphäre findet sich in den sieben Gästezimmern mit mediterraner Rattaneinrichtung. Etienne Krebs, der in der Küche kocht, als kenne er kein grösseres Vergnügen, überrascht stets mit mirakulösen Kreationen, die in anderen Restaurants – weil «zu riskoreich» – nicht aus der Küche kämen. So wird beispielsweise ein für sich schon perfektes Lamm-Saltimbocca noch von drei winzigen Kürbissen eskortiert, die wiederum mit Pfifferlingen, Petersilienquark und Lauchgemüse gefüllt sind. Nicht minder freut sich der Gaumen über ein Lachs-Tatar mit Kapern an einer Meerrettichsauce

75, rue du Lac
Tel. 021/964 44 11
Fax 021/964 70 02
★★★★❶❶❶

und grobkörnigem Senf. Oder über die federleichten Dessertkreationen aus der Cuisine douce des leidenschaftlichen Kochs. Eine Speisekarte gibt es. Aber die charmante Isabelle Krebs überzeugt Sie mühelos, sich dem Überraschungsmenü «Laissez-vous-faire» auszuliefern. Es besteht aus vier Vorspeisen, einem Fleischgang und zwei Desserts. Den meisten Gästen gefällt das verspielte Interieur mit heiter stimmenden Pastelltönen, manche finden es schlicht kitschig. «Macht nichts», sagt Krebs, «wenn alle mit dem Essen zufrieden sind, können sie sich wenigstens über das Dekor streiten…»

CH-1815 Montreux-Clarens   Genferseegebiet

Villa Kruger

17, chemin du Bochet
Tel. 021/989 21 10
Fax 021/964 74 39
****ⓘⓘⓘⓘ

Wer nach einem Hotel sucht, das mehr einem Zuhause gleicht und mit Charme verschwenderisch umgeht, ist in der «Villa Kruger» am westlichen Ende der Seepromenade von Montreux am Ziel seiner Träume. Hier starb Anfang dieses Jahrhunderts Paul Kruger, der letzte Präsident der burischen Südafrikanischen Republik (nach ihm ist der Kruger-Park benannt, Afrikas ältestes Tierreservat). Die Villa, in der der Präsident seine letzten vier Jahre im Exil verbrachte, ist heute ein Museum und gehört einer schweizerisch-südafrikanischen Stiftung. Seit der Renovation im Jahr 1997 ist es auch ein winziges Hotelbijou oder eher ein «Guest-House» mit sehr privatem Charakter. Carin und Willie van der Merwe, gebürtige Südafrikaner, kümmern sich rührend um ihre Gäste und kennen sich kulturell wie gastronomisch in der Gegend aus. Man spricht Englisch und Afrikaans. Drei charmant in die Jahre gekommene Salons und ein schöner Garten stehen zur Verfügung. Dazu vier stilvoll eingerichtete Gästezimmer, drei Doppel- und ein Einzelzimmer, am schönsten ist der «Blue Room» mit eigener Terrasse. Und obwohl die Nullstern-Residenz in Anbetracht des minimalen Komforts viel zu teuer ist, lohnt sich ein Besuch. Kein Hotel am Léman verfügt über ein solch faszinierendes Gesamtklima, was vielleicht auch damit zu tun hat, dass die «Villa Kruger» von zwei dutzend anderen mehr oder weniger mysteriösen Villen aus dem späten 19. Jahrhundert eskortiert wird.

WieWoWasWann?

Geschlossen: Nie.
Lage: In einem verträumten Garten mit alten Bäumen, direkt hinter der Uferpromenade. Schöner Ausblick auf See und Berge.
Preise: EZ 200 Fr., DZ 320–360 Fr. (inkl. Frühstück). Keine Cards.
Küche: Kein reguläres Restaurant («Table d' hôte» auf Wunsch), aber wenige Schritte entfernt liegt der Gourmettempel «L' Ermitage» von Etienne Krebs (siehe Seite 99.).
Geheimtipp-Zimmer: Alle vier Zimmer verfügen über sehr viel Charme, am schönsten und grössten ist der «Blue Room».
Sport & Animation: Privatjacht (8 Personen). Kruger-Museum im Parterre (geöffnet täglich, ausser Sonntag, von 10–12 und 14–17 Uhr, Eintritt auch für Aussenstehende gratis). Wassersportmöglichkeiten im benachbarten Montreux.
Anreise: Autobahn A 9 Vevey–Simplon bis Ausfahrt Montreux, zur Seestrasse runter und einige hundert Meter zurück in Richtung Vevey fahren. Mit der Bahn bis Montreux, dann mit dem Bus Nr. 1 bis Haltestelle VMCV-Depot. Von dort wenige Minuten zu Fuss.

Genferseegebiet CH-1242 Satigny

Domaine de Châteauvieux

WieWoWasWann?

Geschlossen: Ende Juli–Mitte August und Weihnachten–Anfang Januar.
Lage: Im Herzen der Genfer Weinberge zwischen Flughafen und der französischen Grenze.
Preise: DZ 195–230 Fr. (inkl. Frühstück). Alle Cards ausser Diners.
Küche: Kaum zu überbieten. Tausenderlei Geschmacksnuancen, eine sehr persönliche Handschrift von «Genfs bestem Koch». Mit Wassertrinkern käme so ein Haus sicher nicht auf seine Kosten: Im Weinkeller liegen ein halbes tausend Positionen, darunter die teuersten Bordeaux und Burgunder, aber auch grosse Italiener und zahlreiche Jahrgänge des Kultsüssweins Château d'Yquem. Der junge Sommelier hat sichtlich Freude daran, den Gästen das Passende herauszusuchen. Auch Schweizer Weine aus dem Wallis oder von den umliegenden Rebhängen – ab 50 Franken die Flasche – empfiehlt er gern.
Anreise: Autobahn A 1 Lausanne–Genf-Flughafen Cointrin bis Ausfahrt Vernier/Meyrin, dann Landstrasse nach Meyrin und Satigny. Von dort in den Ortsteil Peney (Domaine ist ausgeschildert).

Die «Domaine de Châteauvieux» ist ein Weingut wie aus dem Märchenbilderbuch: Das fast 500-jährige Haus, ein ehemaliges Wirtschaftshaus des früheren Château Peney (heute eine Ruine), thront neben dem Kirchlein über dem Rebberg. Der Weg durch den Torbogen über den gepflasterten Hof mit den alten Torkeln steigert die Vorfreude. Die «Choreographie» beginnt: Aufmerksame Kellner erwarten den Gast, geleiten ihn zum Tisch, vorbei an der prächtigen modernen Küche, in der der ehrgeizige Philippe Chevrier sein Orchester dirigiert, 14 weisse Köche vor blau gekachelten Wänden. Jeder Handgriff sitzt, es wird am Herd konzentriert, präzise und fast wortlos gearbeitet. 2 Michelin-Sterne und 18 Gault-Millau-Punkte erhält man nie zufällig. «Die raffiniert-einfache Küche besticht mit Produkten von ausserordentlicher Qualität und Zubereitungen von höchster

Tel. 022/753 15 11
Fax 022/753 19 24
E-mail: romantik@t-online.de
✱✱✱❶❶

Präzision». So ist der elegant-rustikale Speisesalon oft ausgebucht. Von der Terrasse, wo an warmen Tagen aufgedeckt wird, sieht man den Genfer Hausberg Salève, die Rhone und nachts die Lichter der Stadt. Bettina Chevrier ist sehr darauf bedacht, den ursprünglichen, ländlichen Charakter des Hauses zu bewahren. Deshalb sind die 20 Gästezimmer auch nicht mit pompösem Luxus ausgestattet, sondern präsentieren sich eher klein und romantisch.

Genferseegebiet   F-74140 Sciez-sur-Léman

Château de Coudrée

Tel. (0033) 450 72 62 33
Fax (0033) 450 72 57 28
E-mail: coudrée@relaischateaux.fr
✳✳✳✳✳❶❶❶

Egal, ob Sie schon lange verheiratet oder frisch verliebt sind, ob Ihre Verbindung ganz legal oder ein bisschen illegal ist: Wer die eigene und vielleicht auch noch eine andere Seele streicheln will, wer Adler am Himmel liebt und tausend rote Sonnen auf der blausilbernen Fläche des Genfersees, für den ist das mittelalterliche Lustschlösschen «Château de Coudrée» das schönste und zugleich aufregendste Fleckchen am Léman. Inmitten eines zum Verirren grossen Parks mit privatem Bade- und Bootssteg ragt klotzig der imposante Schlossturm zwischen hohen Bäumen in den Himmel. Wenn Wände sprechen könnten, hier würden sie zweifellos die abenteuerlichsten Geschichten erzählen; ein richtiges «Dallas», reich an Spannung und mit wohlbekannten Hauptdarstellern. Aber Diskretion geht vor in diesem Kleinod der Familie Réale-Laden, die sich sehr darum bemüht, dass der persönliche Charakter ihres Hotels gewahrt bleibt. Spätestens im Restaurant, wo der talentierte Gilles Doré die Fische aus dem See in kleine Meisterwerke verwandelt, verabschieden sich der Kopf und die Vernunft, und die Atmosphäre übernimmt das Denken. Im Hotelteil in den oberen Stockwerken patinaschwere alte Möbel, die Zimmer hohe Gemächer mit Amor-Bildern an jeder Wand, in den feierlichen Fluren die Blicke der Ahnen. Man spürt in jeder Nuance: Das «Château de Coudrée» wurde gebaut, um sich im Krieg zu verteidigen und um die Liebe zu beherbergen. Der Krieg ist hier vorbei. Was bleibt, ist die erfreuliche Seite eines sagenumwobenen, märchenhaften «Vie de château».

WieWoWasWann?

Geschlossen: Mitte Dezember–Mitte April.
Preise: DZ 680–1850 FF (ohne Frühstück). Alle Cards.
Lage: In einem Park direkt am Seeufer. Ruhiger gehts nicht.
Küche: Gilles Doré ist ein besessener Arbeiter am Herd. Sorgfalt, Organisation und genau die richtige Prise neuer Ideen, lautet das Rezept für seine französische Sonnenküche, die auch bei Regenwetter für gute Laune sorgt.
Geheimtipp-Zimmer: Nr. 2 (grosses Duplex für max. 4 Personen), Nr. 6 (prächtiges Himmelbettzimmer), Nr. 12 (mit traumhaftem Badezimmer), «Prison» (ehemaliges Gefängnis im Turm), «Donjon» (in dieser 18 Meter !!! hohen Turmsuite gibt es zwei mögliche Reaktionen: Ängstlichen Naturen läuft ein fröstelnder Schauer den Rücken hinab; unerschrockenen Geniessern verschlägt es die Sprache).
Sport & Animation: Aussenschwimmbad, Tennis, Sauna, Wassersport.
Anreise: Von Genf auf der Landstrasse via Douvaine nach Thonon-Evian, ab Bonnatrait ist das «Château de Coudrée» ausgeschildert.

Genferseegebiet   CH-1134 Vufflens-le-Château

L' Ermitage

WieWoWasWann?

Geschlossen: Sonntag und Montag. Mitte Dezember–Mitte Januar, Ende Juli–Mitte August.
Preise: DZ 300–400 Fr. (inkl. lukullisches Frühstück). Alle Cards ausser American Express.
Lage: Am Rand des kleinen Winzerdorfes, das von einem mächtigen Château inmitten der Weinberge beherrscht wird.
Küche: Unverkünstelte Gerichte aus allerbesten Produkten in höchster Vollendung. Die Menüs sind so leicht, dass der Gast, beim sechsten Gang angekommen, noch putzmunter ist und sich schon auf den siebten freut. Sagenhafter Weinkeller.
Geheimtipp-Zimmer: Alle 9 Zimmer und Suiten liegen zum Garten hin. Jede Kleinigkeit zeugt von sorgfältiger Überlegung.
Anreise: Autobahn Lausanne–Genf bis Ausfahrt Morges-Ouest, dann den Wegweisern nach Vufflens-le-Château folgen. Das Dorf ist mit dem Bus ab Morges erreichbar.

Mitteleuropäische Top-Adressen sind entweder schicke Landhotels mit exzellenter Küche oder ausgesprochene Gourmet-Mekkas mit komfortablen Zimmern. Zur letzten Kategorie zählt das «Ermitage» des ebenso leidenschaftlichen wie perfektionistischen Bernard Ravet. Der Küchenhexenmeister ist unnachahmlich in der Kunst, Geschmack und Aromen einzelner Zutaten durch ungewöhnliche Kombinationen mit anderen Produkten in überraschender Weise neu zu entfalten. Die «Dînette des quatre foies gras d'oie et de canard» (hausgemachte Enten- und Gänseleber, die hier gleich vierfach variiert wird) erfreut Auge und Gaumen gleichermassen. In bester Erinnerung wird Ihnen auch der bretonische Hummer mit grünen Spargeln bleiben, der allerdings noch übertroffen wird von einem unvergesslichen Omble-Chevalier-Filet, dem ein Safran-Sösschen zu eigen

Tel. 021/802 21 91
Fax 021/802 22 40
✳✳✳✳❶❶❶❶

ist, das zu haltlosem Tellerauskratzen verführt. Von sublimer Schlichtheit auch die gebratene Ente an Grapefruit-Jus. Weil der Zauber jederzeit verfliegen könnte, möchte man fast ein wenig schneller essen. Aber dann wieder ist dieses liebevoll von Ruth Ravet geführte Schlemmerlokal zu lang schon der bekannteste Geheimtipp der Romands, so dass es fragwürdig erscheint, wieso dieses Wunder ausgerechnet jetzt zusammenbrechen sollte, wo die Uffizien doch auch noch stehen. Und obwohl man die Spitzenposition in der Schweizer Gastroszene Tag für Tag ehrgeizig zu behaupten sucht, wird die Perfektion locker und ohne weihevollen Pomp inszeniert.

CH-3963 Crans-Montana   Wallis

Hostellerie du Pas de l'Ours

Rue du Pas de l'Ours
Tel. 027/485 93 33
Fax 027/485 93 34
E-mail:
pasdelours@relaischateaux.fr
★★★★❶❶❶❶

Die «Hostellerie du Pas de l'Ours» schafft es, ganz ohne Fun & Fitness, Gäste zu beglücken. Das Haus ist auch keine Nobelherberge, die den Gast mit monumentaler Pracht erschlagen muss. Hier gibt es kein Dienstpersonal, dafür freundliche Gastgeber, die einen ahnen lassen, was die First-Class-Hotellerie auch noch sein kann. Die Familie Bestenheider setzt in ihrem modern gestylten und mit sensibler Gastfreundschaft ausgestatteten Relais die Leichtigkeit des Seins in eine Philosophie um. Das Gebäude – ein einladendes Chalet, wie es auch im amerikanischen Winterresort Aspen stehen könnte – ist eine gelungene Verbindung zwischen Altem und Neuem. Ein ungewöhnlich angenehmes Hotel und eines der wenigen in der Trabantenstadt Crans-Montana, die man betritt, ohne zu fremdeln. Das heisst: Man möchte ausnahmsweise nicht gleich nach dem Ankommen wieder nach Hause. Im Gegenteil, man möchte so lange wie möglich bleiben. Das liegt an den Zimmern: Jedes ist anders eingerichtet, immer aber mit ganz besonderem Geschmack und ungezwungener Grandezza. Das liegt an den luxuriösen Bädern, alle mit Whirlpool und selten frischem Dekor. Das liegt an der Aussicht: Fast jedes Fenster blickt in die Walliser Viertausender. Und das liegt an der kreativen, leichten, französisch inspirierten Küche. Achtung: Das «Pas de l'Ours» hat Eigenarten und Charakter, und an den zahlreichen Holzbalken stossen sich Fertighaus-Fans schon mal den Kopf.

WieWoWasWann?

Geschlossen: Mai und November.
Preise: DZ 300–600 Fr. (inkl. Frühstück). Alle Cards.
Lage: Am westlichen Ortsrand, 1500 m ü. M.
Küche: Gekocht wird leicht und gut: französisch Inspiriertes sowie Regionaltypisches, oft überraschend verfeinert.
Geheimtipp-Zimmer: Alle 9 Zimmer haben Kamin und Whirlpool und sind rundweg zu empfehlen. Gönnen Sie sich eins.
Sport & Animation: Sauna, Dampfbad. Talstation der Seilbahn 300 m nah. Sämtliche Wintersportmöglichkeiten im Ort. Wer im Sommer Zeit findet, kann sich auf dem 500 Meter nahen hochalpinen Golfplatz mit den Tücken des kleinen weissen Balles herumschlagen.
Anreise: Autoroute du Rhône A 9 bis Ausfahrt Grange. Landstrasse über Chermignon nach Crans-Montana. Das Hotel ist ausgeschildert. Für Bahnreisende ist Crans-Montana via Sierre zu erreichen.

Wallis CH-3954 Leukerbad

Hôtel Les Sources des Alpes

WieWoWasWann?

Geschlossen: Anfang Mai–Anfang Juli, Mitte November–Mitte Dezember.
Preise: DZ 380–820 Fr. (inkl. Frühstück). Alle Cards.
Lage: Absolut ruhig am oberen Dorfrand.
Küche: Begeisternde, marktorientierte Küche, die Harmonie zwischen Gesundheit, Vergnügen und Gastronomie anstrebt.
Geheimtipp-Zimmer: Je nach Geschmack: Im 1. Stock sind die Zimmer nach Blumen, im 2. nach Früchten, im 3. nach Traubensorten, im 4. nach Düften benannt – und entsprechend dekoriert.
Sport & Animation: Grosszügiges Hallen- und Aussenthermalbad mit elegantem Therapiebereich: Sole- und Heublumenwickel, Fangopackungen, Kräuter- und Schwefelbäder, diverse Massagen, betreutes Fitness- und Muskeltraining, Aqua-Balancing. Clarins-Beauty-Center.
Anreise: Autobahn A 9 Lausanne–Simplon bis Ausfahrt Susten, Landstrasse über Leuk nach Leukerbad. Das Hotel liegt im oberen Dorfteil. Leukerbad ist ab Bahnhof Susten bei Sierre mit dem Postauto erreichbar.

Abschalten, auftanken, sich in den Walliser Alpen verwöhnen lassen: Das kleine, vor wenigen Jahren aufwendig renovierte Grandhotel bietet dafür einen traumhaften Rahmen. Dass Farben und Formen sich wohltuend auf das Befinden auswirken, spürt man, wenn man sich in einem der lichtdurchfluteten, mucksmäuschenstillen Zimmer (34 bis 70 m^2) aufhält, welche mit so klingenden Namen wie «Muscat», «Marjolaine», «Belle de Jour» versehen sind und die einander nur in den grosszügigen Dimensionen und in ihrem Komfort gleichen. So werden die Gäste zuallererst nach ihrer Schuhnummer gefragt, um ihnen ein Paar passende Hausschuhe ins Zimmer stellen zu können. Auf dem Briefpapier findet man seinen Namen eingeprägt. Täglich frische Blumen und Früchte sind Zeichen der nicht nachlassenden Aufmerksamkeit. Für den Direktor Andreas Stump stimmt

Tel. 027/470 51 51
Fax 027/470 35 33
E-mail: sources@relaischateau.fr
★★★★★❶❶❶❶❶

es im Grossen eben nur, wenn es auch im Kleinen stimmt. Da das Hotel auch eine Bäderstation (ein Hallen- und ein Aussenthermalbad, 37 Grad C warm) unterhält, wird im Restaurant «La Malvoisie» neben der phantasievollen Küche von Christian Mitterbacher eine Diätküche angeboten, nicht weniger raffiniert, auf Wunsch auch rein vegetarisch. Und vom Empfang bis zum Schlummertrunk in der Bar erwartet den Gast in dem ästhetisch herausragenden Haus jene Prise Extravaganz, die sonst nicht zum Stil des Wallis gehört. Ob 1000 Wünsche in einer Nacht oder 1001 Nächte mit einem Wunsch: Das Hotel «Les Sources des Alpes» ist für stadtgeplagte Naturen stets eine Quelle des Wohlbefindens.

CH-3906 Saas Fee　　　　　　　　　　Wallis

Ferienart Walliserhof

Tel. 027/958 19 00
Fax 027/958 19 05
E-mail:
ferienart.walliserhof@saas-fee.ch

★★★★❶❶❶❶

Schreibt man über das Riesenchalet «Ferienart Walliserhof», ist es eigentlich egal, womit man beginnt: mit der Hard- oder der Software – beide greifen hier eng ineinander, beide orientieren sich am Grundsatz des leidenschaftlichen Hoteliers Beat Anthamatten: «Ferien sind die wichtigste und schönste Zeit im Jahr. Man möchte sich, seine Familie, seine Freunde, seine Umwelt neu erleben. Folglich ist es unsere Aufgabe, dass sich unsere Gäste möglichst relaxed fühlen und hier bei uns 'Ferienart' machen.» Woran merkt der Gast, dass er hier in einem besonderen Haus ist? Da wäre zunächst die verspielte Innenarchitektur, die an alpenländische Chalets erinnert und die mit augenzwinkernden Details, immensen Murano-Leuchtern und sinnlichen Badezimmern ein Spannungsfeld herbeizaubert, das sich auch im Angebot findet: Vom Fondue-Abend bis zum Galadinner, von der Yoga-Woche bis zum Gleitschirm-Weekend. Eine harmonische Spannung, die mit gut dosierten Gegensätzen spielt, wird auch unter Mitarbeitern und Gästen angestrebt. Es ist schliesslich die Summe der Details, die so ein persönliches Haus ausmacht. Duft von warmem Holz weht durch die heimeligen Räume, die der weiten Welt der (Lebens-) Kunst geweiht sind und die wesentlich dazu beitragen, «dass die 'Ferienart' möglichst viele nette Menschen zusammenführen möge!» Diese haben hier eines ganz besonders schätzen gelernt: Dass Leistung und Angebot im Sommer von exakt demselben hohen Niveau sind wie im Winter.

WieWoWasWann?

Geschlossen: Ende April–Mitte Juni.
Preise: DZ 298–1192 Fr. (inkl. Champagner-Frühstücksbuffet und 5-gängiges Abendessen). Alle Cards.
Lage: Mitten im (autofreien) Dorfzentrum.
Küche: Drei verschiedene Restaurants sorgen für Abwechslung: das italienische «Del Ponte», das thailändische «Le Mandarin» und der elegant-rustikale Speisesaal, wo die Kunst der französischen Küche mit bodenständigen Schweizer Elementen eine überaus gelungene Gastrohochzeit eingeht.
Sport & Animation: Hallenschwimmbad im Stil einer Gletschergrotte, Sauna, Massage- und Kosmetiksalon, Mountainbikes, Dancing. Div. Spezialprogramme: Gleitschirm-Weekend, Singles-Wochen, Meditatives Bildweben, Mineralogie usw.
Anreise: Autobahn A 9 Lausanne–Simplon bis Ausfahrt Visp, Landstrasse über Stalden nach Saas Fee. Am Dorfeingang das Auto im Parkhaus abstellen und mit dem Elektromobil ins Hotel. Das autofreie Saas Fee ist ab dem Bahnhof Brig mit dem Postbus erreichbar.

Wallis CH-3906 Saas Fee

Waldhotel Fletschhorn

WieWoWasWann?

Geschlossen: Ende April–Mitte Juni, Mitte Oktober–Mitte Dezember.
Preise: DZ 270–600 Fr. (inkl. Frühstück). Alle Cards.
Lage: In einer Waldlichtung schaut man auf Saas Fee herab. Absolut ruhig.
Küche: Das «Fletschhorn» ist die gastronomische Perle in der «Perle der Alpen». Viele Gäste nehmen den weiten Weg nur wegen Irma Dütschs Küche auf sich, die einen Höhenflug von Raffinesse und Feinheit verspricht.
Geheimtipp-Zimmer: Die Panorama-Suiten Nr. 29, Nr. 31, Nr. 34 und Nr. 35.
Sport & Animation: In der schönen Naturkulisse ist alles möglich, vom Klettererlebnis bis zum Skifahren im Sommer.
Anreise: Autobahn A 9 Lausanne–Simplon bis Ausfahrt Visp, Landstrasse nach Saas Fee. Am Dorfeingang das Auto im Parkhaus abstellen und sich vom hoteleigenen Elektromobil abholen lassen. Das autofreie Saas Fee ist ab Bahnhof Brig mit dem Postbus erreichbar.

Alle Häuser, die in Saas Fee verwöhnten Gästen etwas Aussergewöhnliches bieten wollen, haben gegen die unverschämt herrliche Szenerie inmitten von 13 Viertausendern anzukämpfen. Doch da erschien eines Tages Irma Dütsch aus Greyerz im Gletscherdorf, die sich im Laufe der Jahre temperamentvoll in die Höhen kulinarischer Meisterschaft schwang, eskortiert von ihrem nicht weniger professionellen Gatten Hansjörg im Service. Nach bald zwanzig Jahren harter Arbeit führt sie die Zunft der Meisterköche in der Schweiz souverän an, erhielt 1994 die begehrte Auszeichnung «Koch des Jahres» und vollbringt seitdem immer wieder Wunder, was vielleicht auch ein bisschen mit der Nähe des Himmels zu tun hat: Ihr Spielraum ist das romantisch in einer Waldlichtung gelegene Alpenbijou «Fletschhorn» auf 2000 Meter Höhe. Diesem Haus sieht man in allen

Tel. 027/957 21 31
Fax 027/957 21 87
✶✶✶✶❶❶❶❶

Winkeln und Ecken an, dass viel Zeit und Energie investiert wurde, hier oben ein kleines Gesamtkunstwerk zu schaffen. Erlesene Möbel, moderne Kunst, sanfte Farben: Alles ergibt ein Ensemble von femininer Eleganz, in dem man gar nicht anders kann, als sich schlagartig wohl zu fühlen. Eine Welt voll Atmosphäre sind auch die Zimmer, die einen sagenhaften Blick auf die Walliser Bergwelt haben. Schliesslich wartet im Keller ein Walliser Wein-Nirwana mit 10 000 Flaschen – es lohnt sich auf jeden Fall, den Vorschlägen des Weinkenners Hansjörg Dütsch zu folgen, der auch sehr verständnisvoll ist, wenn es darum geht, beschränkte finanzielle Möglichkeiten bestmöglichst auszuschöpfen.

CH-1958 Uvrier-St-Léonard/Sion   Wallis

Hôtel des Vignes

Tel. 027/203 16 71
Fax 027/203 37 27
★★★❶❶

Langsam, aber sicher wittern die krisengeplagten Hoteliers wieder Morgenluft. Besonders Hotels und Restaurants der Kategorie «Preiswert, aber gut» sind oft so gefragt, dass die Gäste tage- bis wochenlang im Voraus reservieren müssen. «Preiswert und gut» ist auch die Devise der Familie Menegale-Duc im «Hôtel des Vignes», die im Jahr 1994 vor den Toren von Sion ein neues Viersternehotel im italienischen Palazzo-Stil eröffnete. Das Haus hat zwar keine alten Steine vorzuweisen, dennoch verdient die Initiative, Qualität und Charme zu annehmbaren Preisen anzubieten, durchaus eine Seite in diesem Führer. Das komfortable und ausgesprochen gepflegte Haus liegt in einem kleinen Park, der im Norden von Weinbergen umsäumt ist,

im Süden öffnet sich das Val d'Hérens, im Westen grüssen die Silhouetten der Burgruinen auf den mystischen Hügeln von Sion. Hier, in der grosszügigen Empfangshalle mit avantgardistischem Cheminée und jazzberieselter Bar, den verspielten Salons und dezent gestylten Zimmern in harmonischen Farbtönen herrscht eine friedliche Atmosphäre. Im hellen, von Grünpflanzen geprägten Speisesaal werden einfache, mit frischen Erzeugnissen der Region zubereitete Gerichte serviert. Im Sommer stehen einige Tische auf der hübschen Terrasse, wo man angenehm, mit Blick auf die malerische Landschaft speisen kann. Die Gastgeber werden Sie besonders liebenswürdig empfangen und über all die vielen Freizeit- und Ausflugsmöglichkeiten aufklären, die das Wallis bietet. Eine empfehlenswerte Adresse, wo man gerne wieder einmal hingeht.

WieWoWasWann?

Geschlossen: Nie.
Preise: DZ 175–285 Fr. (inkl. Frühstück). Alle Cards ausser Diners.
Lage: 4 km von Sion entfernt. Am Dorfrand in einem kleinen Park, der in die umliegenden Weinberge übergeht. Ruhig.
Küche: Der Küchenchef räumt den regionalen Produkten Vorrang ein, die an warmen Sommertagen auf der stimmungsvollen Terrasse besonders schmecken.
Geheimtipp-Zimmer: Mehr Komfort für weniger Geld ist das Motto in allen Zimmern. Die Westzimmer haben einen besonders reizvollen Ausblick auf die beiden Burgruinen von Sion. Schöne Duplex-Zimmer mit Mezzanine und Appartements mit Loggia und Kitchenette.
Sport & Animation: Hallenbad, Dampfbad, Sauna, Tennis. Idealer Ausgangspunkt für Entdeckungsreisen im Wallis.
Anreise: Autobahn A 9 bis Sion-Est, Landstrasse E 62 in Richtung Sierre bis zum Dorf St-Léonard. Das Hotel ist ausgeschildert, der Ort ist mit dem Regionalzug ab Sion erreichbar.

Wallis CH-1936 Verbier

Hôtel Rosalp

WieWoWasWann?

Geschlossen: Ende April–Anfang Juli, Ende September–Anfang Dezember.
Preise: DZ im Sommer 190– 400 Fr., im Winter 310–700 Fr. (ohne Frühstück). Alle Cards.
Lage: Im Dorfzentrum.
Küche: Beim Vergleichen der Essbibeln Gault Millau und Guide Michelin stösst man manchmal auf krasse Bewertungsunterschiede. Jedenfalls wird sich Roland Pierroz über die Ungereimtheit von einem Michelin-Stern (diese Auszeichnung haben über 60 Restaurants in der Schweiz) und 19 Gault-Millau-Punkten (6 Einträge mit dieser Benotung) wundern. Wir schliessen uns dem Gault Millau an und erlauben uns das Urteil: kaum zu überbieten.
Sport & Animation: Sauna, Dampfbad, Whirlpool, Massagen. Golf 1 km nah, Seilbahn ins Skigebiet gleich um die Ecke.
Anreise: Autobahn A 9 Lausanne Simplon, Ausfahrt Martigny, Richtung Grosser St. Bernhard, in Sembrancher nach Verbier abbiegen. Ausgeschildert. Verbier ist ab dem Bahnhof Sembrancher ob Martigny mit dem Postauto erreichbar.

Zweifellos ist die Landschaft um Verbier von all den schönen Plätzen, die es in der Schweiz gibt, eine der schöneren. Wo es schön ist, ist es nicht mehr weit bis zu den Reichen. Und wo Geld ist, lässt es sich in der Regel gut tafeln. Das ist auch in Verbier nicht anders, der Alpen-Adel trifft sich bei Roland Pierroz, dem Hausherrn im «Rosalp» – einer Walliser Institution, so unentbehrlich wie das Matterhorn. Das grosse Holzchalet legt die Vermutung nahe, dass es sich beim Schlaraffenland keinesfalls um einen Mythos handelt. Hoher Gemütlichkeitsfaktor und viel Lokalkolorit in den Zimmern und im Restaurant, der Ausblick ist fantastisch, der Empfang herzlich. Und schliesslich klettert Pierroz durch die Speisekarte wie auf einen Berggipfel: voller Umsicht und Konzentration, stets darauf bedacht, keinen Fehltritt zu begehen – und manchmal blitzt das Draufgängertum eines

Route de Medran
Tel. 027/771 63 23
Fax 027/771 10 59
✷✷✷✷❶❶❶❶

Künstlers hervor. Pierroz ist ein gefühlvoller Dynamiker, der keine halben Sachen mag. So übernahm er das Hotelrestaurant mit dem Ehrgeiz, es in ein Restaurant im Hotel zu verwandeln – begrifflich ein feiner, in Wirklichkeit ein weltweiter Unterschied. Seine Kreationen sind klar im Geschmack, oft kräftig (wenn der Ausdruck bei einer so feinen Küche erlaubt ist) – wie es einem Haus in den Walliser Bergen ansteht. Rhythmus, gute Stimmung und Begeisterungsfähigkeit, auch eine Prise Zartheit: das sind die wichtigsten Ingredienzen im «Rosalp». Wie die Küche der Zukunft wird, weiss niemand, aber so, wie sie der unermüdlich schöpferische Pierroz kocht, könnte sie wohl zu unserer aller Zufriedenheit sein.

CH-3920 Zermatt　　　　　Wallis

Alex Hotel

Tel. 027/967 17 26
Fax 027/967 19 43
E-mail:
hotel.alex.zermatt@spectraweb.ch
✱✱✱❶❶❶

Man erzählt am Ende des 20. Jahrhunderts keine Märchen. Die passen nicht in die Welt des Computers, in das kühle, hetzige Lebenstempo, nicht zum Internet, das den Brief verdrängt hat. Aber deswegen ist die Sehnsucht des Menschen nach dem Märchenhaften nicht geringer. Im Gegenteil: Sie wächst in dem Masse, wie die Technologisierung zunimmt. Märchen sind Seelennahrung, ohne das Unbegreifliche würde die Welt veröden. Das «Alex» ist ein Märchen in Form eines Hotels und zugleich eine perfekte Werbeshow für das Tourismusland Schweiz, und das sei nicht abschätzig gemeint. Die «luxuriöseste Berghütte der Alpen» (Eigenwerbung) bietet ein wirklich einmaliges Berg-

Ambiente: geschnitzte Holzdecken und -wände, alte Giltsteinöfen, antike Lüster, in den Zimmern und Aufenthaltsräumen ein kunterbuntes Allerlei mit künstlerischem Touch und viel Behaglichkeit. Vom Grottenschwimmbad über die malerischen Speiseräume bis zu den superromantischen Himmelbettzimmern mit Jacuzzi herrscht eine verführerische Mischung aus Luxus und Ländlichkeit. Und wie immer steckt hinter so einem Gesamtkunstwerk (und ein Hotel, wo alles stimmt, vom Windlicht auf der Terrasse bis zum lukullischen Frühstücksbuffet, ist ein Stück Kultur) keine Beratungsfirma, die Hotel-Know-how verkauft, sondern eine Persönlichkeit mit Stil, Herz und Geschmack. Alex Perren heisst der Mann, der – zusammen mit seiner Familie und einem hochmotivierten Team – für ein im besten Sinne eigenwilliges Hotel im Herzen des Matterhorndorfs sorgt.

WieWoWasWann?

Geschlossen: Anfang Mai–Mitte Juni, Mitte Oktober–Mitte November.
Preise: DZ 280–840 Fr. (inkl. Halbpension). Alle Cards ausser Diners.
Lage: Mitten in Zermatt.
Küche: Mit hochalpinem Ehrgeiz geführte Cuisine du marché im festlich-rustikalen Grillroom. Wintergarten mit nostalgischer Walliser Bergkulinarik, Fondue und Raclette.
Geheimtipp-Zimmer: Die grösseren Doppelzimmer, alle Junior-Suiten und Suiten verfügen über einen eigenen Kamin.
Sport & Animation: Grottenschwimmbad mit Whirlpool, Bio- und finnische Sauna, Dampfbad, Massagen, Fitnessraum, Tennishalle und Squash-Court. Dancing. Ski- und Wandergebiet in wenigen Gehminuten erreichbar.
Anreise: Autobahn A 9 bis Sion, Landstrasse E 62 in Richtung Brig bis Visp, dann Landstrasse nach Täsch. Wagen im Parking abstellen und mit der Bahn ins autofreie Zermatt fahren (15 Minuten). Dort holt Sie das Elektromobil vom Hotel ab. Für Bahnreisende ist Zermatt via Sion und Visp zu erreichen.

Wallis CH-3920 Zermatt

Grandhotel Schönegg

WieWoWasWann?

Geschlossen: Mitte April–Mai, Anfang Oktober–Mitte Dezember.
Preise: DZ 202–716 Fr. (inkl. Frühstück). Alle Cards.
Lage: Das Hotel liegt, wie es der Name schon sagt, auf dem Schönegg-Plateau, leicht erhöht mit einer Postkarten-Aussicht auf Zermatt und das Matterhorn. Durch den hauseigenen Lift ist man in 30 Sekunden vom Dorf an der Rezeption.
Küche: Französische Spezialitäten mit helvetischen Einschlägen.
Geheimtipp-Zimmer: Wenn schon in Zermatt, dann ein Zimmer zum Matterhorn.
Sport & Animation: Sauna, römisches Dampfbad, Whirlpools, Massagen, Fitness. Skiabfahrt bis zum Hotel. Sommerwandergebiet direkt ab Haustür. Ideal gelegen für sportliche Aktivitäten.
Anreise: Autobahn A 9 bis Sion, Landstrasse E 62 in Richtung Brig bis Visp, dann Landstrasse nach Täsch. Wagen im Parking abstellen und mit der Bahn ins autofreie Zermatt fahren (15 Minuten). Dort holt Sie das Elektromobil vom Hotel ab. Für Bahnreisende ist Zermatt via Sion und Visp zu erreichen.

Stolze 1800 Meter hoch liegt Zermatt, schützend umgeben von beeindruckenden Berggiganten inklusive Matterhorn. Der Reisende muss das Auto im Tal stehen lassen und sich zunächst mit der Bahn, dann zu Fuss oder mit dem Elektrotaxi fortbewegen. Das Fehlen dieses Statussymbols schafft eine ganz eigene Atmosphäre, die sich im «Grandhotel Schönegg» wie selbstverständlich fortsetzt. Das Hotel thront auf einem Sonnenplateau sechzig Meter über dem Dorf, ist aber durch einen hauseigenen Lift nur wenige Minuten vom Zentrum entfernt. Hinter der Jumbo-Chaletarchitektur versteckt sich ein gediegenes Interieur mit sehr persönlicher Atmosphäre. Im «Gourmetstübli» geht die Kunst der französischen Küche mit bodenständigen Schweizer Elementen eine überaus gelungene Gastrohochzeit ein. Salon und Bar kann man als «cosy» bezeichnen wie

Tel. 027/967 44 88
Fax 027/967 58 08
E-mail: schonegg@relaischateaux.fr
✹✹✹❶❶❶

auch die komfortablen Zimmer, die über einen hohen Gemütlichkeitsfaktor verfügen und in warmen Farben und Materialien gehalten sind. Man hat die Auswahl zwischen jenen, die zur Mischabelgruppe liegen, oder den anderen mit vollem Blick aufs Matterhorn. Alle sind sehr angenehm, die Suiten mit Kamin und eigenem Whirlpool höchst luxuriös. Zwar ist Zermatt ein vom Tourismus beherrschter Ort, der mehr Hotels als Zürich hat. Aber unter allen Häusern, die ihren verwöhnten Gästen etwas Aussergewöhnliches bieten wollen (und dabei gegen die unverschämt herrliche Szenerie anzukämpfen haben), ist das «Schönegg» zweifellos das schönste und bestgeführte Haus am Platz.

CH-6612 Ascona   Tessin

Castello del Sole

Tel. 091/791 02 02
Fax 091/792 11 18
E-mail: castellosole@bluewin.ch
★★★★★✪✪✪✪✪

Konrad Hilton hat das Erfolgsrezept eines Hotels einmal in drei Worten erklärt: Location, Location und Location. Die Lage des «Castello del Sole» ist sicher ein wichtiges Argument. Es liegt in einer riesigen privaten Parklandschaft direkt am Lago Maggiore, zu deren Beschreibung Worte nicht ausreichen. Bei der Anfahrt hatten wir uns geschworen, die Scheidemünzen der Hotel- und Gastrokritik, die Termini Ambiente, Oase, Stil, Kultur und Idylle nicht zu verwenden. Und gerade jetzt fehlen sie uns so dringend. Zum Beispiel bei der Betrachtung des neu erstellten Suitenpavillons – eine Art römischer Atriumbau mit kreuzgangähnlichen Kolonnaden (Architektin: Tilla Theus) – dessen unaufdringliche Eleganz geradezu danach schreit. Keine Hotelzimmer, sondern in der exquisiten Schlichtheit des lombardischen Stils gehaltene Privaträume mit grosszügigen Loggien bezieht da der Gast, Räume zudem, deren Anordnung für einmal nicht der hoteltypische Grundriss diktierte. Voller Märchenzauber ist der Blick aus der sieben Meter breiten Fensterfront, aus der man ins unendliche Grün des Maggia-Deltas blickt. Gästen, denen das von der Natur gelieferte Ambiente nicht ausreicht, können sich an einem breit gefächerten Sportangebot von Wasserski (eigene Boote am Privatstrand) bis Golf (eigene Golfschule) erfreuen. Wer einfach einmal ein paar Tage lang keinen Finger rühren will, kann sich hier nach Strich und Faden verwöhnen lassen und jeden Alltag vollständig vergessen.

WieWoWasWann?

Geschlossen: Ende Oktober–Mitte März.
Preise: DZ 560–1450 Fr. (inkl. Halbpension). Alle Cards ausser Diners.
Lage: Zum Lago Maggiore hin offene Oase der Ruhe, umgeben vom 80 000 m^2 grossen Hotelpark.
Küche: Die Küche von Othmar Schlegel ist mediterran inspiriert und basiert auf der klassischen Tradition, d. h. dass das einwandfreie Produkt an erster Stelle steht und dass dem Chefkoch bei der Zubereitung alle Geheimnisse seines Handwerks zur Verfügung stehen, die er auf seine eigene kreative Art einzusetzen weiss. Spezialitäten aus eigener Landwirtschaft und Weinanbau.
Geheimtipp-Zimmer: Alle Junior-Suiten im neu erstellten Pavillon.
Sport & Animation: Privatstrand und -boote, In- und Outdoor-Schwimmbad, In- und Outdoor-Tennisplätze, Finnenbahn, Driving-Range, Putting-green, Fitness- und Beautycenter, Thalsso-Therapie, Sauna, Kinderspielzimmer und -spielplatz.
Anreise: Autobahn A 2 Zürich–Lugano bis Ausfahrt Locarno. Vor Locarno durch den Tunnel nach Ascona. Bahnreisende werden am Bahnhof Locarno abgeholt.

Tessin CH-6612 Ascona

Hotel Eden Roc

WieWoWasWann?

Geschlossen: Anfang Januar–Mitte März.
Preise: DZ 430–1830 Fr. (inkl. Halbpension). Alle Cards.
Lage: Direkt am See inmitten eines gepflegten Gartens, zwei Minuten von der Piazza entfernt. Absolut ruhig.
Küche: Für Küchenchef Heinz Wenger ist die Qualität seiner Rohprodukte oberstes Gebot. Er kocht im Grunde genommen einfach und gradlinig, doch mit ausserordentlicher Feinfühligkeit: Steinbuttfilet auf roten Linsen mit einer deliziösen Kaviarsauce; fabelhafte sautierte Langustenschwänze auf Beurre blanc, mit Orangen und etwas grünem Pfeffer.
Geheimtipp-Zimmer: Südzimmer, die Nrn. 102, 103 104, 202, 203, 204 und 304 sowie Junior-Suite 401 (Süd/ Eck).
Sport & Animation: Freibad, Privatstrand, Hallenbad, Fitnessraum, Sauna, Clarins-Beauty-Farm, Massagen, Fahrräder, Motorboot.
Anreise: Autobahn A 2 Zürich–Lugano bis Ausfahrt Locarno. Vor Locarno durch den Tunnel nach Ascona. Bahnreisende werden am Bahnhof Locarno abgeholt.

Gerade gross genug, um in allen Sparten der gehobenen Hotelkultur präsent zu sein, gerade klein genug, um jeden Gast persönlich fühlen zu lassen, dass er König ist. – Wer sich auf die Suche nach dem perfekten Hotel begibt und sich dabei nicht von moderner Architektur abschrecken lässt, den führt der Weg nach Ascona ins «Eden Roc», dem einzigen Fünfsternehaus am Lago Maggiore, das wortwörtlich direkt am See liegt. Es zieht vorwiegend Gäste aus Politik und Wirtschaft an, Jetset-People fühlen sich hier weniger zu Hause, liebt man doch das unaufdringliche, individuelle, teure Understatement. Selbstbewusst, aber ohne Arroganz. Die Hausfarbe ist ein Weiss, das sich wunderbar mit dem vielen Grün und Blau der magisch-mediterranen Umgebung vereint. Nichts stört das Auge; nichts ist zu grell oder zu hell. Beim Eintreten wird man gefragt, wer man ist, und von dem

Tel. 091/791 01 71
Fax 091/791 15 71
★★★★★❶❶❶❶❶

Augenblick an scheint Sie das gesamte Hotelpersonal zu kennen. Von den 55 lichtdurchfluteten Zimmern geniesst man einen unübertrefflich schönen Blick, und wer einmal einen Tag am Schwimmbad und am gleich daneben liegenden Privatstrand verbracht hat, will gar nie wieder weg. Hausherr Karl-Heinz Kipp, dem auch das «Tschuggen» in Arosa und das «Carlton» in St. Moritz gehören, hat unlängst auch das benachbarte Appartment-Gebäude gekauft und wird im Frühsommer 1999 das «Eden Roc» um 27 neue Traumsuiten, ein zweites Restaurant und einen dritten Indoor/Outdoor-Pool erweitern. Bleibt zu hoffen, dass die Nobelabsteige ihren persönlichen Charakter behält.

CH-6612 Ascona   Tessin

Albergo Giardino

Tel. 091/791 01 01
Fax 091/792 10 94
E-mail: giardino@bluewin.ch
✱✱✱✱✱❁❁❁❁

Das Gastgewerbe braucht Überzeugungstäter. Gasthäuser brauchen Leidenschaft und Hingabe. Stil. Ein Stück Wahnsinn. Und ein bisschen Witz und Spass. Wer in die toskanisch anmutende Hotelanlage eintaucht, glaubt sich in einer gigantischen Kulisse, und man ist beinahe erstaunt, dass sich in den tropisch eingewachsenen Gebäuden bewohnbare Räume befinden. Trotz aller theatralischen Effekte hat die Traumfabrik «Giardino» mit Kitsch wenig zu schaffen, aber mit Illusion eine ganze Menge, denn wie jedes erfolgreiche Ferienhotel verkauft man hier Glücksgefühle und Erlebnisse, die das tägliche Leben in aller Regel nicht bereithält. Traumtänzer Hans C. Leu, der seinen Visionen mehr glaubt als seinen Kalkulationen und stets von neuem den Mut aufbringt, Sterne vom Himmel zu holen, machte aus seinem Haus mit 72 Zimmern und Suiten keinen Übernachtungsbetrieb, sondern ein Gesamtkunstwerk, das viele grosse und kleine Kunstwerke in sich trägt – und alle fügen sich nahtlos aneinander. Das beginnt schon beim Empfang an der Rezeption, die keine der üblichen Zollstationen ist, sondern ein einladender Salon, wo sich der Neuankömmling in einen Sessel sinken lässt und zur Begrüssung ein Glas Champagner kredenzt erhält. Das geht weiter mit der Hotelküche (die beste im Land) über den Vanity Club (ganzheitliche Schönheitspflege) bis zum «Teatro Giardino», das die Gäste jeden Sonntagabend mit rauschenden Ballet- und Opernvorführungen in seinen Bann zieht. Eine Welt jenseits der Realität, dieses Weekend-Paradies – zum Träumen schön!

WieWoWasWann?

Geschlossen: Anfang November–Mitte März.
Preise: DZ 670–920 Fr. (inkl. Halbpension). Alle Cards.
Lage: Auf dem Maggia-Delta im Villenviertel von Ascona, absolut ruhig.
Küche: Das beste und zugleich entspannteste (!) Hotelrestaurant der Schweiz. Der junge Küchenchef Armin Röttele kreiert täglich eine breite Palette mediterran inspirierter Gerichte für höchste Ansprüche. Im Weinkeller finden sich zahlreiche Raritäten und Trouvaillen.
Geheimtipp-Zimmer: Zimmer mit Baldachin und Blick auf den Seerosenteich reservieren (z. B. Nr. 218). Die Suite Nr. 21 verfügt über ein eigenes Gärtchen.
Sport & Animation: Freibad, Tennis, Whirlpool, Sauna, Dampfbad, Fitnessraum, Vanity Club, Bikes. Wochenprogramm-Feuerwerk vom Gipfelfrühstück über Weindegustationen bis zu literarisch-kulinarischen Themenabenden.
Anreise: Autobahn A 2 Zürich–Lugano bis Ausfahrt Locarno. Vor Locarno durch den Tunnel nach Ascona. Bahnreisende werden am Bahnhof Locarno abgeholt.

Tessin CH-6987 Caslano

Albergo Gardenia

WieWoWasWann?

Geschlossen: Anfang Januar–Anfang März.
Preise: DZ 240–440 Fr. (inkl. Frühstück). Alle Cards.
Lage: Absolut ruhig im Villenquartier von Caslano bei Lugano, rundherum das Wander- und Naturschutzgebiet des Malcantone.
Küche: Einfache Tessiner Spezialitäten im «Grotto Valle», raffinierte mediterrane Speisen im Gourmetlokal «Bacco».
Geheimtipp-Zimmer: «Panorama»-Zimmer mit Wintergarten und Dachterrasse (Nrn. 35, 36, 37 und 38).
Sport & Animation: Freibad, Whirlpool, Mountainbikes, Gartenschach, Pingpong, Boccia. Golfwochen mit täglich wechselnden Destinationen.
Anreise: Autobahn A 2 Zürich–Lugano bis Ausfahrt Ponte Tresa/Varese. In Magliaso links nach Caslano abbiegen, das «Gardenia» ist ausgeschildert. Mit der Bahn anreisende Hotelgäste werden am Bahnhof Caslano (bequem via Lugano zu erreichen) abgeholt.

In diesem ehemaligen Kloster, das die Sinnlichkeit und Romantik eines südlichen Landhauses ausstrahlt, «checkt» man nicht ein, hier kommt man an. Bei der umfassenden Renovation im Jahr 1990 wurde alles, was an ein Hotel erinnert, entfernt. Dafür alles, was zur Kunst des Wohlfühlens gehört, eingeladen. Plakative Gemälde, witzige Skulpturen und teilweise extravagante Möbel kontrastieren mit antiken Gewölben und verleihen dem intim-pittoresken Haus Atmosphäre. Keiner wird hier belästigt, wenn er der Ruhe bedarf, jeder findet Kontakt, wenn er ihn sucht. Wo früher Mönche weilten, treffen sich heute Gäste aus ganz Europa. Ein Ort der Ruhe und der Einkehr ist das römische Klosterhaus dabei geblieben: Übertriebenen Luxus sucht man vergebens. Dafür geniesst man Tag und Nacht paradiesische Ruhe, wird von freundlichen Menschen umsorgt

Tel. 091/606 17 16
Fax 091/606 26 42
✴✴✴❶❶❶

und kann nach einem kleinen Spaziergang durch die verträumte Gartenanlage im Gewölbelokal stilvoll essen und trinken. Die Mariage zwischen traditioneller und kreativer mediterraner Küche lässt nichts zu wünschen übrig, die Zimmer – gedacht für Gäste mit Kunstverstand und Art de vivre – auch nicht.

CH-6611 Golino — Tessin

Hotel Garni Cà Vegia

Tel. 091/796 12 67
Fax 091/796 24 07
**❶❶

Der Lago Maggiore ist ein touristischer Magnet, die kaum erschlossenen Täler profitieren davon. Mit ein paar kurvigen Kilometern, etwa hinein in das verwunschene Centovalli, ein nach Westen offener Verkehrskorridor zum nahen Italien, scheint man Jahrzehnte zu überwinden. Keine Hektik mehr, keine Ungeduld. Dafür Kargheit allenthalben, eine wildromantische Szenerie, Felsen und Steine, ein paar Ziegen und Schafe. Kastanienwälder bedecken die steilen Bergflanken, alle paar Kilometer ein kleiner granitener Ort, in dem das Schrittmass noch gilt und eine gewisse Romantik der Einfachheit herrscht. Golino ist so ein pittoresker Ort, der noch ganz ohne touristische Betriebsamkeit auskommt. An der kopfsteingepflasterten Piazza, die von kunsthistorischen Bauten umgeben ist, liegt das Hotel «Cà Vegia» (das alte Haus). Freskengeschmückte, vierhundertjährige Mauern vermitteln ein mittelalterliches Wohnerlebnis, allerdings muss in den 14 patinaschweren Gemächern niemand mehr frierend in ächzende Betten sinken wie einst die Fuhrleute und Maultiertreiber. In dem sachte renovierten Patrizierhaus geniesst man heute zeitgemässen Komfort inmitten von Relikten vergangener Zeiten. Hier kann man auf der Liegewiese im nach Süden geöffneten Innenhof in ein Buch versinken oder sich an dem wuchtigen plätschernden Brunnen vor dem weinumrankten Hauseingang mitten in ein Tessiner Stillleben hineinversetzt fühlen.

WieWoWasWann?

Geschlossen: November–Mitte März.
Preise: DZ 112–155 Fr. (inkl. Frühstück). Keine Cards.
Lage: Mitten im idyllischen Tessinerdörfchen Golino mit weniger als 250 Einwohnern, 6 km von Locarno und Ascona entfernt, am Eingang des Centovalli.
Küche: Kein Restaurant, aber einen Pfeilschuss entfernt liegt das Edelgrotto «Madonna» mit idyllischem Garten, wo man an Granittischen unter einer schattenspendenden Pergola sitzt (Tel. 091/796 12 20).
Sport & Animation: Idealer Ausgangspunkt für Wanderungen durch Kastanien- und Birkenwälder sowie Ausflüge in die Täler Centovalli, Onsernone und Maggia. Die Flüsschen Melezza und Isorno laden zum Baden ein. «Teatro Dimitri» im benachbarten Verscio.
Anreise: Autobahn A 2 Zürich–Lugano bis Ausfahrt Bellinzona. Landstrasse nach Locarno. Dann über Losone nach Golino. Das Nachbardorf Intragna ist mit der Centovalli-Bahn (Locarno-Domodossola) ab Locarno erreichbar.

Tessin

CH-6672 Gordevio

Uno Più

WieWoWasWann?

Geschlossen: Mitte November–Anfang März.
Preise: DZ 144–164 Fr. (inkl. Frühstück). Keine Cards.
Lage: Im Dorf Gordevio im unteren Maggiatal.
Küche: Hervorragendes Osso bucco, gute Pasta-Gerichte und ein traumhaftes Tiramisù. So wichtig dem kochenden Gastgeber eine schnörkellose, schmackhafte Tessiner Küche ist, so wichtig sind ihm die Gäste. Mit verbindlicher Herzlichkeit sorgt er für ihr Wohlbefinden.
Sport & Animation: Idealer Ausgangspunkt für zahlreiche Wanderungen. Auch vom Pferderücken aus lässt sich die abwechslungsreiche Landschaft geniessen: Für Naturfreunde offeriert der Bauernhof Bettosini im Nachbardorf Lodano Alpentrecking zu Pferd. Für kürzere Ausflüge kann man hier für 30 Fr. in der Stunde Freiberger Stuten mieten oder geführt über Bergpfade und durch die Tessiner Täler reiten (Tel. 091/753 24 43).
Anreise: Autobahn A 2 Zürich–Lugano bis Ausfahrt Bellinzona. Landstrasse nach Locarno. Dann über Ponte Brolla nach Gordevio. Das Dorf ist mit dem Postbus ab Locarno erreichbar.

Das Maggiatal ist ein Lieblingsziel für alle, die es gerne etwas rauher haben: Auch im Hochsommer zeugt das weite Bachbett der Maggia mit seinen hellen, abgeschliffenen Gneisblöcken vom enormen Potential der Tessiner Wolkenbrüche. Steile Flanken, Kirchturmdörfer, Seitentäler, gute Strassen – das ist der Stoff für die motorisierte Suche nach dem Ursprünglichen, welches folglich immer rarer wird. Das scheint allerdings weder Mountainbiker noch Cabrio-Fahrer zu stören, weder Deutsche noch Holländer, alle sind sie im Sommer mit von der Partie, wenn die fröhliche Maggia-Safari beginnt. Ein ideales, reizvoll gelegenes Nest, um das Maggiatal zu erkunden, ist das Mini-Hotel «Uno Più» mitten im alten Kern von Gordevio. Das kürzlich renovierte und mit modernem Design ausgestattete Patrizierhaus bietet sieben recht kleine, aber rundum behagliche Zimmer,

Tel. 091/753 10 12
Fax 091/753 26 58
∗∗❶❷

teilweise mit schmalem Balkon, eingebettet in ein Ambiente aus sanften Farben und ländlicher Behaglichkeit. Der überaus rührige Gastgeber Marco Moser tut alles, um eine heitere Atmosphäre zu schaffen, fast rund um die Uhr scheint er auf den Beinen und hält den Laden auf Touren, die in der Saison beachtlich sein können. Das Restaurant, das im Sommer in den ansprechenden Innenhof verlegt wird, zieht ein buntes Gästevölkchen aus nah und fern an, das kulinarische Ansprüche mit vollkommener Romantik verbindet. Allerdings ist dieser Tip nicht mehr ganz geheim: Unangemeldete Gäste werden an dieser unprätentiösen Traumadresse während der Saison kaum eine Chance auf einen freien Tisch oder ein Zimmer haben.

CH-6600 Locarno   Tessin

Grand Hotel Locarno

Via Sempione 17
Tel. 091/743 02 82
Fax 091/743 30 13
✲✲✲❶❶❶

Als einer der wenigen Tessiner Hotelpaläste der Gründerzeit hat das «Grand Hotel Locarno» allen Wechselfällen des Schicksals standgehalten. Wie ein Denkmal seiner selbst steht der 120 Jahre alte Hotelbau in blassem Altrosa elegant abseits von Menschengetümmel und Hafenauftrieb. Nostalgie weht durch das geschichtsträchtige Haus, wo 1925 die legendäre Friedenskonferenz von Locarno stattfand und wo das inzwischen berühmte Filmfestival geboren wurde (in den ersten Jahren der Leopardenjagd fanden die Vorführungen im Park des Hotels statt). Wer sich inmitten von prachtvollen Hallen, Belle-Époque-Säulen, Lüstern (in der Eingangshalle strahlt der grösste Murano-Leuchter der Welt) und spiegelnden Mosaikböden zu Hause fühlt, kann hier in eine andere Welt eintauchen. Auch wenn sich das grossartige Bauwerk nach aussen rührend unzeitgemäss präsentiert, versteht man im Innern den Reiz des Altmodischen mit den Anforderungen der heutigen Zeit in Einklang zu bringen. In vielen der insgesamt 83 Zimmer finden sich Möbel der klassischen Moderne von weltbekannten Designern wie Le Corbusier, Breuer oder Mies van der Rohe. In ihrer Strenge kontrastieren sie perfekt mit dem schwülstigen Flair des ausgehenden 19. Jahrhunderts. Zum Glück ist bei den Renovationen in den historischen Räumen nichts angetastet worden: Die weitläufigen Salons mit ihren schönen Antiquitäten, Deckengemälden, Spiegeln und riesengrossen Perserteppichen wirken so, als sei hier die Zeit schon immer etwas langsamer vergangen.

WieWoWasWann?

Geschlossen: November–Mitte März.
Preise: DZ 230–310 Fr. (inkl. Frühstück). Alle Cards.
Lage: In einem 450 m² grossen Park über dem Zentrum von Locarno, nur einige Schritte von der Seepromenade entfernt.
Küche: Internationale Hotelküche im grossen Speisesaal mit wunderschönen Jugendstil-Deckengemälden.
Geheimtipp-Zimmer: Unbedingt Südzimmer mit Ausblick auf den Lago Maggiore buchen. In den beiden riesigen Luxuszimmern mit Terrasse im ersten Stock haben schon Chamberlain und Mussolini übernachtet.
Sport & Animation: Freibad, Tennis.
Anreise: Autobahn A 2 Zürich–Lugano bis Ausfahrt Locarno. In Locarno nicht zum See abbiegen, sondern auf der oberen Strasse Richtung Maggiatal/Centovalli bleiben. Mit der Bahn könnte das «Grand Hotel» nicht bequemer zu erreichen sein: Es liegt schräg gegenüber dem Bahnhof Locarno.

Tessin CH-6900 Lugano

Villa Principe Leopoldo

WieWoWasWann?

Geschlossen: Nie.
Preise: DZ 380–1500 Fr. (inkl. Frühstück). Alle Cards.
Lage: Die Villa liegt in einem residenziellen Wohnviertel mit atemberaubendem Blick auf Stadt und Luganersee.
Küche: Der ambitionierte Küchenchef Dario Ranza hat sich bestens eingelebt. Für seine mediterran inspirierte und grundsolide realisierte Küche mit ihren beinahe dramatischen Geschmacksnoten verdient er Respekt. An warmen Tagen und Abenden wird auf der unbeschreiblich schönen Terrasse aufgetischt.
Geheimtipp-Zimmer: Alle Junior-Suiten sind von klassischer Extravaganz.
Sport & Animation: Freibad, Tennis, Whirlpool, Sauna, Fitness, Indoor-Golf.
Anreise: Autobahn A 2 Zürich–Lugano, Ausfahrt Lugano-Süd, Richtung Bahnhof. Ab dort ausgeschildert. Mit der Bahn reisende Gäste werden am Bahnhof Lugano stilecht in der Limousine abgeholt.

Es gibt Momente, die keine Kompromisse dulden. Da muss es der absolute Luxus sein. Ein Spitzenhotel mit vollem Verwöhnprogramm. Ein ganz besonderer Ort, der jeden Aufenthalt zum unvergesslichen Erlebnis macht. Dann fahren Sie einfach in die «Villa Principe Leopoldo». Wer zum ersten Mal vor dem ehemaligen Palais des Prinzen von Hohenzollern steht, traut seinen Augen kaum. Diese Oase über Lugano, nur zwei Kilometer von der Seepromenade entfernt, sieht aus wie ein Traum. Ein Landsitz, wie es ihn nicht noch einmal gibt in der Schweiz, eine bizarre Mischung aus englischem Landgut und toskanischem Liebesnest. Im Sommer tafeln die Gäste auf der Terrasse unter grossen Baldachinen, silberne Kerzenleuchter funkeln, Champagner prickelt, im Innern blitzt der Marmor und leuchten die Stuckaturen wie eh und je. Dieser Tem-

Via Montalbano 5
Tel. 091/985 88 55
Fax 091/985 88 25
E-mail: leopoldo@relaischateaux.fr
★★★★★❶❶❶❶

pel der Musse strahlt so viel italienische Grandezza aus, dass ein Grossteil der (sehr dekorativen) Gäste aus Milano anreist; darunter finden sich für ein Luxushotel erstaunlich viele recht jugendlichen Alters. Aus dem Norden kommende Gäste, die (oft) noch gewisse Lücken in der lateinischen Lebensart zeigen, sie müssen erst die Schmetterlinge im Magen überwinden, bevor sie in einer der 33 plüschigpompösen Junior-Suiten Einlass finden – aber dann sind sie, für ein paar kostbare Stunden, Kaiser und Halbgott zugleich. Von all den prächtigen Besitzungen im Tessin ist die «Villa Principe» zweifellos die unglaublichste.

CH-6652 Ponte Brolla   Tessin

Albergo Centovalli

Tel. 091/796 14 44
Fax 091/796 31 59
✳✳✳❶❶

Die wilde Szenerie der Maggia mit ihrem schönen Felsbett rund um Ponte Brolla bei Locarno zieht im Sommer hunderte, an Wochenenden wohl tausende von bräunungsbegierigen Gästen zum Liegen, Rösten und Faulenzen an. Ein Bad im smaragdgrünen Fluss braucht allerdings etwas Mut; er führt bis in den Spätsommer hinein eiskaltes Schmelzwasser. Etwas versteckt am Fusse eines steilen Felsmassivs liegt das «Ristorante Centovalli», wo unangemeldete Gäste während der Saison keine Chance haben. Denn diese unprätentiöse Traumadresse ist wohl der bekannteste «Geheimtipp» im Tessin – und natürlich überhaupt nicht geheim. Trotzdem bleibt das «Centovalli» genau die Art von Ethno-Beiz, die man gerne seinen Freunden vorführt. Pergolagedeckter Garten mit langen Granittischen und im Innern dezent gestaltete Essräume, wo sich die einheimischen Ästheten treffen und natürlich all die schönen Feriengäste, denen dieser Flüstertipp ebenfalls nicht entgangen ist. Man fühlt sich wohl beim Dauerbrenner Rindsfilet mit Gorgonzola-Risotto (unübertrefflich und nicht nur der Legende nach der beste des Kantons). Salate und Suppen kommen in grossen weissen Schüsseln auf den Tisch, zum Dessert gibts ein sehr gutes Tiramisù. In den oberen Stockwerken finden sich acht einladende Zimmer und Zimmerchen von schlichter Schönheit, jedes mit einem ganz eigenen Ambiente. Mit viel Liebe und Geschmack hat die Familie Gobbi-Leoni aus dem ehemaligen Patrizierhaus einen ausgesprochen angenehmen Ort für ein fröhliches, unbeschwertes Sommerwochenende geschaffen.

WieWoWasWann?

Geschlossen: Januar–Februar.
Preise: DZ 130–160 Fr. (inkl. Frühstück). Keine Cards.
Lage: Fünf Kilometer vom geldbringenden Touristenrummel entfernt, liegt am Eingang zum Maggiatal die kleine Siedlung Ponte Brolla und vis-à-vis der schwindelerregenden Brücke, die ins Centovalli führt, das kleine Gasthaus.
Küche: Vier, fünf traditionelle Tessiner Gerichte, darunter der legendäre Gorgonzola-Risotto mit Steinpilzen. Wer noch nicht verstanden hat, dass ein Risotto fast flüssig sein muss, damit er schmeckt, wird hier ein für allemal aufgeklärt.
Sport & Animation: Die Umgebung ist für Spaziergänge und Wanderungen wie geschaffen. Sportkletterer finden gleich hinter dem Haus die erste Herausforderung.
Anreise: Autobahn A 2 Zürich–Lugano bis Ausfahrt Bellinzona, Landstrasse nach Locarno und Schildern ins Valle Maggia folgen. Ponte Brolla ist mit der Centovalli-Bahn (Locarno-Domodossola) bequem und in wenigen Minuten ab Locarno erreichbar.

Tessin CH-6613 Porto Ronco

Pensione Eden

WieWoWasWann?

Geschlossen: November–Februar.
Preise: DZ 135–185 Fr. (inkl. Frühstück). Keine Cards.
Lage: In einem tropischen Garten am Hang oberhalb der Seestrasse von Porto Ronco.
Küche: Nur für Hotelgäste und deren Freunde. Allabendlich ein dreigängiges Menü – leicht, abwechslungsreich und immer mit frischen Kräutern aus dem Garten. Wenn immer möglich auf der romantisch eingewachsenen, halb überdachten Terrasse serviert.
Sport & Animation: Privater Badeplatz am See.
Anreise: Gotthard-Autobahn A 2 bis Ausfahrt Locarno, Landstrasse in Richtung Brissago bis Porto Ronco (gleich nach Umfahrungstunnel Ascona). Ab Locarno auch mit dem Postauto oder Schiff zu erreichen. Ein Lift vom Parkplatz führt hinauf in die «Pensione Eden».

Man scheut sich etwas, das Wort Paradies zu leichtfertig zu gebrauchen, aber die «Pensione Eden» hat wirklich etwas von einem kleinen Paradies an sich. Das Grundstück verfügt über eine berauschende Aussicht auf den Lago Maggiore und einen tropischen Zaubergarten, aus dem man am liebsten gar nicht mehr herausfinden möchte. Zwischen Palmen, Bambus- und Lorbeersträuchern blühen im Frühjahr 300 verschiedene Kamelien, darunter viele Raritäten. Bei diesem An- und Ausblick schrieb einst der französische Schriftsteller Stendhal: «Si par hasard vous avez un cœur et une chemise, il faut vendre la chemise pour visiter les bords du Lac Majeur!» Im «Eden» bewegt man sich nicht in einer der üblichen, deutschschweizerisch herausgeputzten Hotelanlagen, sondern in der verwunschenen Märchenwelt einer kleinen, alten Privatvilla mit viel

Tel. 091/792 19 68
Fax 091/792 19 68
✱✱✱❶❶

Patina und zwölf Zimmern ohne Fernseher, ohne Telefon und ohne Minibar. Dafür mit viel Liebe zum Detail, grossem Verständnis auch für ausgefallene Wünsche und vielen persönlichen Aufmerksamkeiten. Vincenz Huber und Jürg Spring sind zwei Paradiesvögel unter vielen müden Spatzen der umliegenden (überalterten) Seegemeinden und machen alles selber; sie kochen, servieren, waschen ab, kümmern sich mit heiterer Gelassenheit um das Wohlbefinden ihrer bunt durchmischten Gäste. Und in den Wintermonaten renovieren sie eigenhändig ein weiteres Stück vom Paradies.

CH-6807 Taverne Tessin

Motto del Gallo

Tel. 091/945 28 71
Fax 091/945 27 23
****●●●

In der Deutschschweiz gilt ein Koch vielfach als jemand, der eben mehr oder weniger gut kochen kann. Im Tessin ist ein Koch ein Künstler, dem man noch so gerne die ihm gebührende Ehre erweist, wie das beispielhaft in dem kleinen Tessiner Dorf Taverne am Fusse des Monte Ceneri, etwas abseits der touristischen Trampelpfade, der Fall ist. Hier führt eine romantische Treppe zu einer Gruppe verwinkelter Häuser aus dem 15. Jahrhundert, versteckt hinter viel Grün und noch mehr Blumen: Im «Motto del Gallo» gibt es keine Zufallsgäste; wer hier einen Tisch oder ein Bett bestellt, der weiss, warum. Die Erklärung liegt gleichermassen in dem zauberhaften Ambiente wie in der virtuosen Küche. Ersteres ist ein Potpourri von Antiquitäten, moderner Kunst und raffinierten Blumenarrangements; die rustikal-eleganten Zimmer, die man über ein Labyrinth von Treppen erreicht und die alle über einen eigenen Kamin verfügen, zeugen vom Bestreben der Inhaber, die Gäste zu verwöhnen. Diese Inhaber sind drei überaus ambitionierte und freundliche Herren. Zwei stehen in der Küche (die Brüder Nico und José De La Iglesia), während Maître Piero Tenca seine gute Laune bei den Gästen wirken lässt und als Tessiner Chef-Sommelier sein Insiderwissen über einschlägige Merlot-Kleinproduzenten zum Besten gibt (das Haus hat einen der am besten assortierten Keller des Tessins). Was die Küche verlässt, weist auf ein gastronomisches Engagement der Sonderklasse hin; die auf grossen Tellern angerichteten Speisen sind so farbenfroh und verspielt wie die zugehörige Architektur.

WieWoWasWann?

Geschlossen: Weihnachten–Mitte Januar.
Preise: DZ 230 Fr. (inkl. Frühstück). Alle Cards.
Lage: In einer verträumten Oase im wenig attraktiven Dorf.
Küche: Die kochenden Brüder erschliessen kulinarisches Neuland und lehren dem gastronomischen Mittelfeld im Tessin das Fürchten. Mit ständig wechselnden Gaumenwundern, mit Leidenschaft, Professionalität und Vitalität. Eine wahre Kräuterplantage hinterm Haus verlockt sie zu stets neuen Würzorgien. Wenn immer möglich, wird draussen serviert. Um den Gästen ängstliche Blicke zum Himmel zu ersparen, wird parallel dazu innen gedeckt. Vielleicht ist ein Gewitter das Beste, was einem hier passieren kann. Man geniesst zuerst das Ambiente unter der authentischen Pergola im Garten und fährt dann in einem der stilvollen Innenräume mit dem Essen fort.
Anreise: Autobahn A 2 Zürich–Lugano bis Ausfahrt Ponte Tresa, auf der Landstrasse retour Richtung Bellinzona bis Taverne. Das «Motto del Gallo» liegt neben der Post. Das Dorf ist mit dem Postbus ab Bellinzona erreichbar.

Tessin CH-6911 Vico Morcote

Albergo Bellavista

WieWoWasWann?

Geschlossen: Mitte Dezember bis Mitte Februar.
Preise: DZ 130–300 Fr. (ohne Frühstück). Alle Cards ausser Diners.
Lage: 150 Meter über dem Seespiegel und dem Touristenrummel von Morcote. Herrliche Aussicht, absolute Ruhe.
Küche: Was altbekannt klingt, schmeckt bei René Schwarzer einfach anders, leichter, frischer, besser – wie die hausgemachten Pasta mit Steinpilzen, das Rindsfilet mit Morcheln oder das gedämpfte Seebarschfilet an Safransauce.
Geheimtipp-Zimmer: Nr. 9 und Nr. 10 (beide mit Seeblick und witzigen offenen Bädern), Nr. 7 (Duplex zum See), beide Suiten (mit eigenen Sonnenterrassen). Günstigere und schönere Suiten werden Sie in der ganzen Schweiz nicht finden!
Sport & Animation: Spazier- und Wanderwege durch Weinberge und Kastanienwälder.
Anreise: Autobahn A 2 Zürich–Chiasso bis Ausfahrt Melide. Vico Morcote liegt einige Serpentinen über Morcote. Mit der Bahn: Via Lugano nach Melide. Von dort fährt ein Postauto nach Vico Morcote.

Der erste Eindruck: Das ist ja ein Privathaus. Die Rezeption sucht man vergeblich, dafür wird man wie bei Freunden empfangen und fühlt sich sofort dazugehörend. Alles wirkt familiär, intim, individuell. Der zweite Eindruck: Es ist ein Privathaus. Die elf einladenden Gästezimmer, die man über ein Labyrinth von Treppen erreicht, strahlen alle eine wohlig-wohnliche Wärme aus und gleichen sich nur in ihrer mediterranen Leichtigkeit. Das typische Hotelgefühl mit langen leeren Gängen, polierter Verlorenheit und fremden Menschen in den Zimmern nebenan kann hier gar nicht erst aufkommen. Das «Bellavista» von Gertrud und René Schwarzer liegt mitten im Rebenmeer von Vico Morcote und verfügt über eine paradiesische Blumenterrasse mit berauschendem Rundumblick. Am Fusse des Hauses verstecken sich einige kleine, in den Hang hineingewachsene Gärten –

Tel. 091/996 11 43
Fax 091/996 12 88
★★★★★❶❶

ideale Plätze, um endlich mal das Buch zu lesen, das schon lange zu Hause auf dem Nachttisch lag, um endlich einmal nur an sich selbst zu denken. Das dezent gestylte Restaurant, das sich an keine Tessiner Klischees anbiedert, setzt auf ein Publikum, das vom Essen viel und von aufwendiger Inszenierung wenig hält. Zwischen den Tischen entspinnen sich die Gespräche ganz von selbst, und spätestens beim zweiten Glas Merlot bianco erfasst einen der entscheidende Eindruck, der endgültige: Das «Bellavista» ist nicht nur ein Privathaus, sondern der ultimative Schlupfwinkel für Romantiker und Honeymooner.

D-63916 Amorbach/Odenwald — Frankenland

Der Schafhof

Tel. (0049) 9373/9 73 30
Fax (0049) 9373/41 20
E-mail: schafhof@relaischateaux.fr
✳✳✳✳❶❶❶

Die Lage des «Schafhof» ist die eines wirklichen Landhotels: Abseits jeder Strasse führt der kilometerlange, vom Städtchen Amorbach einspurige Weg zum ehemaligen Benediktinerkloster, das seinen bäuerlichen Charakter bewahrt hat. Beträchtliche Investitionen waren erforderlich, um die völlig heruntergekommenen Gebäude zu einem formidablen Hotel umzubauen, das auch noch dem Denkmalschutz unterstand. So musste die Infrastruktur des Haupthauses mit seinen alten, fast versteinerten Holzbalken erhalten werden. In einem Nebengebäude wurden die Stallungen für die hofeigenen Pferde eingerichtet; in einem anderen Gebäude versteckt sich die Schnapsbrennerei, in der Äpfel und Pflaumen zu «Absackern» verarbeitet werden. Auch Äppelwoi wird selbst gemacht. Vor dem Haus begegnet man der Schafherde des Hofes oder vielleicht der Kutsche mit den hauseigenen Haflingern, die allen Gästen zur Verfügung steht. Auch der Küchenchef hat es gut (und mit ihm die Gäste), denn er kann weitgehend auf Produkte des Hofes zurückgreifen. So dominieren auf der Speisekarte Forellen aus den eigenen Gewässern und Lämmer von den eigenen Weiden. Ob rustikale fränkische Spezialitäten oder ein raffiniertes Sieben-Gänge-Menü: Nichts ist schöner, als nach so einem runden Essen den Digestif in der Halle vor dem Kamin zu sich zu nehmen und dann nicht mehr heimfahren zu müssen, sondern sich in eines der 23 ländlich-stilvollen Zimmer zurückziehen zu können. Ein idealer Platz für ein romantisches Wochenende zu zweit.

WieWoWasWann?

Geschlossen: Nie.
Preise: DZ 240–500 DM (ohne Frühstück). Alle Cards.
Lage: Mucksmäuschenstill am Waldrand inmitten des Naturparks Odenwald.
Küche: Fürstlich tafeln in der Abtstube – umgeben von roten Sandsteinwänden und jahrhundertealten Eichenbalken – oder unbeschwert geniessen in der hellen, lichten Schäferstube.
Geheimtipp-Zimmer: Am schönsten sind die romantischen Dachzimmer des ehemaligen Klosterspeichers. Wer die Suite bezieht, kann dort ruhen, wo früher der Abt des Klosters seine Bleibe hatte. Das riesige Himmelbett darin stammt allerdings nicht mehr aus dem Fundus des Klostervorstehers.
Sport & Animation: Sauna, Tennisplatz, Gartenschachanlage, Bocciabahn, Tischtennis, Reitstall, geführte Kunstwanderungen.
Anreise: Autobahn A 81 Stuttgart–Würzburg, Ausfahrt Tauberbischofsheim Richtung Walldürn–Amorbach. In Amorbach-West erste Strasse rechts, vorbei an der Amorsbrunner Kapelle zum «Schafhof».

Schwarzwald   D-76328 Bad Herrenalb

Mönchs Posthotel

WieWoWasWann?

Geschlossen: Nie.
Preise: DZ 180–470 DM (ohne Frühstück). Alle Cards.
Lage: Mitten im Dorf gegenüber dem Kurpark, im Herzen des Hochschwarzwalds.
Küche: Exzellente regionale Küche mit italienisch-französischem Einschlag im gemütlichen Restaurant aus dem 12. Jahrhundert. Bier aus der eigenen Klosterbrauerei.
Geheimtipp-Zimmer: Da das Haus an einer belebten Strasse liegt, ist man gut beraten, ein Zimmer zum abgeschlossenen Garten zu wählen.
Sport & Animation: Schwimmbad im Hotelpark, Fitnessraum, Schönheitsinstitut. Thermalbad und 9-Loch-Golfplatz in unmittelbarer Nähe. Wanderwege beginnen direkt am Hotel.
Anreise: Autobahn A 5 Basel–Frankfurt, Ausfahrt Rastatt, Landstrasse nach Gernsbach. Das Hotel befindet sich im Ortszentrum.

Zu den schönsten und besten Gasthäusern in Deutschland zählen immer noch und immer wieder ehemalige Poststationen. Kein Zufall, ist doch die Post geschichtsbedingt meist das schönste Haus im Dorf. Aus den Nachtlagern der Postkutscher und Briefträger haben sich teilweise traumhafte Gasthäuser wie «Mönchs Posthotel» entwickelt, wo man im Vergleich zu den Strohsäcken der Vergangenheit allen Luxus findet, den unsere Zeit dem zahlenden Gast zugesteht. Herz des Hauses ist die «Klosterschänke», die sich aus einem Kloster des 12. Jahrhunderts entwickelte und in der heute regionale Köstlichkeiten mit französischem Einschlag serviert werden. Der Hoteltrakt der geschichtsträchtigen Herberge (1525 erstmals erwähnt) ist im gotischen Stil errichteter vierstöckiger Bau. Die Halle, der Spiegelsaal und die Gartenterrasse sind sehr

Tel. (0049) 7083/74 40
Fax (0049) 7083/74 41 22
E-mail: monchs@relaischateaux.fr
✶✶✶❶❶❶

elegant. Die Gästezimmer sind sehr verschieden ausgestattet, der Stil der Einrichtung ist durchwegs freundlich, wohnlich und heiter, genau das, was man sich für ein Wochenende wünscht. Das Wort Seele, kommt einem hier leichter als anderswo über die Lippen. Denn neben dem angenehm historischen Rahmen bietet «Mönchs Posthotel» veritable «Seelenwerte» – die allgegenwärtige Familie Mönch führt dieses Haus nun in der fünften Generation. Schlafen, Trinken und Essen sind viel, aber nicht alles: Endlose Spazierwege, ein Golfplatz in der Nähe, Kutschenfahrten und Ausflüge in das landschaftliche Disneyland des Schwarzwalds sind hier angesagt.

D-72270 Baiersbronn-Mitteltal   Schwarzwald

Hotel Bareiss

Tel. (0049) 7442/4 70
Fax (0049) 7442/4 73 20
E-mail: bareiss@relaischateaux.fr
★★★★★❶❶❶❶

Wer sich von der Giganto-Architektur des «Bareiss» nicht abschrecken lässt, wird mit einer Ferieninsel belohnt, in der alle Sehnsüchte gestillt werden nach anspruchsvollster Qualität und schönem Leben. Der Familienbetrieb ist so leidenschaftlich und vorbildlich geführt, so perfekt ausgestattet, dass man nie wieder gehen will. Eine Oase für alle, die Ruhe und Entspannung suchen und sie hier weit weg vom Alltag finden, das ganze Jahr über, drinnen und draussen. Im Hotel kann man alle Bequemlichkeiten dieser Welt geniessen; und draussen, im Park, rund um die Freibäder, oder im Wald, im Schwarzwald, der gleich vor der Haustür liegt, Natur pur erleben. Neun (!) Pools, davon zwei Meerwasserbecken (In- und Outdoor), und eine grosse Saunalandschaft laden zum Relaxen ein. Genuss- und Tafelfreuden in den Restaurants: urgemütlich-herzhaft in den «Dorfstuben», behaglich in der «Kaminstube», festlich im «Bareiss», wo jeder Abend zum Feier-Abend wird. In den Zimmern florale Stoffe und Dekorationen, die mit viel Gespür für Formen und Farben eingerichtet sind. Das Hotel ist ein Treffpunkt für Anspruchsvolle, aber Schickimickis fühlen sich hier nicht besonders wohl, weil ihnen nicht hofiert wird. Jeder Gast, der Qualität zu schätzen weiss, ist gleich gern gesehen – ob er sich nun mit offenen badischen Weinen begnügt oder die grosse kulinarische Oper bucht, edelste Lagen und Jahrgänge, grosse Brände und rare Champagner inbegriffen. Im Gesamten eine der besonders guten Adressen dieses Führers mit stets freundlichem Empfang.

WieWoWasWann?

Geschlossen: Nie.
Preise: DZ 400–950 DM (inkl. Frühstück). Keine Cards.
Lage: Im Herzen des Schwarzwalds. 650 m ü. M.
Küche: Von ideenreicher Regionalküche bis zu betörenden Gourmetkreationen.
Geheimtipp-Zimmer: Die 12 neuen Juniorsuiten mit Sonnen-Loggien.
Sport & Animation: Beeindruckende Bäder- und Saunawelt, zwei Meerwasser-Becken (32 Grad C), eines davon draussen, das besonders im Winter ein Erlebnis ist. Naturkosmetik, Thalgo, Physiotherapie und Massagen, Tennis, Mountainbikes. Unübertroffenes Aktivitätenprogramm: Von Wanderungen mit dem Förster über Koch- und Käseseminare bis zur Yoga-Woche reicht das Prisma. Bibliothek mit allen aktuellen Bestsellern. Kinderspielhaus «Villa Kunterbunt» neben dem Hotel. Langlaufloipen und Wanderwege vor der Haustür.
Anreise: Autobahn A 81 Schaffhausen–Stuttgart bis Ausfahrt Horb, Landstrasse über Freudenstadt nach Baiersbronn.

D-74639 Friedrichsruhe — Baden-Württemberg

Waldhotel Friedrichsruhe

WieWoWasWann?

Geschlossen: Nie.
Preise: DZ 245–650 DM (ohne Frühstück). Alle Cards.
Lage: 60 km nördlich von Stuttgart, in absoluter Ruhe mitten in einer Wald- und Parklandschaft.
Küche: Deftige schwäbische Gerichte in der mit Jagdtrophäen geschmückten Jägerstube. Küchenkunst der Spitzenliga im festlichen Hauptrestaurant. Weine aus der eigenen Schlosskellerei.
Geheimtipp-Zimmer: Wer auf Stilzimmer mit kostbaren Antiquitäten Wert legt, bucht im Jagdschlösschen. Wer modernen Komfort mit üppig ausgestatteten Bädern bevorzugt, ist im Haupthaus besser aufgehoben (die Zimmer in der 1. Etage verfügen über Loggien, im Parterre über kleine Terrassen).
Sport & Animation: Innen- und Aussenschwimmbad, Tennisplatz, Sauna, Schönheitsfarm, 18-Loch-Golfplatz vor Ort, Jagd.
Anreise: Autobahn A 81 Stuttgart–Würzburg bis zur Kreuzung A 6, dann einige Kilometer Richtung Nürnberg bis Ausfahrt Öhringen. Stadt durchqueren und Landstrasse nach Zweiflingen einschlagen. Nächster Bahnhof: Öhringen, 6 km.

Neben den vielen Bruchbuden, die sich in Deutschland Schlosshotel nennen, ist das «Wald- & Schlosshotel Friedrichsruhe» eines der wenigen wirklich empfehlenswerten Landhotels in historischem Rahmen. Die Hotelanlage – in einem prachtvollen, drei Hektar grossen Park mit altem Baumbestand – setzt sich zusammen aus dem Haupthaus, dem Jagdschloss aus dem 18. Jahrhundert, dem Marstall sowie dem Gartenhaus. Die wohnlichen Zimmer sind alle kunstvoll dekoriert und erinnern an ein englisches Landhaus. Der Patron, Lothar Eiermann, gehört zu den besten deutschen Köchen und ist für sein geradezu fanatisches Qualitätsbewusstsein bekannt. Seine Kreationen werden in einem fürstlichen Speiseraum serviert, der abends von Kerzenlicht erhellt wird. Auch wenn für den engagierten Koch ein Restaurant ein kultureller Ort ist, darf es alles, nur

Tel. (0049) 7941/6 08 70
Fax (0049) 7941/6 14 68
✶✶✶✶❶❶❶

keine Hemmschwellen aufbauen. So lässt hier die Bedienung keine Steifheit, sondern gleich von Anfang an vertrautes Wohlfühlen aufkommen. Lothar Eiermann kommt selbst an den Tisch, um seinen Gästen zu helfen, ihr persönliches Menü zu finden. Es sei nur der marinierte Seeteufel mit Koriander auf einer milden Fenchelscheibe genannt, oder die Kalbsnieren an Calvadossauce, ebenso schmackhaft wie leicht. Bei der Quarkmousse mit roten Beeren stösst man kleine Seufzer der Zufriedenheit aus und freut sich auf einen Cognac in der Hotelbar. Überall erwartet einen jene Freundlichkeit, die ganz ohne Unterwürfigkeit auskommt, so dass man sich weder belagert noch verstossen fühlt, sondern einfach Gast sein kann.

D-72270 Hinterlangenbach   Schwarzwald

Forsthaus Auerhahn

Tel. (0049) 7447/93 40
Fax (0049) 7447/93 41 99
✱✱❶

So schwarz ist er gar nicht, der Schwarzwald. Besonders dann nicht, wenn er sich in den Wintermonaten unter einer weissen Schneedecke verbirgt und sich seine grünen Tannenwälder in glitzernde Wintermärchen verwandeln. Wenn es auf den Höhen stürmt, das Eis in den Bächen klirrt, es draussen schneit und friert, dann wird die von Herzen kommende Gastfreundlichkeit der Menschen in diesem Lande noch wohltuender empfunden als an warmen Sommertagen, an denen im blühenden Garten vor der Tür ein Viertele Wein zur badischen Vesper genossen werden kann. Der versteckteste Gasthof im Schwarzwald ist wohl das «Forsthaus Auerhahn»: am Ende einer elf Kilometer langen Schlängelstrasse, die vom Murgtal hinauf in den Wald führt. Es ist zwar nicht mehr das kleine (Forst-)Haus, das der Baedeker vor knapp hundert Jahren entdeckte. Auch das Bier wird nicht mehr wie früher im Brunnentrog gekühlt. Überdies wurden zwei neue Gästehäuser bei dem holzgeschindelten Forsthaus errichtet, der Landschaft angepasst und mit allem Komfort versehen. Aber der Brunnen fliesst immer noch neben der Treppe, der mächtige eiserne Auerhahn hängt noch über der Forsthaustür. Und der Hausherr ist nach wie vor Förster, auch wenn er im Restaurant aushilfsweise (das Hotel führt seine Familie) das Medaillon vom Wildschweinrücken mit Zwetschgenwasserpfläume serviert. Waldesruh und Tannenwipfel, feine Wildgerichte auf dem Teller und eine vielversprechende Schwimmlandschaft im Keller – was braucht man mehr, um am Ende der Welt mit sich und derselben wieder ins Reine zu kommen?

WieWoWasWann?

Geschlossen: Mitte November–Mitte Dezember.
Preise: DZ 146–222 DM (inkl. Frühstück). Keine Cards.
Lage: In einmalig ruhiger Lage versteckt im Wald, auf 700 m Höhe. Ein Ort, von dem man träumt.
Küche: Mit Spezialitäten von heimischem Wild und Schwarzwaldforellen hat sich das «Forsthaus Auerhahn» seit vielen Jahren einen Namen gemacht.
Sport & Animation: Hallenbad, Whirlpool, Sauna, Dampfbad, Sanarium, Tennisplatz, Tischtennis, Mountainbikes. Kinderspielzimmer. Angelmöglichkeit im hoteleigenen Forellenbach. Skitransfer und Langlaufloipen. Unzählige Wandermöglichkeiten. Geführte Wanderungen und Skitouren.
Anreise: Autobahn A 81 Schaffhausen–Stuttgart bis Ausfahrt Horb, Landstrasse über Freudenstadt nach Baiersbronn. Von dort über Schönmünzach dem Münzachtal folgend bis Hinterlangenbach (einzig mögliche Zufahrt).

Schwarzwald D-79856 Hinterzarten

Parkhotel Adler

WieWoWasWann?

Geschlossen: Nie.
Preise: DZ 310–1250 DM (inkl. Frühstück). Alle Cards.
Lage: Am Dorfrand, inmitten eines 4 Hektar grossen Parkgeländes.
Küche: Rustikal in der «Bauernstube» (original von 1639), festlich im «Französischen Restaurant», im Grundtenor der französischen Küche huldigend, mit dezenten Schwarzwälder Einschlägen.
Geheimtipp-Zimmer: Nr. 51 und Nr. 52 (mit Wintergarten), Nr. 42 (mit Balkon), Nr. 15 (kuscheliges Himmelbettzimmer im schwarzwäldischen Ethno-Look).
Sport & Animation: Hallenbad, Sauna, Massagen, Schönheitssalon, Kegelbahn, Tennis, Kinderspielplatz. Beim Bogenschiessen kann man sich wie Robin Hood fühlen, beim Einweisungskurs in Karte und Kompass wie Sherlock Holmes. Oder Sie lassen sich die Natur ökologisch erläutern. Das Angebot ist so reichlich, dass jeder etwas findet, was er noch nie vorher getan hat.
Anreise: Autobahn A 81 Schaffhausen–Stuttgart bis Ausfahrt Donaueschingen–Freiburg, dann der Landstrasse B 31 folgen bis zur Abzweigung Hinterzarten.

Mitten im Südschwarzwald, auf rund 1000 Meter Höhe gelegen, ist Hinterzarten ein rund ums Jahr beliebter Urlaubsort. Im Sommer kann man hier herrlich wandern, im Winter locken Skilifte, Langlaufloipen sowie – zum Zuschauen – die riesige Adlerschanze. Am Fuss dieser Sprungschanze liegt das traditionsreiche «Parkhotel Adler» in einem vier Hektar grossen Park mit Wildgehege, Ententeich, Kräutergarten und modernen Skulpturen, die sich zu den hundertjährigen Bäumen gesellen. Die Atmosphäre im Hotel ist gepflegt und still und wird bestimmt vor allem vom Park und den umliegenden Wäldern, auf welche die Salons und die meisten Zimmer einen traumhaften Blick gewähren. Besonders schön sind die Zimmer im Hauptgebäude, die noch in altem Glanz strahlen und auf eine wohltuende Art dem Zeitgeschmack zuwiderlaufen: Durch das üppige Dekor,

Tel. (0049) 7652/12 70
Fax (0049) 7652/12 77 17
★★★★❶❶❶❶

die prachtvollen Antiquitäten und Bilder und die dauernde Präsenz der Natur fühlt man sich wie in einer Adelsresidenz, wo städtischer (oder fast höfischer) Luxus und ländliche Stille zusammenschmelzen. Die beiden sehr behaglichen Restaurants sowie der lichtdurchflutete Frühstückspavillon liegen im gegenüberliegenden Schwarzwaldhaus, das seit dem Jahr 1639 Gäste bewirtet und durch einen unterirdischen Gang mit dem Haupthaus verbunden ist. Längst haben auch die Gäste der umliegenden Hotels gemerkt, wie angenehm es sich hier isst, wie hübsch die Stuben mit ihren alten Holzdecken und den schöngedeckten Tischen sind, wie freundlich der Empfang hier immer geblieben ist.

D-87660 Irsee Allgäu

Irseer Klosterbräu

Klosterring 1
Tel. (0049) 8341/43 22 00
Fax (0049) 8341/43 22 69
**❶

Mitten in der Allgäuer Voralpenlandschaft liegt das Dörfchen Irsee mit seinem interessanten Klosterviertel rund um die prunkvolle Barockkirche, die Besucher von weither anzieht. Wie schön sich weltliche und religiöse Interessen verknüpfen lassen, zeigt sich im Braugasthof «Irseer Klosterbräu», dessen historische Gemäuer unlängst mit viel Liebe und Geschick restauriert wurden. Einfache, aber urig-gemütliche Gästezimmer mit Holzbalken und Backsteinmauern, gesellige Wirtsstuben sowie die manchmal etwas rauhe, aber immer herzliche allgäuische Freundlichkeit erwarten den Gast in diesem Hotel mit eigener Brauerei und Biergarten. Da sich die deutschen Klöster bereits im Mittelalter des Bierbrauens annahmen, ist es kein Geheimnis, dass man überall dort, wo Klöster standen oder stehen, viel vom Bier versteht. Im «Irseer Klosterbräu» wird heute noch so gebraut, wie es anno dazumal Brauch war – in kupfernen Sudgefässen – mit kühler Gärung und langer Ausreifung im Gewölbekeller. Wer beim Bierbrauen zuschauen will, kann dies im hauseigenen Brauerei-Museum – und erfährt dabei Geschichte und Geschichten rund ums deutsche Nationalgetränk. Das Frühstücksbuffet gilt im Allgäu als besondere Attraktion, speziell in kleineren Landgasthöfen wie diesem wird neben frischem Brot und Laugenbrötchen nicht nur selbstgemachte Butter, Marmelade und Honig serviert, sondern auch reichlich Wurst, Käse und frische Eier vom Bauernhof nebenan.

WieWoWasWann?

Geschlossen: 24. und 25. Dezember.
Preise: DZ 144–158 DM (inkl. Frühstück). Keine Cards.
Lage: Im Klosterviertel des natürlich gewachsenen Dorfes Irsee in der Allgäuer Voralpenlandschaft.
Küche: Ob in der «Lärchenstube», in der alten «Gaststube» oder im historischen «Kamingewölbe» – hier geniesst man herzhafte Hausspezialitäten aus Küche und Keller – manche gibt es wirklich nur hier.
Sport & Animation: Kleinkunstbühne, Galerie, Töpferei. Konzerte in Kloster und Kirche. Brauerei-Museum im Hauptgebäude der Klosterbrauerei. Die Umgebung von Irsee ist ein Radler- und Wanderparadies – sanfte Hügel, im ständigen Wechsel mit Seen, Flüssen, Wäldern und Wiesen, die sich langsam an die Alpen herantasten.
Anreise: Autobahn A 96 Lindau–München bis Ausfahrt Bad Wörishofen, dann auf der Landstrasse B 16 in Richtung Marktoberdorf bis Abzweigung Irsee. Das Hotel befindet sich mitten im Klosterviertel gegenüber der Stiftskirche.

Frankenland

D-91257 Pegnitz

Pflaums Posthotel

WieWoWasWann?

Geschlossen: Nie.
Preise: DZ 175–1800 DM (ohne Frühstück). Alle Cards.
Lage: Mitten im Dorf.
Küche: Die Familie Pflaum hat Gespür für Effekte. Das gilt auch für die Küche. Grossartiges Frühstücksbuffet (bis weit in den Nachmittag hinein…)
Geheimtipp-Zimmer: Die Investitionsphilosophie der Pflaums ist einfach: «Aus dem schlechtesten Zimmer machen wir jeweils wieder das Beste. Denn ein Hotel ist immer nur so gut wie sein einfachstes Zimmer. Man sollte die Qualität nach diesem Kriterium messen und nicht nach dem der Traumsuite.» So sieht keines der 50 Zimmer gleich aus – die Palette reicht von Antiquitäten auf knarrenden Holzböden über Laura-Ashley-Zimmer bis zu High-Tech-Suiten wie die «Venus in Blau», wo der Whirlpool mitten im Raum steht. Für Gäste mit Kindern gibt es Kindersuiten (Suiten mit eigenem Spielzimmer).
Sport & Animation: Hallenbad, Fitness, Sauna, Tennis.
Anreise: Autobahn A 9 München–Bayreuth, Ausfahrt Pegnitz. Das Hotel ist nicht zu verfehlen. Mit der Bahn ist Pegnitz über München erreichbar.

In «Pflaums Posthotel», das vor drei Jahrhunderten als Station des Generaloberpostmeisters Thurn und Taxis gegründet wurde, können Sie die gestyltesten Nächte Ihres Lebens verbringen. Placido Domingo und Leonard Bernstein, Aga Khan und Michael Jackson wohnten schon hier. Das spektakuläre Designerhotel gewinnt mit seinen aufwendig gestalteten Zimmern – allesamt von Wagner-Opern inspiriert (Bayreuth liegt nah) – einen Innendekorationspreis nach dem andern. In dieser symphonischen Umgebung inszeniert die Familie Pflaum ihre eigenen Festspiele. Orpheus-Grotte im Schwimmbad und Wagner-Persiflagen im Restaurant, Tischdekoration in Form von dekorativ hingelegten Notenblättern und «Ring»-Videos im Foyer, da mischt sich soviel Couragiertes und Kurioses, dass manchem im Pflaumschen Zaubergarten erst mal Augen und Ohren

Nürnberger Strasse 12–16
Tel. (0049) 9241/72 50
Fax (0049) 9241/8 04 04
✯✯✯✯✯❶❶❶

übergehen. Neben einem in jeder Beziehung aussergewöhnlichen Ambiente bietet das Haus auch viel Herzlichkeit. Direktor Andreas Pflaum: «Was mich fasziniert, ist das Knacken von Menschen. Sie kommen müde, hungrig, durstig bei mir an, wie verletzte Tiere. Wenn es mir als Wirt gelingt, sie zu besänftigen, ihnen Wohlbefinden, Genuss und Lust zu vermitteln, so empfinde ich ein unbeschreibliches Glücksgefühl. Glück und Fröhlichkeit sind meine grössten Waffen als Gastgeber, denn diese Gefühle kann ich auf die Gäste übertragen.» Wer sich hier auf einen Spaziergang durch 300 Jahre Hotelgeschichte macht, betritt eine Welt des Lustwandelns, die selten auf deutschem Boden zu finden ist.

D-79677 Tunau bei Schönau   Schwarzwald

Gasthaus Zur Tanne

Alter Weg 4
Tel. (0049) 7673/3 10
Fax (0049) 7673/10 00
*❶

Einfach Ruhe haben, sich für ein paar Tage verkrümeln in einem Eckchen heiler Welt, vielleicht in einem Gasthof im Schwarzwald: Er müsste so ein Walmdach haben, das auch noch den Balkon vor dem Zimmer überragt, nette Wirtsleute und einen guten Koch, vielleicht Sauna, Tennisplatz, Hallenbad und einen Garten mit Obstbäumen – und nicht mehr als hundert Franken kosten. Gibt's nicht? Vielleicht nicht überall, aber im 200-Seelen-Dorf Tunau drei Kilometer oberhalb von Schönau im Wiesental liegt das «Gasthaus Zur Tanne». Vom Hotel mit 14 kuscheligen Zimmern – an vollkommen nebelfreier Lage, auf 735 Meter Höhe – kann man herrliche Wanderungen zu den Gipfeln des Südschwarzwaldes unternehmen oder skifahren und langlaufen. Patron Erich Ruch ist ein lustiger Typ, sein Sohn Klaus steht gut gelaunt in der Küche. Ob Vesperteller, frische Forellen oder Hirschmedaillons – alles bereitet er besser als nur gutbürgerlich zu. Im Sommer sitzt man auf der kleinen Südwestterrasse, im Winter in den heimeligen Wirtsstuben, deren Dekor ganz knapp am Kitsch vorbeisteuert. Beim Abendessen muss man aufpassen, dass man nicht einfältig vor sich hin grinst, vor lauter «So schön ist das einfache Leben»-Glück. Irgendwann zieht man sich dann über die knarrende Treppe zurück und schläft so gut wie seit Wochen nicht.

WieWoWasWann?

Geschlossen: Nie.
Preise: DZ 107–120 DM (inkl. Frühstück). Keine Cards.
Lage: Mitten in der grünen Natur im südlichen Hochschwarzwald.
Küche: In der urchig-gemütlichen Gaststube überzeugt eine Küche, die sich den Jahreszeiten anschmiegt und Fisch, Wild und Früchte auftischt, wie sie sich auch die Urahnen nicht besser hätten wünschen können.
Geheimtipp-Zimmer: Alle 14 Gästezimmer sind einfach-behaglich und bieten Ausblicke, die das morgendliche Aufstehen nach erholsamem Schlaf zum Vergnügen machen.
Sport & Animation: Tennisplatz, kleines Hallenbad, Sauna. Wanderwege in Hülle und Fülle. Der Luftkurort Schönau bietet eine Fülle von sportlichen Aktivitäten: Gleitschirmschule, Golf, Sportangeln, Reiten, Langlaufloipen und einige Skilifte.
Anreise: Landstrasse Basel–Lörrach–Schopfheim–Schönau. Von dort rechts nach Tunau abbiegen.

Vorarlberg/Kleinwalsertal   D-87568 Hirschegg

Der Sonnenberg

WieWoWasWann?

Geschlossen: Ende Oktober–Mitte Dezember.
Preise: DZ 216–309 DM (inkl. Halbpension). Keine Cards.
Lage: Auf der Sonnenseite über dem Dorf.
Küche: Spezialitäten aus der elsässischen Heimat der Wirtin, Fondues und Festabende bei Kerzenlicht in der Walserstube, Deftiges aus dem Kleinwalsertal.
Geheimtipp-Zimmer: Nr. 1 mit Himmelbett und Blick auf das Kleinwalsertal und den Widderstein.
Sport & Animation: Hallenschwimmbad, Sauna, Indoor-«Kneipp-See» mit eigener Quelle, Kinderspielplatz. Die Skilifte sind direkt vom Haus aus erreichbar. Wanderwege führen an der Haustür vorbei.
Anreise: Das Kleinwalsertal ist nur über Deutschland zu erreichen: Autobahn A 14/96 Bregenz–Wangen im Allgäu bis Ausfahrt Sigmarszell. Landstrasse 308 über Immenstadt nach Sonthofen. Dann via Oberstdorf ins Kleinwalsertal bis Hirschegg. Mit dem Postbus ist Hirschegg ab Bahnhof Oberstdorf erreichbar. An der Haltestelle «Hirschegg-Postamt» holt Sie der Hotelbus ab.

Das Kleinwalsertal gehört zwar zu Österreich, da es aber durch hohe Berge von Vorarlberg abgeschnitten ist, kann man es ohne Schwierigkeiten nur von Deutschland aus erreichen. Die Walser haben deshalb eine Doppelnationalität und zwei Postleitzahlen. Auch wirtschaftlich sind sie an Deutschland angeschlossen, so dass als Währung die DM gilt. Weit hinten im Tal liegt Hirschegg und auf der Sonnenseite über dem Dorf das 400 Jahre alte Walserhaus «Der Sonnenberg», ganz aus Holz «gestrickt», wie man hier sagt, ein alpenländisches Bijou, das im Winter wie ein Lebkuchenhaus mit Zuckerglasur aussieht. Der Guide Michelin bescheinigt ihm eine «besonders behagliche Atmosphäre» sowie eine «besonders schöne Aussicht». Wir fügen dem eine «besonders gute Lage» für Skifahrer hinzu, hat doch das Kleinod direkten Anschluss an die Ski- und Langlaufpisten.

Tel. (0043) 5517/54 33
Fax (0043) 5517/54 33 33
✶✶❶❶

Wenn es einmal schneit, bieten sich draussen schöne gepfadete Spazierwege an, drinnen erwarten den Gast knarrende Dielen und ein knisterndes Kaminfeuer einerseits sowie ein Felsenschwimmbad mit Whirlpools andererseits. Zur Kaffeestunde backt der Küchenchef dann Streuselkuchen, und sonntagabends gibt es ein festliches Dinner, wo dann schon auf die Kleidung geachtet wird, übrigens nicht das einzige Gebot dieses ansonsten zwanglosen Hauses. Ein anderes lautet: «Du sollst immer mit dem Wetter zufrieden sein und den Sonnenwirt nie fragen, wies denn morgen wird.»

A-6764 Lech am Arlberg   Arlberg

Gasthof Post

Tel. (0043) 5583/2 20 60
Fax (0043) 5583/22 06 23
E-mail: gasthof@relaischateaux.fr
✷✷✷✷✷❁❁❁❁❁

Praktisch jeder Ort in Österreich hat sein Hotel Post. Einige davon sind alt und charaktervoll, während andere eher wie Kasernen mit hohen Decken und langen Korridoren wirken. In der «Post» von Lech zeigt die Familie Moosbrugger, was man alles mit Feingefühl, Geschmack und persönlichem Engagement erreichen kann. Die Hausherrin ist die Seele dieser ehemaligen «Kaiserlich-Königlichen Postexpedition», und das Haus ist wie sie: geistreich, elegant und doch irgendwie bodenständig. So fühlt man sich in dieser über die Grenzen hinaus bekannten Nobelherberge wie ein Gast in einem Privathaus. Man gerät hier, ohne es gleich zu bemerken, in eine Zeitmaschine und findet sich flugs in längst vergangenen Zei-

ten wieder. Das gilt für die Atmosphäre, die hier herrscht und die nicht aus unserer hektischen Zeit ist. Das gilt für die Aufenthaltsräume, wo man sich wie im privaten Wohnzimmer zwischen bequemen Fauteuils und buntbemalten Bauernschränken zum Five o'clock tea trifft, das gilt auch für die alpenländisch eingerichteten Zimmer (die alle ihren ganz eigenen Charakter haben) und das gilt natürlich für die vier urgemütlichen Gaststuben des Restaurants mit den schönen Holztäfelungen und antiken Möbeln, den Jagdtrophäen, Kachelöfen und rosa gedeckten Tischen. Und letztlich gilt es für die Tatsache, dass ein Country-Hotel der Luxusklasse zugleich eines der schönsten historischen Hotels von Österreich sein kann.

WieWoWasWann?

Geschlossen: Mitte April–Mitte Juni, Mitte September–Ende November.
Preise: DZ im Winter 3180–9800 öS (inkl. Frühstück). Deutlich reduzierte Sommertarife. Keine Cards.
Lage: Mitten im 1450 m hoch gelegenen Walserdorf Lech.
Küche: Die «Post» ist nicht nur der gesellschaftliche Mittelpunkt des prominenten Arlberger Wintersportortes, sondern auch ein Fixstern am kulinarischen Himmel. Günther Drauch-Jost, Herr der Töpfe, setzt auf regionale, heimische Produkte plus neue Ideen.
Geheimtipp-Zimmer: Ob «Jägerzimmer» (35 m^2), «Postillionzimmer» (40 m^2), «Postmeisterzimmer» (50 m^2), «Herzogskammer» (55 m^2) oder «Fürsten-Suite» (80 m^2) – alle strahlen Ruhe und Gemütlichkeit aus.
Sport & Animation: Hallenbad, Sauna, Dampfbad, Massage, Fitness, Tischtennis, Billard. Geführte Tiefschneeabfahrten und Wanderungen.
Anreise: Autobahn A 14 Richtung Innsbruck, Ausfahrt Arlberg. Das Hotel liegt im Dorfzentrum. Mit dem Postbus erreichbar ab Langen am Arlberg.

Arlberg

A-6580 St. Christoph

Arlberg Hospiz

Tel. (0043) 5446/26 11
Fax (0043) 5446/35 45
✸✸✸✸❶❶❶❶

WieWoWasWann?

Geschlossen: Anfang Mai–Mitte Juni, Ende September–Ende November.
Preise: DZ im Winter 6100–9800 öS (inkl. Halbpension). Deutlich reduzierte Sommertarife. Alle Cards.
Lage: Auf dem Arlbergpass auf 1800 m ü. M.
Küche: Im «Hospiz» wird gutbürgerlich gekocht, mit Betonung auf gut. Dabei wird man nach allen Tugenden österreichischer Gastlichkeit verwöhnt.
Geheimtipp-Zimmer: Sehr schön ist das dutzend «Kapall»-Appartements und unter diesem dutzend sind die Nr. 304 und Nr. 320 besonders schön.
Sport & Animation: Gleich vor der Tür beginnt das weite freie Skivergnügen. Eine grosszügige Badelandschaft garantiert Erholung und Entspannung nach dem Girlandentanz im Pulverschnee. Weinproben in Österreichs bestsortiertem Weinkeller, zahlreiche Cocktail-Empfänge und rauschende Feste.
Anreise: Autobahn A 14 Richtung Innsbruck, Ausfahrt St. Christoph. Auf der Passstrasse können Sie das alles dominierende «Hospiz» gar nicht verfehlen.

Es gibt keine Rezession über 1800 Meter Höhe: Während den Wintermonaten pilgert die ganze sportliche Welt von München bis Salzburg ins «Arlberg Hospiz» – was leider zur Folge hat, dass man hier an Wochenenden nicht einfach so hereinschneien kann, sondern oft lange vorher buchen muss. Wer den Sport- und Jet-set-Rummel mag, für den lohnt sich das aber doppelt und dreifach, denn die Familie Werner bemüht sich generationenübergreifend um die Gäste und setzt mit zahlreichen rauschenden Festen auf Lebenslust und fröhliche Stimmung. Die geräumigen Zimmer und Appartements in eleganten Farbharmonien haben viel Charme und Komfort, der im Einklang mit der jahrhundertealten Tradition steht; allerdings ist das heutige «Hospiz» von dem 1386 erbauten einigermassen verschieden, mussten doch die Gäste von anno dazumal noch mit kärgli-

chen Klosterzellen vorlieb nehmen. Heute führt der Weg zum guten Ferientag allemal am lukullischen Frühstücksbuffet vorbei. Am Abend trifft man sich in einem der drei Restaurants, beispielsweise in der urigen «Hospiz Alm», die mittags als sportlicher Skiszenetreff dient, abends aber ein Ort nobler Idylle wird. Vor knisterndem Kaminfeuer sitzen die wohlgelaunten Gäste vor exquisiten Gourmetkreationen und manch gutem Tropfen. Im Sommerhalbjahr kosten die Zimmer zwar weniger als einen Viertel (!), dafür ist das im Winter schier überbordende Angebot drastisch eingeschränkt und Bustouristen bevölkern die Luxusherberge auf dem Arlbergpass.

A-6867 Schwarzenberg   Vorarlberg

Gasthof Hirschen

Tel. (0043) 5512/2 94 40
Fax (0043) 5512/29 44 20
E-mail:
romantikhotel@hirschen.vol.at
✴✴✴✴✴❶❶

Das schönste Hotel der Gegend zu sein bedeutet nicht, dass man auch das teuerste sein muss. Charme und Liebenswürdigkeit haben keinen Preis – im Gegensatz zum Luxus werden sie nicht in Rechnung gestellt. Seit fünf Generationen ist der 1755 im Holzbarock erbaute «Hirschen» im Besitz der Familie Fetz. Sie bringt das Kunststück fertig, für jeden etwas zu bieten. Die Einheimischen kommen gern auf ein Glas Bier in die Jägerstube, Fein- und Weinschmecker schwärmen von Küche und Keller, im Winter verbringen hier siebenköpfige Familien ihren Skiurlaub, im Sommer kommen hauptsächlich junge Paare und schwarzgewandete Kreativisten, die wissen, dass jede Einkehr im «Hir-

schen» zum Fest wird (die griechische Weisheit «Ein Leben ohne Feste ist wie eine lange Reise ohne Einkehr» steht schon als Kredo im Hausprospekt). Moderne Kunst, knallige Blumensträusse und avantgardistische Möbel in gezielten Farbakzenten kontrastieren perfekt mit den original erhaltenen Kassettendecken und Wärme ausstrahlenden Holztäfelungen. Ein Foto kann den vier Gaststuben, wo schon Eduard Mörike die Sommerfrische verbracht hat, gar nicht gerecht werden. 1991 ist direkt hinter dem «Hirschen» ein neues Gästehaus mit effektvoll gestalteten Zimmern entstanden, die mancher Gast den antiken Zimmern im Hauptgebäude vorzieht. Hirschenwirt Franz Fetz: «Wir wissen, dass man in einem Hotel das 'Zuhause' nicht ersetzen kann, doch wir wollen versuchen, dass sich unsere Gäste wie bei Freunden zu Besuch fühlen.»

WieWoWasWann?

Geschlossen: Nie.
Preise: DZ 1260–2200 öS (inkl. Frühstück). Alle Cards.
Lage: Gegenüber der Kirche im Dorfzentrum, 700 m ü.M.
Küche: Frische Bodenseefische und österreichische Spezialitäten, zeitgemäss interpretiert und stilvoll zelebriert.
Geheimtipp-Zimmer: Traditionell im Hauptgebäude, sehr modern im benachbarten «Wälderhaus». Umwerfend schön ist das 2-stöckige Maisonette-Appartement für max. 5 Personen.
Sport & Animation: Sauna, Dampfbad. Diverse Aktivitäten wie Jazz-Night, «Schubertiade», «Oldies & Ohrwürmer-Party», «Frühjahrsschilauf mit dem Wirt» oder «Wandern ohne Gepäck». Im Sommer ist der umliegende Bregenzerwald ein Wanderparadies, im Winter bietet Schwarzenberg neben Langlaufloipen und 10 Skiliftanlagen traumhafte Ziele für Tourenskifahrer.
Anreise: Autobahn A 14 Bregenz–Feldkirch bis Dornbirn, dann Bundesstrasse Richtung Bezau bis nach Schwarzenberg. Mit dem Postbus erreichbar von Dornbirn.

A-6780 Silbertal　　　　　　　　　　　　Vorarlberg

Gasthof Kristberg

WieWoWasWann?

Geschlossen: Mitte April–Mitte Mai, Anfang November–Mitte Dezember.
Preise: DZ 980–1780 öS (inkl. Frühstück). Keine Cards.
Lage: Auf 1443 m Höhe auf einem Sonnenbalkon über dem Silbertal, 100 m von der Endstation der Kristbergbahn entfernt.
Küche: Deftige Mahlzeiten in heimeliger Gaststube. Viele Zutaten, von den Eiern bis zum Fleisch, kommen von umliegenden Bauernhöfen. Schöne Weine aus allen österreichischen Anbaugebieten.
Geheimtipp-Zimmer: Ferienwohnung «Hugel» für max. 5 Personen (56 m²), separates «Kristberghüsli» für max. 4 Personen (32 m²).
Sport & Animation: Spiel- und Fitnessraum. Wandern, Skifahren, Langlaufen.
Anreise: A 14 bis Bludenz, dann die Bundesstrasse ins Montafon via Schruns nach Silbertal. An der Talstation Auto abstellen (gratis für «Kristberg»-Gäste) und mit der Kristbergbahn in 3 Minuten auf den Berg. Mit der Bahn über Bludenz nach Schruns. Von dort gibt es Busverbindungen nach Silbertal.

Die Stille ist gross, die Berge sind ungeheuer. Wenn alle anderen ins Tal zurückgekehrt sind und die Kristbergbahn (im Winter die einzige Verkehrsverbindung) nicht mehr fährt, haben die Gäste vom «Gasthof Kristberg» den Berg für sich allein. Hier oben sucht man auf dem Weg voran den Weg zurück, probt einen Tourismus, der nicht kaputtmacht, was er vorfindet. Vögel flitzen lautlos am Fenster vorbei, weiter unten staksen zwei Rehe über die verschneite Wiese, als gehöre sie ihnen und der Ort dazu. Abends wird man jeden Schritt knirschen hören, jedes Wort vernehmen und die Stille danach. Auf dem Kristberg lebt man im Einklang mit der Natur. Im Sommer vornehmlich zu Fuss, im Winter lässt sichs an den zwei Skiliften anständig Ski fahren, es hat eine aussichtsreiche Panoramaloipe, eine Rodelbahn, einen Skikindergarten mit bunten Figuren und netten

Tel. (0043) 5556/72 29 0
Fax (0043) 5556/72 29 05
✱❶

Skilehrern. Kurz: Hier lässt sich das Montafon erleben, wie es war, bevor es zu dem geworden ist, wie es sich gegenüber in Schruns präsentiert, wo der Städter all dem begegnet, dem er zu entkommen trachtete. Auf dem Kristberg sagt einem der Fuchs gute Nacht; in den grossen Skigebieten trägt man ihn um den Hals. Menschen, die die Natur lieben, keine Autos sehen wollen, sich in einer unkomplizierten, sehr familiären Atmosphäre wohl fühlen und offen für ihre Mitgäste sind, werden sich im fröhlichen Familienbetrieb «Kristberg» gut aufgehoben fühlen und um ein Erlebnis reicher sein.

A-6763 Zürs   Arlberg

Edelweiss

Tel. (0043) 5583/26 62
Fax (0043) 5583/35 33
✶✶✶✶✶❶❶❶❶

Höchstes Wohlbefinden ist ein ganz normaler Zustand an dieser Spitzenadresse inmitten des Arlberger Skidorados. Hier kann man gar nicht anders als in Hochstimmung sein. Das «Edelweiss» bietet eine unnachahmliche Mischung aus Noblesse und Gemütlichkeit, ein bisschen Wohnpalast, ein bisschen Wohlfühl-Hütte. Tausend kleine Details und eine herzerfrischende Gastfreundschaft schaffen eine überaus sinnliche Atmosphäre. Da gibts Betten mit Baldachinen, pompöse Wandgemälde wie in Pompeji, Kristallüster und Weidenkörbe, Bauernschränke und so richtig durchgesessene Ohrensessel – man merkt, dass hier gelebt wird. Tagsüber stehen Sie oben auf dem Berg, und alles, die endlose Weite, der Schnee, das gleissende Licht, gehört Ihnen. Nach einem Tag auf den Brettern spüren Sie diese wohlige Müdigkeit und geniessen einfach, dass Sie mal gar nichts tun müssen – ausser vielleicht im Dampfbad oder bei einer Massage die Seele baumeln zu lassen. Abends gehen Sie nicht einfach essen, sondern dinieren im «Chesa», das vor Gastlichkeit und Lebensfreude schier explodiert. Das ist so wohltuend anders als diese karge Sachlichkeit, die in vielen neuen Hotels als chic gilt. Für das bunte Gästevölkchen bedeutet Reisen nicht nur Bewegung, sondern auch Begegnung – die man in diesem kommunikationsfreudigen, vom Alltag losgelösten Haus leicht findet. Jeder Mensch wird lebendig, wenn das Umfeld stimmt. Im «Edelweiss» stimmts einfach.

WieWoWasWann?

Geschlossen: Mitte April–Anfang Dezember.
Preise: DZ 3200–7600 öS (inkl. Halbpension). Keine Cards.
Lage: Mitten im 1716 m ü. M. hoch gelegenen Skidorf.
Küche: «Nach dem Essen muss man sich fühlen wie der König der Welt. Ist das nicht so, hat man etwas falsch gemacht.» So hat es der Kinderbuchautor Janosch einmal gesagt, und es ist schwierig, sich im Restaurant «Chesa» nicht als König der Welt zu fühlen. Geboten wird eine neuzeitliche, abwechslungsreiche Regionalküche in einem unübertreffbar sinnesfrohen Ambiente.
Sport & Animation: Sauna, Dampfbad, Massage. Skipisten in unmittelbarer Nähe. Im Keller des Hotels befindet sich die in der ganzen Region bekannte und sehr empfehlenswerte Diskothek «Das Zürserl».
Anreise: Autobahn A 14 Richtung Innsbruck, Ausfahrt Arlberg. Das Hotel liegt im Dorfzentrum von Zürs. Mit dem Postbus erreichbar ab Langen am Arlberg.

Tirol A-6632 Ehrwald

Spielmann's Hotel

WieWoWasWann?

Geschlossen: Mitte April–Ende Juni, Mitte Oktober–Mitte Dezember.
Preise: DZ 1460–2580 öS (inkl. Halbpension). Keine Cards.
Lage: In freier Hügellandschaft, 5 Gehminuten vom Ortskern entfernt. Ruhig.
Küche: Regionale Hausmannskost mit leichter Moderne kombiniert. Kräuter, Lamm- und Schweinefleisch vom eigenen Bauernhof.
Geheimtipp-Zimmer: Alle Zimmer haben einen rustikalen Charme und verfügen über einen Balkon. Alter Bauernofen mit Sitzbank in der Süderker-Suite.
Sport & Animation: Aussenschwimmbad, Erholungslandschaft mit div. Kneipp- und Massageduschen, Sauna, Dampfbad, Whirlwannen, Fitnessraum, Billard, Mountainbikes, Kinderspielzimmer. Der Ausgangspunkt der Wettersteinlifte befindet sich in unmittelbarer Nähe, die Abfahrt ist bis vors Haus möglich.
Anreise: Autobahn A12 bis Ausfahrt Imst, Landstrasse über den Fernpass in Richtung Garmisch-Partenkirchen bis Ehrwald. Ausgeschildert.

Das mit alter Fassadenmalerei und wilden Reben überzogene «Spielmann's Hotel» – nur echt mit dem falschen Apostroph – ist mit Sicherheit eine der charmantesten Adressen im Tirol. Die natürliche Kulisse ist grandios, über dem Wettersteinmassiv ragt die Zugspitze gut 3000 Meter in die Höhe. Tiroler Handwerkskunst und Liebe zum Detail prägen die Atmosphäre in diesem Chalet-Haus. Atmosphäre nennt man hier dieses gewisse Etwas, das nicht geplant und eingebaut werden kann; Atmosphäre ist da, wenn alles stimmt, wenn man die Bodenständigkeit spürt und die Herzlichkeit, wenn Tradition und Komfort einander ergänzen, wenn man ganz nach Stimmung fröhliche Geselligkeit oder Ruhe findet, wenn man den Wunsch der Gastgeber spürt, familiäre Geborgenheit und gediegene Gastlichkeit zu vermitteln. Schnitzereien schmücken die Balkone aussen und die

Tel. (0043) 5673/2 22 50
Fax (0043) 5673/2 22 55
✸✸✸✸❶❶

Decken und die Stühle innen. In heimeligen Räumen werden hervorragende Diät-, Vollwert- und Gourmetgerichte aufgetragen. Erst wenn das Gröbste bewältigt ist, streift Küchenchef Christian eine frischgestärkte Jacke über und macht die Runde. Bescheiden lässt er die Lobreden über sich ergehen, die er zuweilen mit dem Hinweis erledigt, dass er ja nicht allein in der Küche stehe. Jedermann aber weiss, dass es zu solch ambitiösen Darbietungen einer kreativen Persönlichkeit bedarf. Ob in grünen Wandermonaten oder weissen Skiwochen: «Spielmann's Hotel» ist ein idealer Ausgangspunkt für sportliche Gourmets.

A-6060 Gnadenwald　　　　　　　　　　Tirol

Gasthof Michaelerhof

Tel. (0043) 5223/4 81 28
Fax (0043) 5223/48 12 84
*❶

Als Gast spüren Sie sofort: In diesem ehemaligen Bauernhof sind Sie mehr als willkommen, hier sind Sie zu Hause. Die Zimmer lassen Geborgenheit spüren, eingebettet in ein Ambiente aus sanften Farben, viel Holz und solider Behaglichkeit. Nach zeitgenössischen Massstäben ist der Salon klein – nicht grösser als das Arbeitszimmer Ihres Grossvaters und wahrscheinlich auf die gleiche Weise möbliert: mit bequemen Fauteuils in klassischen Farbkombinationen, die Landleben ausstrahlen, mit Teppichen in jenen ruhigen Farben, die sanft und elegant altern, bis sie so etwas wie eine welke Blüte erreichen. Nur ein paar afrikanische Tierfelle verleihen dem Tiroler Dekor einen Hauch von Exotik. Das Restaurant verteilt sich auf vier kleine Stuben, in denen man alle Sinne öffnen kann für die Köstlichkeiten aus frischen, bodenständigen Produkten. Einmal herzhaft traditionell, einmal erlesen international. Louis Schiestl, Inhaber und Küchenchef, ist in seinen Lehr- und Wanderjahren überall auf der Welt herumgekommen, was sich noch heute in seiner Speisekarte widerspiegelt: Neben traditionellen Gerichten wie Schnitzel und Tafelspitz sind auch asiatische Reistafeln, spanische Paella, indische Currygerichte und skandinavischer Räucherfisch in bester Qualität zu haben. Einziger Wermutstropfen: Die knarrenden Dielenbretter im chaletähnlichen Haus sorgen dafür, dass der Gast nicht zu lange schläft und machen ihn gezwungenermassen zu einem Frühaufsteher mit einer Schwäche für Morgenspaziergänge. Die wildromantische Landschaft wird ihn allerdings für die erlittene Unbill reichlich entschädigen.

WieWoWasWann?

Geschlossen: Juni–Anfang Juli, Mitte November–Anfang Dezember, Mitte Januar–Anfang Februar.
Preise: DZ 800–1400 öS (inkl. Frühstück). Cards: American Express, Diners.
Lage: Gnadenwald, eine aus verstreuten Einzelgehöften bestehende Siedlung, liegt auf 900 m Höhe in einer landschaftlich besonders reizvollen Umgebung nordöstlich von Innsbruck.
Küche: Die einfachste Küche wird hier auf die beste aller Arten praktiziert. Die frischen Zutaten besorgt sich der Koch bei den diversen Bauernhöfen in nächster Umgebung.
Geheimtipp-Zimmer: Kleines Appartement mit grossem Balkon (für 2 Personen), grosses Appartment mit Wohnraum, 2 Schlafzimmern und Essecke (für max. 4 Personen).
Sport & Animation: Tennisplätze. Unzählige Wander- und Klettermöglichkeiten, Langlaufloipen.
Anreise: Autobahn A 12 bis Innsbruck, Landstrasse Richtung Wattens, in Hall links nach Absam und Gnadenwald abbiegen. Das Hotel ist ausgeschildert.

Tirol
A-6080 Igls

Schlosshotel Igls

WieWoWasWann?

Geschlossen: Ende Oktober–Mitte Dezember.
Preise: DZ 3500–9000 öS (inkl. Frühstück). Alle Cards.
Lage: Der Luftkurort Igls liegt 900 m ü. M. auf der Sonnenterrasse südlich von Innsbruck. Das Schlosshotel befindet sich in einem grossen hauseigenen Park rund 300 m vom Dorfzentrum, in absoluter Ruhe.
Küche: Gepflegte französische Küche mit österreichischen Einflüssen, ohne Extempores und extreme Fisimatenten.
Geheimtipp-Zimmer: Nr. 36 (im achteckigen Turm), Nr. 32 (im Dach mit Balkon), Nr. 17 (geräumig und fröhlich).
Sport & Animation: Hallenschwimmbad, Sauna, Whirlpool, Dampfbad, Massagen, Fitnessraum. Spazier- und Langlaufwege vor der Haustür, Golfplätze und Skigebiete in der nahen Umgebung.
Anreise: Autobahn A 12 bis Ausfahrt Innsbruck-West, über die Olympiabrücke und den Wegweisern nach Igls folgen. Igls ist ab Innsbruck (Bahnlinie Zürich–Wien) mit dem Postbus zu erreichen.

Nicht nur im Märchen entführt ein schneeweisses Schloss in einem grünen Park in eine Traumwelt. In Igls ob Innsbruck trifft man so ein Bijou in einer Oase absoluter Ruhe. Das in einem romantischen Stil – mit Türmchen und Erkerchen – erbaute Schlösschen bietet Platz für jede Stimmungslage. Der in Blau und Gold gehaltene Salon mit seiner hohen Decke und den antiken Möbeln strahlt eine zeitlose Schönheit aus, die zugleich das Gefühl einer weltentrückten Geborgenheit vermittelt. In der rustikalen Kaminbar kann man in gemütlichen Ledersesseln neben VIPs aus Politik und Wirtschaft versinken. Das Restaurant erinnert mit den geschwungenen Wänden und der dunklen Holztäfelung an den Speiseraum auf einem Schiff. Die Zimmer sind grosszügigst angelegt und vermitteln eine heitere Atmosphäre. Der gute Geist des Hauses ist die charmante Schlossherrin Annedore

Tel. (0043) 512/37 72 17
Fax (0043) 512/37 86 79
E-mail:
schlossigls@relaischateaux.fr
✹✹✹✹❶❶❶❶

Beck, die sich mit sicherem Geschmack um die stetige Verbesserung der Einrichtung kümmert, soweit das überhaupt noch möglich ist. Zu den Plaisirs einer Visite im Schlosshotel zählt auch der sagenhafte Blick auf die weite Alpenlandschaft, und es bieten sich tausend Möglichkeiten für ausgedehnte Spaziergänge mit anschliessendem Tee zwischen den blühenden Sträuchern auf der aussichtsreichen Terrasse. Ein Vogel mag dazu zwitschern, ein Pferd dazu wiehern, aber meist ist nur das Rascheln der Blätter zu hören. Direktor Klaus Ledwinka weiss: «Nur die Stille kann Sie bei uns stören.»

A-9932 Innervillgraten   Tirol

Gannerhof

Tel. (0043) 4843/52 40
Fax (0043) 4843/55 06
✳✳✳❶

Ein alter Bauernhof vom Grossvater geerbt, vom Enkel zum kleinen Gasthof ausgebaut, wobei die Schale geblieben ist. Aussen der verwitterte Bauernhof, innen stilechte Gemütlichkeit. Was der «Gannerhof» hat: selbstgebackenes Brot und die besten Jahrgänge der besten Weine der besten österreichischen Winzer. Zwei Hauben, eine Hinterlassenschaft der Küchenforscher von Gault Millau. Das kam laut der Köchin Monika Mühlmann so: «Am 10. oder 12. September des Jahres 82 ist das Haus voll gewesen, und der Koch ist einfach von einem Tag auf den anderen nicht mehr gekommen. Da habe ich mich in die Küche gestellt und bin seither nicht mehr herausgegangen.» Leute mit feinem Geschmack kommen von weit her zum gut

Essen, Trinken und Schlafen. Das ist beruhigend, aber von Ausruhen kann nicht die Rede sein. Die Wirtsleute wollen weiter. Das heisst paradoxerweise nicht, aus dem Tal hinauszufahren und zu schauen, was die anderen machen, sondern «mir selbst zuzuschauen und zu tun, wie ich halt meine, dass es gut ist». Man gibt sich, wie man ist und pflegt im übrigen die Höflichkeit, «aber nicht eine auswendig gelernte, sondern eine menschliche.» Gewisse Manieren, die aus Gourmetkreisen eingeschleppt wurden, werden nach und nach abgebaut, denn – so Alois Mühlmann: «Wenn ich in dein Haus komme und du bist nur darauf aus, dass du keinen Fehler machst, dass der Kaffee heiss und die Tischdecke weiss genug ist, stört mich das. Lieber ist mir, wenn du mir zuerst einen Platz anbietest, mir Reden hilfst und es für wichtig nimmst, dass ich da bin.»

WieWoWasWann?

Geschlossen: Mitte April–Mitte Juni und Mitte Oktober–Mitte Dezember.
Lage: Auf gut 1400 Metern Höhe im Villgratental, einem abwegigen, bäuerlich geprägten Seitental des Osttiroler Pustertales.
Preise: DZ 1340–1500 öS (inkl. Halbpension). Keine Cards.
Küche: Eigenwillige Rezepte, basierend auf den Produkten des Tales. Im Mittelpunkt steht das Villgrater Lamm. Bei der Halbpension kann man von drei Menüs wählen. Reichhaltiges Angebot an österreichischen Spitzenweinen.
Sport & Animation: Sauna. Bergwanderungen und Langlauf. Gratis-Skibus. Bäuerliches Gerätemuseum.
Anfahrt: Autobahn A 12 bis Innsbruck, dann A 13 über den Brenner bis Ausfahrt Bressanone, von dort Landstrasse durchs Pustertal in Richtung Lienz bis Sillian. Von dort ist Innervillgraten ausgeschildert. Mit der Bahn: Innsbruck–Brenner-Pustertal–Sillian, von dort mit dem Gannerhof-Taxi nach Innervillgraten.

Tirol
A-6370 Kitzbühel

Tennerhof

WieWoWasWann?

Geschlossen: Anfang April–Ende Mai, Mitte Oktober–Mitte Dezember.
Preise: DZ 1980–6560 öS (inkl. Frühstück). Alle Cards.
Lage: Inmitten eines traumhaften Gartens voller Blumen und alter Obstbäume, 15 Gehminuten vom Ortskern entfernt, 850 m ü. M.
Küche: Mehrfach ausgezeichnet, immer wieder für Spitzenleistungen gut.
Geheimtipp-Zimmer: Wer den Service eines Luxushotels und die Ungebundenheit einer eigenen Wohnung wünscht, findet in der 60 m entfernten Dependance «Römerhof» schöne Appartements.
Sport & Animation: Hallen- und Freibad, Whirlpool, Sauna, Dampfbad, Kneippbecken, Massagen, Fitness, Mountainbikes. Das Hotel liegt an der Ski-Abfahrt vom Kitzbüheler Horn. Herrliche Langlaufloipen und Wanderwege, 3 Golfplätze im Ort (einmal wöchentlich Gratis-Schnupperstunden).
Anreise: Autobahn A 12 Innsbruck–München bis Ausfahrt Wörgl, Landstrasse nach Kitzbühel. Der «Tennerhof» ist ausgeschildert. Kitzbühel ist mit der Bahn via Innsbruck–Wörgl erreichbar.

Fast der gesamte britische, belgische und monegassische Hochadel war schon da, jede Menge VIPs aus dem internationalen Showbiz tummeln sich in diesem ehemaligen Bauerngehöft der Familie von Pasquali, die das ursprüngliche Flair eines edlen Landsitzes vorbildlich erhalten konnte. Der «Tennerhof» liegt ein paar hundert Meter oberhalb der Talstation der Seilbahn zum Kitzbüheler Horn, an herrlicher Aussichtslage in einem grossen Garten. Ein Einrichtungsschema gibt es nicht. Jeder Raum ist anders und individuell mit alten Bauernmöbeln und Bildern, kuscheligen Fauteuils und Betten eingerichtet. Die meisten der 43 urgemütlichen Zimmer verfügen über einen Balkon. Das nobel-rustikale Restaurant zählt zu den besten des Landes. Alle Gemüse und Kräuter werden biologisch angebaut und kommen aus dem eigenen Garten. Die Karte ist ausgesprochen einfalls-

Griesenauweg 26
Tel. (0043) 5356/31 81
Fax (0043) 5356/31 81 70
★★★★❶❶❶❶

reich, und auch die «leichten» Gerichte stellen jeden verwöhnten Geniesser zufrieden. Sehen lassen kann sich auch die schöne Badelandschaft mit mediterraner Trompe-l'œil-Malerei. Drei Golfplätze befinden sich in unmittelbarer Nähe, Reiten, Wanderungen auf die hauseigene Alm, Fischen im eigenen Fischerei-Revier – alles ist möglich. Auch anspruchsvolle Sportler haben alle Möglichkeiten von Drachenfliegen bis Tourenski. Und wenn die Abendsonne hinter den westlichen Bergkämmen verschwindet, liegt der «Tennerhof» noch längst nicht hinterm Mond. Dann machen sich die Hochleistungssportler des Nightlife schnell mal auf den Weg runter nach Kitzbühel auf die «Hullygullypiste».

A-6100 Seefeld   Tirol

Kreativhotel Viktoria

Geigenbühelweg 589
Tel. (0043) 5212/44 41
Fax (0043) 5212/44 43
✳✳✳✳❶❶❶❶

Eleganz ist guter Geschmack plus ein Schuss Wagemut. Das «Viktoria» – im Sinne dieser Philosophie entstanden – besticht nicht durch klassische Schönheit, sondern eben durch Raffinesse und Pfiff, Individualität und Kreativität sowie eine grandiose Vielfalt der Formen. Nicht mehr als 42 Gäste bewohnen in diesem Hideaway 21 luxuriöse Suiten, die wie Bühnenräume ausstaffiert sind. Aufwendig inszenierte Räume aus den unterschiedlichsten Epochen und Welten: «Tibet» liegt neben «New York», auf «Prinz Eugen» folgen die «Modern Times». Die Namen der Suiten lassen erahnen, was den Gast erwartet. Glanzvolle Formen aus vergangenen Zeiten, Reisen in fremde Kontinente, zukunftsweisendes Design und die Intimität eines überschaubaren, abwechslungsreichen Umfelds vereinen sich unter einem Dach. Es regiert die Phantasie. Vielfalt für die Sinne, Erholungsmöglichkeiten für den Körper – Sauna, Whirlpool, Massage. Im offenen Salon trifft man auf einen englischen Butler, ungarische Bilder und italienische Stühle. Durch die bis auf den Boden herabreichenden Fenster blickt man auf Seefeld und die umliegende Berglandschaft. Im blankpolierten Parkettboden spiegeln sich die mit jadegrüner Seide bezogenen Stühle, die in der einen Ecke stehen. In einer anderen Ecke befinden sich rot-schwarz-grüne Sessel, dahinter eine schicke Bar. Schliesslich findet sich im gestylt-stilvollen Restaurant die österreichische Gastfreundschaft wieder, für die die Besitzerfamilie Kirchmair seit Jahrzehnten in ihrem populären, auf Aktivferien ausgerichteten Stammhaus «Veronika» bekannt ist.

WieWoWasWann?

Geschlossen: Nie.
Preise: DZ 2000–6000 öS (inkl. Halbpension). Alle Cards.
Lage: Seefeld befindet sich auf einem sonnigen Hochplateau in 1200 m Höhe, 20 km nördlich von Innsbruck. Das «Viktoria» liegt ruhig am Ortsrand.
Küche: Internationale Küche mit französischem Touch.
Geheimtipp-Zimmer: «Im Himmel» (sehr feminin mit verträumtem Himmelbett), «Madison Avenue» (cool wie Manhattan), «Fünf Tibeter» (chinesisches Styling), «La Dolce Vita» (mit spanischen Avantgardemöbeln und kühnen Farben), «Prinz Eugen» (klassisch-gediegen).
Sport & Animation: Whirlpool, Sauna, Dampfbad, Massage, Fitnessraum, Billard. Seefeld ist sportlich: Skigebiet mit 18 Seilbahnen, 200 km gepfadete Loipen, 3 Badeseen, 8 Golfplätze in der nahen Umgebung.
Anfahrt: Autobahn A 12 nach Innsbruck/München, Ausfahrt Seefeld. Das «Viktoria» ist ausgeschildert. Seefeld ist bequem mit der Bahn via Innsbruck zu erreichen. Der Bahnhof liegt 500 m vom Hotel entfernt.

Tirol   A-6450 Sölden

Central Hotel

WieWoWasWann?

Geschlossen: Anfang Mai–Mitte Juli.
Preise: DZ im Winter 3320–7580 öS (inkl. Halbpension), DZ im Sommer 2420–6180 öS (inkl. Halbpension). Alle Cards.
Lage: Im Dorf Sölden, auf 1377 m ü. M.
Küche: In den beiden Restaurants wird eine verfeinerte Traditionsküche geboten, mit einem Streben nach Leichtigkeit, ohne Verzicht auf die alten Österreicher Spezialitäten.
Sport & Animation: In der riesigen Wasserwelt «Venezia» hat man die Wahl zwischen belebenden Bädern, z. B. dem römischen oder osmanischen Dampfbad sowie verschiedenen Arten von Saunen und Whirlpools. Dazu ein malerisches Hallenbad, Fitnessraum, Massagen und Schönheitsbehandlungen. Billard, Kinderspielraum. Vor der Tür: 35 Skilifte, 140 km Skipisten, 300 km markierte Wanderrouten sowie sämtliche Winter- und Sommervergnügungen.
Anreise: Autobahn A 12 Richtung Innsbruck, Ausfahrt Ötztal. Sölden ist ab «Ötztal Bahnhof» (Bahnlinie Zürich–Wien) mit dem Postbus zu erreichen.

Sie kennen das Hotelzimmer, wo man einen Schuhlöffel braucht. Nicht für die Schuhe, sondern fürs Betreten. Zimmer, nicht viel grösser als Ihr Koffer. Da kann es schon passieren, dass Sie im «Central Hotel» im Ötztal Ihren Augen nicht trauen. Selbst die kleinsten Grandlit-Zimmer sind geräumig (35 m²) und sonnendurchflutet. Von den grosszügigen Suiten (45 bis 100 m²) ganz zu schweigen. Und jedes dieser Zimmer ist zudem sehr individuell und äusserst luxuriös ausgestattet, ohne luxuriös viel zu kosten. Erst kürzlich wurde die ländlich-elegante 92-Zimmer-Herberge mit grossem Aufwand umgebaut und im Jahr 1996 prompt von der österreichischen Zeitschrift «News» zum zweitbesten Hotel des Landes gewählt. Mit dem Umbau erhielt das «Central» die märchenhafte Wasserwelt «Venezia», die nicht nur die modernsten Einrichtungen für wohltuende Entspannung beherbergt – man hat wirklich das Gefühl, sich in einem Märchen zu bewegen. Die Tisch- und Weinkultur verdient das gleiche Lob in Superlativen wie alles andere in diesem Haus, hier gehören Spitzenküche und Augenschmaus einfach dazu. Überall zufriedene Gesichter, und plötzlich hat jeder ein Lächeln zu verschenken. Zum «Central» werden treue Freundschaftsbande geknüpft. Es geht so spielerisch einfach, weil die Service-Crew unter Elisabeth Falkner ihre Gäste mit Gastfreundschaft überhäuft, ohne aufdringlich zu wirken. Das ist eine Kunst, die nicht jeder beherrscht und die an keiner Schule gelehrt wird.

Tel. (0043) 5254/2 26 00
Fax (0043) 5254/226 05 11
★★★★❶❶❶❶

I-39100 Bolzano Südtirol

Parkhotel Laurin

Laurinstrasse 4
Tel. (0039) 0471/31 10 00
Fax (0039) 0471/31 11 48
✷✷✷✷❶❶❶

«Das Ziel des modernen Hotels ist», postuliert ein 1911 erschienener Bericht über das Parkhotel, «kein Hotel zu sein. Darin liegt der Gedanke, der die Entwicklung des Hotelwesens in neuerer Zeit bestimmt hat. Die Absicht ist, alles vergessen zu machen, was an die Unruhe des Reisens erinnert und alles das zu geben, was den Fremden sich 'zu Hause' fühlen lässt. Von der Art ist das 'Laurin' in Bozen.» Auch nach der Totalrenovation Anfang der 90er-Jahre wird der alte, neue Jugendstilpalast im Zentrum der Landeshauptstadt Südtirols diesem Anspruch gerecht. Die Mitarbeiter schaffen eine ungezwungene Atmosphäre – und bieten trotzdem all die Leistungen, die einem Grandhotel Ehre machen. Hier ist man Mensch, hier darf mans sein. Es wurde grosse Aufmerksamkeit auf die Ästhetik im Grossen wie im Detail gelegt, überall stehen ausgesuchte Kunstobjekte herum, und wer im herrlichen Park herumschlendert, trifft neben seltenen Pflanzen und uralten Bäumen auf moderne Skulpturen. Auch die 96 grossen, mit Designermöbeln eingerichteten und über jeglichen Komfort verfügenden Zimmer sind mit Originalbildern bedeutender Künstler ausgestattet, womit jeder Raum, der eingangs zitierten Aussage über das wünschenswerte Erscheinungsbild eines Hotels entsprechend, eine ganz individuelle Note erhält.

WieWoWasWann?

Geschlossen: Nie.
Lage: Im Stadtzentrum am Rand der Fussgängerzone, umgeben von einem grossen Park.
Preise: DZ 260 000–395 000 Lit. (inkl. Frühstück). Alle Cards.
Küche: Hier, wo sich österreichische und italienische Kultur begegnen, profitiert vor allem die Küche aus dieser Liaison. Das Restaurant «La Belle Époque» zählt zu den besten der Region. Im Sommer diniert man unter dem schattigen Sonnensegel im Park.
Geheimtipp-Zimmer: Unbedingt Zimmer zum Park hin reservieren.
Sport & Animation: Freibad.
Anreise: Nach Innsbruck über den Brenner (A 22) bis zur Autobahnausfahrt Bolzano-Nord, dann Richtung Stazione. Das Hotel befindet sich 200 Meter vom Bahnhof entfernt (die Laurinstrasse geht direkt vom Bahnhofsplatz weg). Per Bahn ist Bolzano von Innsbruck oder Verona aus zu erreichen.

Südtirol   I-39042 Bressanone

Hotel Elefant

WieWoWasWann?

Geschlossen: Anfang November–Weihnachten, Anfang Januar–Ende Februar.
Preise: DZ 215 000–235 000 Lit. (ohne Frühstück). Alle Cards.
Lage: Am Ortsrand von Bressanone, in einer verträumten Parkanlage.
Küche: Ein Abend im rundum holzverkleideten Restaurant ist in jedem Fall ein gelungener Abend. Die Küche wurzelt in der Tradition dieser gebirgigen Gegend, der Koch verfeinert die überlieferten Gerichte mit grossem Geschick. Butter, Eier, Milch, Obst, Kräuter und Gemüse kommen täglich frisch aus eigener Landwirtschaft.
Geheimtipp-Zimmer: Zimmer zum Park reservieren.
Sport & Animation: Aussenschwimmbad, Tennis. Idealer Ausgangspunkt für Entdeckungsfahrten in die kulturell und landschaftlich reizvolle Gegend.
Anreise: Nach Innsbruck und über den Brenner (A 22) bis zur Autobahnausfahrt Bressanone. Das Hotel liegt nordwestlich vom Ortszentrum. Von der Via Roma über die Via Fichini in die Via Rio Bianco. Bressanone ist mit der Bahn via Innsbruck erreichbar.

Das hübsche Städtchen Bressanone/Brixen hat eine bewegte Geschichte hinter sich, und Charakter und Stimmung sind hier mehr österreichisch als italienisch. Das gilt auch für das «Hotel Elefant», das nach einem Elefanten benannt wurde, der hier im Jahr 1550 während vierzehn Tagen Unterkunft, Nahrung und Pflege fand. Das exotische Tier stammte aus der indischen Kolonie Goa, war ein Geschenk des Königs von Portugal und sollte die Hofmenagerie des österreichischen Kaisers Ferdinand von Habsburg bereichern. Als der Begleitzug des Elefanten auf seiner Alpenüberquerung geschäftliche Dinge zu erledigen hatte, musste der mächtige Gast irgendwo untergebracht werden. Der einzige Stall, in dem der erschöpfte Dickhäuter Platz finden konnte, war der neben der Herberge gelegene. Der Besitzer erkannte rasch den damals ungeheuren Werbeeffekt dieses Er-

Via Rio Bianco 4
Tel. (0039) 0472/83 27 50
Fax (0039) 0472/83 65 79
✱✱✱❶❶

eignisses, taufte sein Haus sogleich um und liess den Einzug des Wundertiers in Freskomalerei an der Aussenwand des Hauses verewigen. Obwohl in alten Mauern, lebt man im «Elefant» heute doch inmitten eines höchst angenehmen Komforts. Mit herrlichen Intarsien versehene Holzmöbel, alte Teppiche und Gobelins schmücken die Aufenthaltsräume, Korridore und Zimmer; im ganzen Haus geht man verschwenderisch mit kräftigen Farben wie Scharlachrot, Grün, Kupfer und Gold um. Das Personal kümmert sich hingebungsvoll um die Gäste, und auch in der Küche strebt man nach Perfektion. Ein Hotel, das seinem Ruf nach altmodischer Eleganz im besten Sinne des Wortes gerecht wird.

I-39033 Corvara in Badia   Südtirol

Hotel La Perla

Tel. (0039) 0471/83 61 32
Fax (0039) 0471/83 65 68
E-mail: perla@altabadia.it
✷✷✷❶❶❶

Um 1900 ein armes Hochgebirgsdorf mit 38 Bauernhöfen unter den Wänden von Sella und Sassongher, ist Corvara im Hochabteital heute eine kleine Hotelstadt, in der sich das gotische Kirchlein als rührendes Relikt versteckt. Das schönste Hotel der Gegend ist das «La Perla», dessen Geschichte in den 50er-Jahren beginnt: Der energische Hausherr Ernesto Costa hatte mit Hilfe seiner Eltern und drei Fuhren Ziegelsteinen eine winzige Pension ans Elternhaus gebaut, später mit seiner Frau Anni ein Hotel mit 100 Betten. Sein erstes Lebenswerk ist 1974 bei einem Brand in Schutt und Asche gefallen. Ein Jahr später schon öffnete das neue «La Perla». Was das Chalethaus auszeichnet, ist sein Innenleben. Alle Speisesäle sind antike Tiroler Stuben, alle Aufenthaltsräume mit Antiquitäten dekoriert, die Zimmer grösstenteils mit traditionellen Möbeln eingerichtet. Selbst die Türen und Deckenbalken des Schwimmbades stammen aus alten Tiroler Häusern – lauter Beutestücke von Annis und Ernestos Sammelleidenschaft. Ihre liebsten Stücke? Da denkt Ernesto nicht lange nach: «Unsere drei Ms, die Söhne Michael, Matthias und Maximilian.» Zusammen mit den Eltern bilden sie ein Team, das in Sachen Gastfreundschaft fast unschlagbar ist.

WieWoWasWann?

Geschlossen: Mitte September–Anfang Dezember und Mitte April–Mitte Juni.
Lage: Im Ortszentrum.
Preise: DZ 290 000–660 000 Lit. (inkl. Frühstück). Alle Cards ausser Diners.
Küche: Das «La Perla» ist ein traditioneller Familienbetrieb – traditionell und familär im besten Sinne des Wortes. So sind die Costas – guten Geistern gleich – immer in einem der beiden Restaurants, im Weinkeller, in der Hotelbar oder in der Küche anzutreffen. Wie im sprachlichen Bereich die Übergänge fliessend sind, so parliert auch die hiesige Küche in einer Art Kauderwelsch. Eine Spezialität ist der «Schlutzkrapfen» – auf gut Deutsch Ravioli mit einem köstlich-würzigen Innenleben aus Spinat und Käse.
Sport & Animation: Freibad, Hallenbad, Sauna, Fitnesscenter, Tennis, Weindegustationen (im Keller lagern über 1000 Sorten).
Anreise: Nach Innsbruck und über den Brenner (A 22) bis zur Autobahnausfahrt Chiusa, dann Landstrasse via Ortisei in Richtung Cortina d'Ampezzo bis Corvara.

Südtirol I-39038 Innichen/San Candido

Parkhotel Sole Paradiso

WieWoWasWann?

Geschlossen: Anfang Oktober–Mitte Dezember, Anfang April–Ende Mai.
Preise: DZ 190 000–350 000 Lit. (inkl. Frühstück). Alle Cards ausser Diners.
Lage: Absolut ruhig am Waldrand, auf 1175 m ü. M.
Küche: Regionale Spezialitäten und sagenhafte Süssspeisen, die in der eigenen Patisserie hergestellt werden (Kaiserschmarren!).
Sport & Animation: Hallenbad, Sauna, Fitnessraum, Tischtennis, Tennis, Boccia, Billardzimmer. Das Dorf Innichen ist ein guter Einstieg in die Bergwelt der Dolomiten – viele alpine Ziele liegen vor der Haustür. Vom Parkhotel haben Langläufer direkten Anschluss an das scheinbar endlose Loipennetz. Auch der Skibus hält direkt vor dem Hotel.
Anreise: Nach Innsbruck und über den Brenner (A 22) bis zur Autobahnausfahrt Bressanone, dann Landstrasse SS 49 in Richtung Lienz bis Innichen.

Sein ganzes Leben habe er dem Urteil anderer misstraut, wenn die Rede auf die Annehmlichkeiten fremder Gegenden gekommen sei; denn jeder urteile nur nach dem Massstab seiner eigenen Gewohnheit, schreibt der Philosoph Montaigne, im Tagebuch seiner Reise durch Italien, 1580/81. Zurecht, Schönes muss man selbst erfahren. Viele haben schon das Jahrhundertwendehotel «Sole Paradiso» gelobt, diesen gemütlichen Ort der Einkehr in den naturgewaltigen Dolomiten, aber um all die Vorzüge zu entdecken, die der historische Gastbetrieb in und um sich birgt, muss man ihn einfach persönlich erleben. Die Architektur und die rotgelben Farben dieses grossen Chalets sowie die Speisekarte im Restaurant erinnern daran, dass die österreichische Grenze nur einige Kilometer weiter hinten verläuft. Die Wände sind mit hellem Holz verkleidet, Lampen und Leuch-

Via Sesto 13
Tel. (0039) 0474/91 31 20
Fax (0039) 0474/91 31 93
E-mail:
parkhotel@sole-paradiso.com
✶✶✶❶❶

ter sind kunstvoll holzgeschnitzt, in den alpenländisch-rustikalen Zimmern beeindrucken schwere Stoffe und Himmelbetten mit Spitzenkissen. Die meisten der 49 Zimmer haben Balkone, alle einen schönen Blick ins Pustertal. Jeder findet hier seinen Lieblingsplatz, ob im hoteleigenen Park oder in der alten Stube. In einer der sonnigen Holzveranden kann man sich in ein gutes Buch versenken oder im Schwimmbad entspannen. Die Familie Ortner – seit vier Generationen Gastwirte mit Leib und Seele – tut alles, damit die zahlreichen Stammgäste die Hektik des Alltags sehr bald vergessen.

I-39012 Merano　　　　　　　　　　Südtirol

Castel Fragsburg

Fragsburgerstrasse 3
Tel. (0039) 0473/24 40 71
Fax (0039) 0473/24 44 93
E-mail: info@fragsburg.com
✱✱✱❶❶

Ein zauberhaftes, schattiges Landsträsschen von einigen Kilometern Länge führt durch bunte Mischwälder zur «Fragsburg». Die Lage ist paradiesisch, hier hat man eine unvergleichliche Aussicht über das Tal von Meran und die grandiose Bergwelt. Das Haus wurde um 1620 als Jagdschlösschen für adelige Jagdgesellschaften der nahen Burg errichtet. Auch heute noch bietet dieses Kleinod viel Atmosphäre. Die Fassade blieb unverändert, der hauseigene Naturpark weist einen uralten subtropischen Baumbestand auf. Hier kann man sich mit einem Buch in den Tag hineinträumen, die Sonne geht heimlich weg, die frisch gemähte Wiese duftet still, irgendwo bellt ein Hund. 16 im alpenländischen Stil eingerichtete Zimmer, alle mit Balkon. In der lichtdurchfluteten Jugendstilveranda und auf der Terrasse werden herzhafte Gerichte serviert, der herrliche Blick lässt den Gourmet vergessen, dass hier die bodenständige Deftigkeit der Speckknödel, der Rehbraten und Schnitzel-Variationen dominiert. Aber um kulinarische Höhepunkte zu erleben, reist kein Mensch nach Südtirol; Berge, Burgen und Seen, Wandern und Wein setzen ganz andere Reiseakzente. Die neue, die feine, die leichte Küche, die findet man anderswo. Die eigenen Bienen liefern Honig für das grosszügige Frühstücksbuffet. Der Service ist ganz ausgesprochen herzlich. Insgesamt ist die «Fragsburg» der ideale Ort für Berg- und Naturfreunde und alle Ruhe Suchenden.

WieWoWasWann?

Geschlossen: November–Mitte April.
Preise: DZ 180 000–280 000 Lit. (inkl. Frühstück). Keine Cards.
Lage: Mit Bestimmtheit eines der schönstgelegenen Hotels in ganz Norditalien, 750 m ü. M. In totaler Stille in einem 10 000 m² grossen Naturpark mit uraltem subtropischem Baumbestand, eingebettet in die arkadische Landschaft auf einem bewaldeten Hügel, mit einem wundervollen Panorama auf die Dreitausender-Gipfel der Texelgruppe und der Ultner und Bozener Berge.
Küche: Südtiroler Spezialitäten und hausgemachte italienische Nudelgerichte.
Geheimtipp-Zimmer: Unbedingt Zimmer zur Westseite reservieren. Sehr schön: Nr. 16, Suiten Nr. 12 und 22.
Sport & Animation: Freibad, Sauna, Fitnessraum, Massagen, Tennis, Kinderspielplatz. Spazier- und Wanderwege.
Anreise: Nach Innsbruck und über den Brenner (A 22) bis zur Autobahnausfahrt Bolzano, Landstrasse nach Merano, dort in Richtung Scena bis zur Via Labers. Das Hotel liegt einige Dutzend Kurven über dem «Castel Labers».

Südtirol   I-39012 Merano

Castel Labers

WieWoWasWann?

Geschlossen: November–März.
Preise: DZ 280 000–350 000 Lit. (inkl. Halbpension). Alle Cards.
Lage: Eine gewisse Abgeschiedenheit ist Teil des Geheimnisses von «Schloss Labers»: Auf einem Hügel über Meran, von Wein umgeben, eingebettet in das breite Tal der Etsch, flankiert von Dreitausendern.
Küche: Italienische und Tiroler Rezepte vermählen sich bestens mit den Rot- und Weissweinen aus eigener Produktion.
Geheimtipp-Zimmer: Die Zimmer zur grossen Schlossterrasse bieten ein atemberaubendes Panorama.
Sport & Animation: Aussenschwimmbad, Tennis. Freilichttheater im Schlosshof, zahlreiche Konzerte und Klavierabende, Grillpartys.
Anreise: Nach Innsbruck und über den Brenner (A 22) bis zur Autobahnausfahrt Bolzano, Landstrasse nach Merano, dort in Richtung Scena bis zur Via Labers. Das Hotel liegt 5 Autominuten nordöstlich vom Stadtzentrum. Per Bahn ist Merano von Innsbruck oder Verona aus über Bolzano zu erreichen.

«Wo der Adel gebaut hat, kann man sich getrost niederlassen. Ritter und Mönche haben immer gewusst, wo die Welt am schönsten ist.» So idyllisch thront das «Castel Labers» inmitten eigener Weinberge und Obstplantagen hoch über Meran, dass sich schon Bayern-König Ludwig I. entzückt hier niederlassen wollte, bevor er letztlich doch den Plan aufgab, sich im Südtirol anzusiedeln. Auch wenn inzwischen viel Wasser die Etsch hinuntergeflossen ist, das Märchenschloss hat nichts von seiner Kraft auf romantische Gemüter verloren. Die gute alte Zeit geht hier weiter und der Besitzer Jörg Stapf-Neubert ist auch sichtlich bemüht, das nostalgische Ambiente zu bewahren. Die Türbeschläge der 30 Gästezimmer tragen – fein eingraviert – die Zimmernummern aus der Gründerzeit. Im kandelaber- und hellebardenreichen Treppenhaus mit superber Steintreppe

Tel. (0039) 0473/23 44 84
Fax (0039) 0473/23 41 46
✱✱✱❶❶

prangt der Stammbaum der Edlen von Labers, die hier im 14. Jahrhundert residierten. Soireen mit klassischer Musik und Gesang gehören zum festen Repertoire. Die Stimmung des Hauses mit seinen dicken Mauern, seinen schlicht und antik eingerichteten Zimmern, seinen charmanten Salonecken, seinen hohen Deckengewölben und seinen Holztäfelungen ist verführerisch. Auf der grossen Terrasse und im Burggärtlein, im langgezogenen Speisesaal und in der lauschigen Bar kommt zu abendlicher Stunde das auf, was man Atmosphäre nennt. Dazu erwartet den Reisenden ein Empfang von seltener Herzlichkeit, die Abreise fällt schwer bei einer derart netten Betreuung – und bei soviel architektonischer Schönheit.

I-39012 Merano   Südtirol

Castel Rundegg

Schennastrasse 2
Tel. (0039) 0473/23 41 00
Fax (0039) 0473/23 72 00
★★★★❶❶❶

Gut ein dutzend Kastelle und Schlösser im Südtirol lassen heute ihre Zugbrücken für zahlende Kunden herunter, öffnen die fürstlichen Zimmer für verliebte Paare und reisende Bonvivants. Das komfortabelste und gepflegteste dieser Schlosshotels ist das «Castel Rundegg», das sich nicht nur einer optimalen Erholung, sondern auch der Gesundheit und Schönheit seiner Gäste widmet. Im 12. Jahrhundert erbaut und um 1500 erweitert, bietet das kleine, feine Luxushotel ein entsprechend umfassendes Programm, das von biologisch-medizinischer Ganzheitskosmetik über körperliches Aufbautraining bis hin zum Wandern und Joggen durch die Meraner Wälder und Weinberge reicht. Die Gäste werden mit grossem Engagement umsorgt – genau die richtige Distanz, aber auch das Gefühl der familiären Atmosphäre, die man auch im Speisesaal wiederfindet. Steingewölbe und Sitznischen, festlich gedeckte Tische und Kerzenlicht sorgen für ein höchst stimmungsvolles Ambiente, in dem Essen und Trinken zum ritterlichen Erlebnis werden. Umhüllt vom Zauber der Vergangenheit, erfüllt vom Luxus der heutigen Zeit sind die 30 exquisit ausgestatteten Zimmer, die sich nur in ihren grosszügigen Dimensionen und ihrem bezauberndem Charme gleichen. Mit ihren Gewölben, Erkern und historischen Decken vermitteln sie gleichermassen Tradition und Geborgenheit. Wer das Glück hat, im Turmzimmer zu nächtigen, hat nicht nur einen 360-Grad-Rundblick, sondern schaut von seinem Bett auch noch auf historisches Dachgebälk aus dem 12. Jahrhundert.

WieWoWasWann?

Geschlossen: Januar.
Preise: DZ 400 000–600 000 Lit. (inkl. Halbpension). Alle Cards.
Lage: In einem stillen Schlosspark auf einer Anhöhe über Meran.
Küche: Auf hohem Niveau, egal ob sechsgängige Gourmetkreation oder superleichte Diät.
Geheimtipp-Zimmer: Nr. 30 (Mansardenzimmer 45 m^2), Nr. 12 (Turmzimmer mit gotischem Gewölbe), Nr. 11 (6 Fenster), Nr. 32 (Turmzimmer mit 360-Grad-Ausblick), Nr. 20 und Nr. 57 (mit Terrassen), Elisabeth-Suite.
Sport & Animation: Hallenbad, Sauna, Kneippbäder, Beauty-Abteilung mit Ganzheitskosmetik, Massagen, grosse Fitness-Folterkammer. Möglichkeit zu einem gründlichen medizinischen Check-up.
Anreise: Nach Innsbruck und über den Brenner (A 22) bis zur Autobahnausfahrt Bolzano, Landstrasse nach Merano. Vor dem Stadtzentrum nicht den Fluss überqueren, sondern östlich in Richtung Brunnenplatz/Scena fahren. Per Bahn ist Merano von Innsbruck oder Verona aus über Bolzano zu erreichen.

Veneto I-37020 Pedemonte

Hotel Villa del Quar

WieWoWasWann?

Geschlossen: Januar–Mitte Februar.
Preise: DZ 380 000–650 000 Lit. (inkl. Frühstück). Alle Cards.
Lage: 10 km nordöstlich von Verona. Das freistehende Anwesen fügt sich perfekt in die ebene Valpolicella-Landschaft ein. Absolut ruhig.
Küche: Abends verspürt man keine Lust, das Hotel zu verlassen, denn die Küche verführt mit regionalen Spezialitäten mit kreativem Touch (Seebarsch mit Luisa-Kraut und kandierter Zitrone). Die Valpolicella-Weine können in der Enoteca degustiert werden.
Geheimtipp-Zimmer: In den Dachzimmern kann man mit Blick auf den Sternenhimmel einschlafen. Zwei Suiten verfügen über einen privaten Garten.
Sport & Animation: Freibad. Traumhafte Spazierwege durch die Valpolicella-Weinberge von der Haustür weg.
Anreise: Autobahn Lugano–Milano–Brescia–Padova bis Ausfahrt Verona-Nord, «Superstrada Valpolicella» bis zum Ende, dann rechts in Richtung S. Floriano, Pedemonte. Das Hotel ist ausgeschildert.

Die venezianische Villa liegt mitten in einem grossen, landwirtschaftlich genutzten Grundstück an der berühmten Valpolicella-Route und umfasst mehrere ins 16. Jahrhundert zurückreichende Gebäude, die sich in U-Form um einen blühenden Innenhof gruppieren. Das Anwesen ist ausgesprochen schön und perfekt bis ins Detail. Tradition und herkömmliche Techniken standen bei der Renovierung im Vordergrund, und das verleiht dem Hotel seine Wärme und seine subtile Eleganz. In den 22 Zimmern vereint sich alte Pracht mit modernem Komfort. Von allen Räumen blickt man auf Weinberge und grüne Felder; dank absoluter Ruhe werden Sie hier lange und tief schlafen. In den beiden Speisesälen mit gewaltigen Deckenbalken und antiken Spiegeln herrscht die gleiche angenehme Atmosphäre. Diese Zurückhaltung und dieser gute Geschmack sind wohl das, was man «Klasse»

Via Quar, 12
Tel. (0039) 045/680 06 81
Fax (0039) 045/680 06 04
E-mail: delquar@relaischateaux.fr
★★★★❶❶❶❶

zu nennen pflegt. Von besonderer Güte ist natürlich auch die freundliche Betreuung, die genau die richtige Mischung von Nähe und Distanz hinkriegt. Ob Sie mit dem Mountainbike eine Erkundungstour unternehmen, zu Fuss die malerische Weinlandschaft durchwandern, beim Dart-Spiel Ihre Treffsicherheit zeigen oder im Schwimmbad nach verloren gegangenen Boccia-Kugeln tauchen, hier werden Sie so oder so Appetit auf einen wunderbaren Risotto all' Amarone oder einen frischen Fisch bekommen. Oder lieber ein paar Oliven, ein Stück Parmigiano und ein spritziger Prosecco an der Bar gefällig?

I-31019 Portobuffolè   Veneto

Villa Giustinian

Via Giustiniani 11
Tel. (0039) 0422/85 02 44
Fax (0039) 0422/85 02 60
✲✲✲❶❶❶

Vor zweihundert Jahren richtete sich in der «Villa Giustinian» ein bischöflicher Vorbesitzer ein veritables Liebesnest mit acht Spiegeln rund um ein pompöses Himmelbett ein. Heute ist die Bischofssuite vor allem bei Jungverliebten ein Bestseller und entsprechend lange im Voraus zu reservieren. Doch auch die anderen Räumlichkeiten haben es in sich: Die Villa – in Wahrheit ein venezianischer Palazzo in einem gepflegten Park mit antiken Statuen – ist voll von sinnlich geschwungenen Stuckaturen, barocken Murano-Lüstern, Posaune spielenden Engeln, kunstvollen Trompe-l'œil-Malereien in zartem Pastell, deren schönste sich als Deckenfresko über dem frei stehenden, acht Meter langen Esstisch in der Eingangshalle wölbt. Das noble Anwesen aus dem 17. Jahrhundert, bestehend aus Villa, Stallungen, Getreidespeicher und Kapelle, wurde von der heutigen Gastgeberfamilie aufwendig restauriert und mit soviel Fingerspitzengefühl in ein Hotel umgewandelt, dass man sich in die heitere Atmosphäre der italienischen Spätrenaissance zurückversetzt fühlt. Damals hatte die lebenslustige Aristokratie die legendäre «villagiatura» begründet, die venezianische Villenkultur, in der sich die unter notorischem Platzmangel leidenden Bewohner der Lagunenstadt in der näheren und ferneren Umgebung Venedigs tausende von Landsitzen für rauschende Feste und zärtliche Tête-à-têtes im Grünen schufen. Die «Villa Giustinian» ist zweifellos ein Juwel unter diesen Lustschlösschen und der Beweis dafür, dass modernster Komfort die Magie der Vergangenheit nicht ausschliesst.

WieWoWasWann?

Geschlossen: Nie.
Preise: DZ 250 000–550 000 Lit. (ohne Frühstück). Alle Cards.
Lage: 40 km nordöstlich von Treviso. In einem grossen Park vor der Stadtmauer des kleinen mittelalterlichen Ortes.
Küche: Das Veneto ist als Feinschmeckerparadies mit erlesenen Weinen bekannt. Das Restaurant und die Weinkarte stehen diesem Ruf in nichts nach.
Geheimtipp-Zimmer: Jedes der 40 Zimmer verzaubert auf andere Weise, alle sind verschwenderisch mit Marmorböden, venezianischem Mobiliar und eleganten Bädern ausgestattet. Wer einmal zu vergleichsweise erschwinglichen Preisen in einer spektakulären Suite mit den Ausmassen eines Ballsaales wohnen möchte, liegt in der sagenhaften «Bischofssuite» richtig. Aber auch alle andern 7 Suiten verströmen das Ambiente einer opulenten Epoche.
Anreise: Autobahn Chiasso–Milano–Verona–Padova–Treviso, dann Landstrasse in Richtung Oderzo–Pordenone bis Portobuffolè.

Südtirol   I-39040 Radein

Berghotel Zirmerhof

WieWoWasWann?

Geschlossen: Anfang November–Mitte Dezember, Mitte April–Mitte Mai.
Preise: DZ 176 000–340 000 Lit. (inkl. Halbpension). Keine Cards.
Lage: Auf 1560 m ü. M., inmitten von Bergwiesen und Wäldern.
Küche: Altösterreichische und italienische Spezialitäten.
Geheimtipp-Zimmer: Verandazimmer (2 grosse Zimmer mit Ausblick zum Garten, Balkon und Wintergärtchen). Am Waldrand, 100 m vom «Zirmerhof» entfernt, befindet sich der «Sommerstall», ein kleines Chalet mit urigem Wohnraum, 2 Schlafzimmern (6 Betten), Küche und Badezimmer.
Sport & Animation: Eigene Reitpferde und Fahrräder. Billard, Boccia, Volleyball, Tischtennis. Wanderparadies vor der Haustür. Geführte Berg- und Gletschertouren Weinverkostungen und önologische Lehrgänge. Hauskonzerte.
Anreise: Über die Brennerautobahn A 22 via Bolzano in Richtung Trento, Ausfahrt Neumarkt/Auer. Von dort Richtung Cavalese–Cortina bis Kaltenbrunnen (15 km), am Ortsende links ab nach Redagno (weitere 7 km).

«Die meisten Hotels versprechen etwas, was sie nie und nimmer einhalten: Ruhe!» Diese Regel des Schriftstellers Kurt Tucholsky findet im «Berghotel Zirmerhof» eine rühmliche Ausnahme: Die Ruhe ist hier immer noch traumhaft, fern vom Massentourismus hat die Region um Redagno und den Naturpark Monte Corno ihre ursprüngliche Schönheit bewahrt. Als sich der 1560 m hoch gelegene Gutshof im Jahr 1890 auch den Reisenden öffnete, da waren es zuerst die Aristokraten und Wissenschaftler aus Wien und Berlin, die als «Luftschnapper und Jochrenner» die heilsame Wirkung der alpinen Landschaft entdeckten. Die gilt es auch heute noch zu entdecken, die Highlights der Gegend sind alle natürlicher Art, teilweise schon einige Millionen Jahre alt: Sandstein-Canyons, Porphyrschluchten, eiszeitliche Findelsteine. Es ist kinderleicht, sich hier wohl zu fühlen,

Tel. (0039) 0471/88 72 15
Fax (0039) 0471/88 72 25
✹✹❶

sobald man gross genug ist, durch die Blumenwiesen zu stapfen oder sich an der Mähne eines Haflinger-Pferdes (aus dem eigenen Reitstall) festzuhalten. Der Komfort im «Zirmerhof» ist in den letzten Jahren immer mehr, die Tradition aber darum nicht weniger geworden. Einige hundert Jahre bäuerlicher Geschichte stecken in Gebälk und Gewölben, in der Tiroler Bauernstube, in der Bibliothek und in weiteren stilvollen, getäfelten Räumen mit Kachelöfen oder offenen Kaminen. Die Zimmer sind sehr gemütlich. Die Küche verbindet Naturverbundenheit und Freude am Geniessen – verlässlichste Lieferanten sind der hauseigene Gemüse- und Kräutergarten sowie das eigene Wein- und Obstgut unten im Tal.

I-22021 Bellagio — Lombardei

Grandhotel Villa Serbelloni

Tel. (0039) 031/95 02 16
Fax (0039) 031/95 15 29
★★★★★❶❶❶❶

Die besondere Lage, das milde Klima, die Parks und Villen sowie die etwas altmodische Atmosphäre haben Bellagio schon immer zum Ziel reicher Sommergäste gemacht. Besonders beeindruckend ist die «Villa Serbelloni», in deren Park 1850 das romantischste Grandhotel am Comersee entstand. Die Fassade im Libertystil ist eine Sinfonie aus Ocker und sanftem Gelb und scheint in die Landschaft hineinkomponiert worden zu sein. Unter den Kristallüstern, Kassettendecken und zwischen den goldenen Säulen, den opulenten Brokattapeten und Wandmalereien weht auch heute noch jener Hauch von feudaler Grandezza, der hier schon den Hofkapellmeister Franz Liszt zu seinen Petrarca-Sonetten inspirierte. Im Interieur herrscht die allergrösste Freundlichkeit; das betrifft sowohl den Empfang als auch den Service. Die 85 Zimmer sind alle sehr gross und mit antiken Möbeln eingerichtet, einige haben bemalte Decken und kleine, durch Säulen abgetrennte Salons. Was kein Prospekt beschreiben kann: Die leise Melancholie eines Sommernachts-Diners auf der grossen Hotelterrasse. Und die geheimnisvolle Kulisse des Comersees, seine Farben und sein Licht.
«Früher kamen die Leute wegen der Aussicht, heute kommen sie wegen des Hotels», schmunzelt Gianfranco Bucher, in der dritten Generation «Serbelloni»-Eigner mit einem Schweizer Pass (sein Ururgrossvater hatte einst die Bürgenstock Hotels gegründet). Eine zeitlose Insel, die den fragilen Prunk der Kolonialzeit auf vorbildliche Weise in unsere Zeit hinüberretten konnte.

WieWoWasWann?

Geschlossen: November–Ostern.
Preise: DZ 460 000–995 000 Lit. (inkl. Frühstück). Alle Cards.
Lage: Direkt am See, auf der äusseren Spitze der Landzunge, die in den Comersee hineinragt und ihn in seine zwei Arme teilt. Unbeschreiblich schönes Panorama.
Geheimtipp-Zimmer: Die Hälfte der 85 Zimmer geht zur Waldseite hin. Unbedingt auf einem Zimmer mit Seesicht bestehen!
Küche: Regionale Fisch- und Reisspezialitäten sowie gut gemachte internationale Standardgerichte.
Sport & Animation: Freibad, Tennis, Squash, Fitness- und Schönheitscenter, Privatsandstrand, Wassersport.
Anreise: Autobahn Chiasso–Milano bis Ausfahrt Como, Stadt durchqueren und Landstrasse S 583 am östlichen Seeufer bis Bellagio. Auch mit Bus oder Schiff ab Como erreichbar.

Lombardei

I-22012 Cernobbio

Villa d' Este

WieWoWasWann?

Geschlossen: Dezember–Februar.
Preise: DZ 875 000–1 500 000 Lit. (inkl. Frühstück). Alle Cards.
Lage: 5 km nördlich von Como. Inmitten einer riesigen Parkanlage am See.
Küche: Perfekt gemachte internationale Hotelküche, dezenter Service im riesigen Speisesaal, dessen Glasfronten an lauen Sommerabenden wie von Zauberhand im Boden versinken.
Sport & Animation: Innen- und Aussenschwimmbad (letzteres frei im See schwimmend), Sauna, Dampfbad, grosses Fitnesscenter, Massagen, 8 Tennisplätze, Squash, Puttinggreen, Windsurfen, Kanu, Wasserski. Eigener 18-Loch-Golfplatz 15 km entfernt. Nachtklub, Strand-Bar. Tagsüber fährt Sie die hauseigene Motorjacht zu einer Spritztour über den See oder zum Shopping in eines der malerischen Örtchen am gegenüberliegenden Ufer.
Anreise: Autobahn Chiasso–Milano bis Ausfahrt Como, Stadt durchqueren, dann Landstrasse S 340 am westlichen Seeufer bis Cernobbio. Die «Villa d'Este» lässt sich kaum verfehlen.

Von all den prächtigen Besitzungen in diesem Führer ist die «Villa d'Este» zweifellos die unglaublichste. Pracht und Luxus pur. Hier gibt sich internationale Prominenz die Klinken in die Hand, und man muss für ein Zimmer der mittleren Preisklasse (= mit Seesicht) schon mal eine Million Lire hinlegen. Mit einer Million Lire sind Sie dabei – in einem der berühmtesten Hotels der Welt. Für eine Nacht versteht sich! Den göttlichen Palast liess Kirchenfürst Tolomeo Gallio zwischen 1565 und 1570 nach Plänen von Tibaldi erbauen. Die Villa wechselte dann häufig den Besitzer und wurde schliesslich 1873 in ein Hotel umgewandelt – und sofort zum prestigeträchtigen Anlaufpunkt für alle Schöngeister und aristokratischen Familien des alten Europa. Wenn Mauern reden könnten... Die üppigen Barockgärten der Villa zählen zu den schönsten Parkanlagen Italiens.

Tel. (0039) 031/34 81
Fax (0039) 031/34 88 44
✶✶✶✶✶●●●●●

Auf den verwunschenen Pfaden, gesäumt von Wasserspielen und Pavillons, jahrhundertealten Platanen und Statuen, kann man sich in eine andere Zeit hineinträumen. Das Innere ist blendend. Edle alte Möbel zieren die lange Säulengalerie am Eingang, von wo eine grosse doppelte Freitreppe ausgeht. Die 156 Zimmer sind alle geräumig und klassisch-luxuriös. Um den anspruchsvollen Gästen die Langeweile zu vertreiben, stellt das Hotel neben einem Healthcenter zahlreiche exklusive Sportfacilitäten zur Verfügung. Der Service (über 250 Angestellte) ist der eines echten Grandhotels, das heisst diskret und effizient. Ein Ort, den man wählt, wenn man nicht auf sein Portemonnaie zu achten braucht.

I-25049 Colline di Iseo — Lombardei

I Due Roccoli

Via Silvio Bonomelli
Tel. (0039) 030/982 29 77
Fax (0039) 030/982 29 80
✱✱❶❶

Wie ein dickes behäbiges «S» windet sich der fischreiche Lago d'Iseo von Paratico im Südwesten bis nach Lovere am Nordufer. Eingerahmt von bewaldeten Bergen, an deren Hänge sich romantische Dörfer klammern, strahlt er nicht die Eleganz des Comersees aus oder die Geschäftstüchtigkeit des Lago di Garda. Dafür eine ganz besondere Mischung aus südländisch lieblicher Seenlandschaft und herber alpenländischer Bergwelt. Das ist auch im Gasthof «I Due Roccoli» 6 km östlich von Iseo so. Verborgen zwischen Bäumen gelegen, besteht er aus einer schönen Patriziervilla, einem alten Bauernhof und einem neu errichteten und gut integrierten Gebäude, in dem sich die 13 Gästezimmer befinden. Die einen gehen auf den Park und andere auf See und Berge, alle Zimmer sind geschmackvoll mit regionalen Accessoires und freundlichen Pastellfarben eingerichtet. Die Tage verlaufen hier friedlich: das Frühstück auf der atemberaubenden Panoramaterrasse, ein Spaziergang durch die nahen Wälder, am Nachmittag Farniente am Swimmingpool, und abends freut man sich auf eine einfache, gut gemachte Küche. Was aber vor allem zählt, ist der Zauber dieses Ortes, wenn die Abenddämmerung über dem See einbricht und das Lichtermeer an den Ufern weit unten zu leuchten beginnt. Ein letztes Glas «Franciacorta» und man schläft mit dem Gesang der Grillen ein.

WieWoWasWann?

Geschlossen: Anfang November–Mitte März.
Preise: DZ 180 000–210 000 Lit. (ohne Frühstück). Alle Cards.
Lage: In einem stillen Park auf einem der grünen Hügel, die den Iseosee umgeben. 500 m ü. M.
Küche: Die Küche wendet sich an ein Publikum, das behütet werden will, das Innovationen und Entdeckungen als Fehler nimmt. So setzt man hier in einem gepflegten Ambiente auf Tradition und gleichbleibend gute Qualität – mit stets frischen Fischen, hausgemachten Wurstspezialitäten und Gemüse aus biologischem Anbau.
Geheimtipp-Zimmer: Unbedingt Zimmer mit Seeblick reservieren.
Sport & Animation: Freibad, Tennis, Spazier- und Wanderwege vor der Haustür.
Anreise: Autobahn Chiasso–Milano–Bergamo–Brescia bis Ausfahrt Rovato. Von dort Landstrasse nach Iseo, dann 6 km in Richtung Polaveno.

Lombardei

I-25033 Cologne Franciacorta

Cappuccini

WieWoWasWann?

Geschlossen: 1.–20. Januar und 1.–20. August.
Lage: 1,5 km nördlich des Dorfs, inmitten der heiteren Hügel- und Weinlandschaft der Franciacorta.
Preise: DZ 160 000–300 000 Lit. (ohne Frühstück). Alle Cards ausser Diners.
Küche: Die Speisekarte widerspiegelt in unverfälschter Form und mit klassischen regionalen Rezepten die reiche einheimische Landwirtschaft. Die lombardischen Bauern produzieren Olivenöl, züchten Schweine und Geflügel, bauen Wein, Reis und Mais an. Und: Fast jeder zweite Käse Italiens stammt aus der Lombardei (Mascarpone, Gorgonzola, Taleggio, Bel Casale usw.).
Anreise: Autobahn Chiasso–Milano–Bergamo–Brescia bis Ausfahrt Palazzolo sull'Oglio. Von dort Landstrasse Richtung Cologne.

Die Franciacorta, die lombardische Region zwischen Brescia und Lago d' Iseo, hat in den letzten Jahren eine junge Gilde von selbstbewussten Winzern hervorgebracht, welche die besten Spumanti (Schaumweine) Italiens produzieren und sich mit den strengsten önologischen Vorschriften des Landes gegenseitig zu Höchstleistungen antreiben. Touristisch betrachtet fristet die hügelige Weinlandschaft ein bäuerliches Schattendasein neben dem nahen Gardasee und gilt als «Durchlaufstrecke» ins nahe Verona. Wer das nicht unbedingt als Nachteil empfindet, kann sich hier durchaus wohl fühlen und wenige Minuten von der Autobahn entfernt nur noch das Zwitschern der Vögel hören und die Düfte der Akazien geniessen. Am aufregendsten im «Cappuccini», einem ehemaligen Kloster aus dem 16. Jahrhundert. Hier stimmt alles. Die Einrichtung der sieben

Via Cappuccini 54
Tel. (0039) 030/715 72 54
Fax (0039) 030/715 72 57
★★★★❶❶

Gästezimmer ist raffiniert schlicht und der Verzicht auf italienischen Kitsch wohltuend. Die grösseren verfügen über einen kleinen Salon mit Kamin. Kein Plastik im ganzen Haus, keine Synthetics, keine Teppichböden und folglich auch kein Staubsaugergeräusch. In den Korridoren, Gängen und Gewölben kann man auf den Spuren der Mönche wandeln, denen das Motto «viel Patina, wenig Prunk» ebenso zu eigen war wie dem heutigen Besitzer Massimo Pelizzari.

I-25030 Erbusco — Lombardei

L'Albereta

Via Vittorio Emanuele 11
Tel. (0039) 030/776 05 50
Fax (0039) 030/776 05 73
✯✯✯✯✯❶❶❶❶

Bei der Anfahrt zum touristisch kaum erschlossenen Iseosee hat man den Eindruck, allein auf der Welt zu sein. Aber sehr schnell hofft der zivilisierte Mensch, dass es hinter den historischen Mauern der stolzen Jahrhundertwende-Villa «Albereta», in freier Landschaft hoch über dem See gelegen, nicht ganz an Komfort mangelt. Ihn gibt es und noch mehr: Man kümmert sich um Sie als seien Sie König. Das Interieur der 1993 zu einem luxuriösen Hotel umgebauten Villa vermischt mit viel Savoir-faire einheimische und exzentrische Ausstattungsmaterialien. Die 44 Zimmer sind von raffiniertester Eleganz – prächtige Baldachin-Betten mit traditionellen lombardischen Stoffen stehen neben futuristischen Halogenlampen wie frisch von der Mailänder Design-Messe. Dazu berauschend schöne Marmorbäder und ein einladendes Hallenbad. Was im stilisiert-kühlen Speisesaal auf den Tisch kommt, ist die ganz grosse Küchenkunst, angerührt von keinem geringeren als Gualtiero Marchesi, der seit Jahren zu Italiens Kochelite zählt. Er ist unnachahmlich in der Kunst, Geschmack und Aromen einzelner Zutaten durch ungewöhnliche Kombinationen mit anderen Produkten in überraschender Weise neu zu entfalten. Sind die Tage einmal regnerisch, und das kann hier auch im Sommer vorkommen, brennt im Salon das Kaminfeuer, und für lange Spaziergänge durch die umliegenden Weinberge oder am Ufer des Iseosees, wo die Lachsfischer noch unter sich sind, stehen Gummistiefel bereit. Fast wie zu Hause, nur viel schöner – und entsprechend teurer.

WieWoWasWann?

Geschlossen: Januar.
Preise: DZ 270 000–750 000 Lit. (ohne Frühstück). Alle Cards.
Lage: 70 km nordöstlich von Mailand. In einer wunderschönen Parkanlage hoch über dem Iseosee. Absolut ruhig.
Küche: Seit Gualtiero Marchesi von Mailand hierher zog, pilgern Gourmets aus allen Ecken nach Erbusco, um allerfeinste italienische Kochkunst zu geniessen.
Geheimtipp-Zimmer: Viel Grandezza und pompöse Himmelbetten in den grossen Turmzimmern zum See (in Zimmer Nr. 2 ist Luciano Pavarotti Stammgast).
Sport & Animation: Hallenbad, Whirlpool, Sauna, Tennis, Mountainbikes. Reitstall in der Nähe. Segeln und Baden im Iseosee. Spazier- und Wanderwege von der Haustür weg. Vom Hotel organisierte Besuche in Weingütern, zu Golfplätzen und – während der Opernsaison – in die Arena von Verona.
Anreise: Autobahn Chiasso–Milano–Bergamo–Verona bis Ausfahrt Rovato. Von dort die Landstrasse in Richtung Erbusco-Sárnico. Nach 3 km rechts in die Via Vittoria einbiegen und den Wegweisern folgen.

Lombardei — I-25083 Fasano di Gardone Riviera

Grand Hotel Fasano

WieWoWasWann?

Geschlossen: November–Mitte März.
Preise: DZ 310 000–530 000 Lit. (inkl. Halbpension). Keine Cards.
Lage: Direkt am See und inmitten eines 12 000 m² grossen Parks, an einem der schönsten und sonnigsten Plätze des Lago di Garda gelegen.
Küche: Italienische Gerichte mit internationalen Einschlägen, im Sommer auf der aussichtsreichen Terrasse serviert. Terrasse wie Speisesaal strahlen eine relaxte und gesellige Atmosphäre aus.
Geheimtipp-Zimmer: Traditionell eingerichtete Zimmer im «Grand Hotel», italienische Landhaus-Stimmung in der Von Grund auf restaurierten Dependance «Villa Principe», dem ehemaligen Jagdsitz des österreichischen Kaiserhauses (12 Zimmer).
Sport & Animation: Aussenschwimmbad, Tennis, Wassersport jeder Art, Privatstrand.
Anreise: Autobahn Chiasso–Milano–Verona bis Ausfahrt Brescia-Ost. Von dort über die Landstrasse S 45bis ans westliche Seeufer und in Richtung Riva. Fasano liegt 1 km nach Gardone Riviera.

Tel. (0039) 0365/29 02 20
Fax (0039) 0365/29 02 21
***❶❶❶

Rund um Gardone Riviera bekommt die Brescianer Riviera einen Hauch von grosser Welt und altem Geld, mit Grandhotels und Seepromenaden, Belle-Époque-Villen und Palmenalleen. In der zweiten Hälfte des vorigen Jahrhunderts entdeckten die Reichen und Mächtigen aus Mailand und Brescia die verträumte Ecke zwischen Gargnano und Salò. Der Gardasee wurde schick, die «Riviera Bresciana» war damals nicht weniger berühmt als jene andere Riviera am Mittelmeer. Im Schlepptau des oberitalienischen Grossbürgertums zog es auch die österreichische Kaiserfamilie hierher, die in einem grossen Park direkt am See einen Jagdsitz errichtete – die noble «Fasanerie», die dem später hinzugekommenen «Grand Hotel» den Namen gab. Auch heute noch spürt man die Atmosphäre der Belle Époque, sind die Hallen und Salons von einem Hauch k.u.k.-Flair durchweht. Auch die traditionellen Zimmer strahlen einen etwas morbiden Charme aus. Von Grund auf restauriert wurde kürzlich der ursprüngliche Jagdsitz neben dem «Grand Hotel», dessen helle Zimmer den Vorteil bieten, direkt am Wasser zu liegen. Ein grosser Park voller Palmen und Blumen schützt diese Hotelanlage vor dem Trubel im Sommer. Ein goldener Käfig, aus dem man nicht wieder entfliehen mag. Was das Baden anbelangt, so ist der Hotelpool genauso angenehm wie der Privatstrand am See. Angemessene Preise, eine gute Küche, eine wunderbare Landschaft. Das dürfte ausreichen für einen angenehmen Aufenthalt.

Lombardei I-25083 Gardone Riviera

Villa Fiordaliso

Via Zanardelli, 150
Tel. (0039) 0365/2 01 58
Fax (0039) 0365/29 00 11
E-mail: fiordaliso@relaischateaux.fr
✷✷✷✷✷❶❶❶

Die «Villa Fiordaliso» liegt direkt am westlichen Ufer des Gardasees, einen Kilometer ausserhalb von Gardone Riviera, in einer verwunschenen Gartenanlage voller Pinien und Zypressen, Palmen und Olivenbäume. Im Innern vermischen sich nonchalant verschiedene Stilrichtungen: Renaissance-Loggias, neoklassizistische Säulen und mosaikartige venezianische Fenster wechseln einander ab. 1985 restauriert, konnte die rosa Traumvilla ihren Charme von früher erhalten und ein echter Geheimtipp bleiben, ein Hotel für einige wenige. Und das im doppelten Sinn, denn es gibt nur sieben Gästezimmer, eines raffinierter als das andere, in jedem findet man ein besonders markantes Einrichtungsstück. Auch die diversen Salons und Speisesäle sind von seltener Eleganz und lassen mit ihren Kassettendecken, Murano-Leuchtern und ornamentalen Parkettböden die Atmosphäre einer prunkvollen Epoche wieder aufleben. Der exzentrische Dichter und Lebemann Gabriele D'Annunzio war hier Stammgast, bevor er sich im selben Ort niederliess und seine monumentale Gedenkstätte «Vittorale degli Italiani» hinterliess (heute ein skurriles Museum); Claretta Petacci, die Gefährtin Mussolinis, verbrachte hier ihre letzten tragischen Jahre, und Besitzerin Rosa Tosetti, das Gedächtnis der Villa, erinnert sich noch an alle mehr oder minder turbulenten Aufenthalte klingender Namen. Das Restaurant, das im Sommer natürlich auf die Seeterrasse über dem Bootssteg verlegt wird, verbindet kulinarische Ansprüche mit vollkommener Romantik.

WieWoWasWann?

Geschlossen: Januar–Anfang März.
Preise: DZ 300 000–700 000 Lit. (inkl. Frühstück). Alle Cards.
Lage: In Gardone Riviera haben sich vor hundert Jahren die Reichen und Berühmten ihre Refugien geschaffen. Einen Kilometer von der mondänen Uferpromenade entfernt liegt die «Villa Fiordaliso» inmitten privater Villenanlagen in einem kleinen Park direkt am See.
Küche: Hervorragend gemachte regionale und saisonale Köstlichkeiten.
Geheimtipp-Zimmer: Ob «Iris» oder «Orchidea» oder «Camelia» – alle 7 Zimmer sind ein Traum. Der absolute Hammer ist die «Claretta-Suite» mit herrlichen Parkettböden, ornamentalen Stuckaturen, grosszügigem Marmorbad und aussichtsreicher Terrasse.
Sport & Animation: Idealer Ausgangspunkt für Exkursionen am Gardasee.
Anreise: Autobahn Chiasso–Milano–Verona bis Ausfahrt Brescia-Ost. Von dort über die Landstrasse S 45bis in Richtung Lago di Garda-West. In Gardone Riviera ist das Hotel ausgeschildert.

Lombardei

I-25084 Gargnano

Villa Giulia

WieWoWasWann?

Geschlossen: Mitte Oktober–Anfang April.
Preise: DZ 230 000–350 000 Lit. (inkl. Frühstück). Alle Cards.
Lage: 150 m vom Ortszentrum, in einer Gartenanlage direkt am Gardasee. Das nördliche Westufer ist für Frühaufsteher geeignet, da die Sonne (im Sommer) schon gegen 7.30 Uhr über den Berg blinzelt. Dafür liegt dieser Abschnitt schon gegen 16.30 Uhr im Schatten. Stechmückenfreies Gebiet, das über viel sauberes Seewasser verfügt als der südliche Gardasee.
Küche: Regionale Spezialitäten mit Schwergewicht auf Fischen aus dem See.
Geheimtipp-Zimmer: Wer kein Zimmer zum See erhaschen kann, wird mit einem Blick auf den paradiesischen Garten entschädigt.
Sport & Animation: Aussenschwimmbad, Sauna, Privatstrand. Der nördliche Gardasee ist ideal zum Surfen, Segeln, Mountainbiken und Wandern.
Anreise: Autobahn Chiasso–Milano–Verona bis Ausfahrt Brescia. Von dort über die Landstrasse S 45bis ans westliche Seeufer und in Richtung Riva bis Gargnano.

Gargnano ist vielleicht das am «italienischsten» gebliebene Dorf am Gardasee. Direkt am Ufer dieses authentischen Dorfes liegt die «Villa Giulia», ein romantischer Bau im viktorianischen Stil mit neugotischen Elementen. Ende des letzten Jahrhunderts als Sommerresidenz eines Schweizer Generals errichtet, im Zweiten Weltkrieg von den deutschen Offizieren im Gefolge von Mussolini besetzt, wurde die Villa vor gut vierzig Jahren von der Familie Bombardelli übernommen und zunächst in eine einfache Pension, in jüngster Zeit dann in ein kleines Traumhotel verwandelt. Die Atmosphäre in den 20 Zimmern und den Aufenthaltsräumen kann man als ausgesprochen heiter bezeichnen, der Speisesaal wird von zwei schönen Murano-Leuchtern erhellt. Im Sommer speist man auf der herrlichen Aussichtsterrasse, wo die liebenswerten Gastgeber jedem Besucher

Via Rimembranze 20
Tel. (0039) 0365/7 10 22
Fax (0039) 0365/7 27 74
✹✹✹●●

stolz erklären, der Gardasee sei der blaueste in ganz Italien. Und tatsächlich leuchtet der See hier in reinem Blau, durchsichtig bis weit hinunter. Hauptattraktion des Hotels ist neben der perfekten Lage natürlich das Panorama. Zu jeder Tageszeit kann man hier unter dem hundertjährigen Magnolienbaum oder im üppigen Garten rund ums Schwimmbad sitzen und den vorbeiflanierenden Booten zusehen. Abends präsentiert sich am dichter bewohnten Gegenufer, am Fusse des mächtigen Bergrückens des Monte Baldo, eine lang gestreckte, im letzten Dunst funkelnde Kette von Lichtperlen, im Süden enger gereiht und die Anhöhen hinaufgestreut. Ein Sommernachtstraum.

I-21020 Ranco   Lombardei

Il Sole di Ranco

Piazza Venezia 5
Tel. (0039) 0331/97 65 07
Fax (0039) 0331/97 66 20
E-mail: soleranco@relaischateaux.fr
****❶❶❶❶

Das «Sole» ist das Werk der Angehörigen einer einzigen sympathischen Familie. Darin liegt wohl die Grundlage für die gelöste und herzliche Atmosphäre dieses Hauses. Die ehemalige Poststation befindet sich seit 1865 im Besitz der Brovellis und ist heute vor allem für die Küche von Carlo berühmt, dem sein Sohn Davide (sechste Generation) zur Seite steht, während seine Frau Itala als Sommelière für den Wein zuständig ist und die Schwiegertochter Cristina liebevoll den Service betreut. Im intimen Speisesaal harmoniert modernes italienisches Design mit alten Stücken, die elegante Pergola ist mit einem anmutigen Ausblick auf den Lago Maggiore gesegnet. Carlo Brovelli verändert alte Rezepte seiner Heimat auf eine wirklich überraschende Weise. Aus einer «Lachsrolle mit Pommes frites» kreiert er ein völlig neues Gericht: Die Kartoffeln schneidet er in dünnste Streifen; mit diesen hüllt er dann den Lachs ein und fritiert anschliessend das Ganze – eine von vielen Köstlichkeiten, die er mit grossem ästhetischem Raffinement auf die Teller zaubert. Auch sonst verfügt das «Sole» über jenes Schönheitsideal, das man am Ufer des Lago Maggiore sucht. Eine einladende Schlemmer-Villa mit 14 süperben, meist zweigeschossigen Suiten mit Terrassen zum See. Tongefässe, Ausstattung und Vegetation rivalisieren hinsichtlich der Farben; vor allem sind hier Blau, Grün und Gelb in allen Abstufungen vorhanden. Man könnte den ganzen Tag in der gartenumgebenen Hotelanlage am Seeufer verbringen: hier ist das Wohlbefinden gross.

WieWoWasWann?

Geschlossen: Dezember und Januar.
Preise: DZ 300 000–700 000 Lit. (ohne Frühstück). Alle Cards.
Lage: Auf einem Hügel direkt am Ostufer des Lago Maggiore. Absolut ruhig.
Küche: Carlo Brovelli zählt zu den kreativsten Köchen des Landes und die Herren Gault und Millau stufen in Italien nur wenige Lokale höher ein als das «Sole». Wer sich in Brovellis gastronomische Behandlung begibt, bekommt überlieferte Rezepte, die er der Neuzeit in puncto Kalorien anpasst: Beispielsweise ein Forellencarpaccio, mit Calamari in Safran gefüllte «Raviolini» an einer Randen-Julienne, ein paniertes Störfilet mit schwarzen Oliven, ein mit Honig karamelisiertes Kaninchen und zum Dessert eine Crème brulée mit glaçierten Maronen. Fabelhafte italienische Weine.
Sport und Animation: Wassersportmöglichkeiten.
Anreise: Autobahn A 2 Gotthard–Lugano bis Ausfahrt Ponte Tresa, Landstrasse nach Luino, von dort Seestrasse südlich bis Ranco. Das «Sole» liegt am äussersten Landzipfel.

Lombardei   I-22010 San Mamete/Valsolda

Hotel Stella d'Italia

WieWoWasWann?

Geschlossen: Anfang Oktober bis Mitte April.
Preise: DZ 135 000–195 000 Lit. (ohne Frühstück). Alle Cards ausser Diners.
Lage: 8 km östlich von Lugano, direkt am See.
Küche: Tadellose Fische, feine Pasta, unvergesslicher Risotto.
Geheimtipp-Zimmer: Unbedingt Südzimmer im alten Haupthaus reservieren.
Sport & Animation: Privatstrand, Wassersport. Idealer Ausgangspunkt für Tagesausflüge ins Tessin und zu den lombardischen Seen. Spazier- und Wanderwege mit Anschluss an den Höhenweg zwischen Lugano und Comersee.
Anreise: Autobahn A 2 Zürich–Chiasso bis Ausfahrt Lugano, dann Landstrasse S 340 am nördlichen Seeufer via Gandria nach San Mamete. Mit öffentlichen Verkehrsmitteln ist das Dorf am einfachsten mit dem Schiff ab Lugano zu erreichen. Der Bootsanlegeplatz befindet sich unmittelbar neben dem Hotel.

San Mamete ist einer der schönsten Flecken am Luganersee, wo bis zu den Gipfeln bewaldete Berge und üppige Vegetation die Buchten des Sees begrenzen. Eine sanfte und mediterran anmutende Landschaft mit Zitronenbäumen, Oliven und Palmen. Unterhalb der Strasse, die durchs hübsche Dorf führt, liegt das einfache, unprätentiöse «Hotel Stella d'Italia». Hauptanziehungspunkt ist die wunderbare Lage direkt am Ufer. Der Besitzer, Mario Ortelli, liebt sein Metier und versteht es, eine wohlige, familiäre Atmosphäre zu schaffen. Das Innenleben verdankt seinen Charme der – auf eine nette Art – altmodischen Einrichtung, seinen Blümchentapeten, seinen gemütlichen Möbeln und Bücherregalen, seinen kupfernen Nippsachen, hübschen Blumensträussen und Ölbildern. Die Zimmer, mit einmaligem Panoramablick auf die Berge und den See, verfügen fast alle über

Tel. (0039) 0344/6 81 39
Fax (0039) 0344/6 87 29
✳✳ ❶

einen kleinen Balkon. Der Speisesaal und der angenehm «bewohnte» Salon gehen direkt auf den Garten hinaus. Verwinkelte Terrassen mit plätscherndem Brunnen und exotischen Pflanzen laden zum Frühstücken ein, der kleine Privatstrand neben dem Bootsanlegeplatz von San Mamete zum (Sonnen-)Baden. Das Abendessen auf der verträumten Kiesterrasse, die von Rosen und wildem Wein überschattet wird, ist ein Erlebnis besonderer Art. Die regionalen Spezialitäten aus der Küche, allen voran Risotto, hausgemachte Pasta und stets frische Fische aus dem See, erfreuen sich auch bei den Einheimischen grosser Beliebtheit. Der Preis für Kost und Logis ist – bedenkt man die einmalige Lage – kaum zu unterbieten.

I-22010 Tremezzo   Lombardei

Albergo Villa Maria

Via Statale 30
Tel. (0039) 0344/4 04 27
Fax (0039) 0344/4 04 27
*❶

In Tremezzo sowie in den Ortschaften davor und danach stösst man auf imposante Palazzi. Adelige und Schöngeister haben sich am schönsten der oberitalienischen Seen seit der Renaissance architektonische Denkmäler setzen lassen: mit paradiesischen Gärten, in denen Heckenfigaros Zypresse, Myrte und Buchsbaum nach den Gesetzen der Symmetrie und den Regeln der Perspektive beschnitten haben. Öffentlich zugänglich ist die 1747 erbaute «Villa Carlotta», die neben ihrem sehenswerten Park eine beeindruckende Kunstsammlung beherbergt. Fast alle anderen Traumvillen der Region sind private Ferien- und Wochenendresidenzen vermögender Milanesi. Die meisten Hotels am westlichen Seeufer sind entweder palastartige Grandhotels, die mit ihrer Neugestaltung das an Komfort hinzugewonnen haben, was sie an persönlichem Stil eingebüsst haben (eine Ausnahme macht hier die «Villa d' Este», Seite 157), oder kleine Albergi ohne nennenswerten Luxus. Vielleicht das schönste in dieser Art ist die «Villa Maria». Das markante Gebäude stammt aus dem 18. Jahrhundert und bietet auch im Innern die Patina des Authentischen. Keines der 13 dezent verblichenen Zimmer ist gleich wie das andere, gemeinsam ist ihnen nur der schöne Ausblick auf den See. Das Café ist ein beliebter Treffpunkt auf einen Cappuccino oder einen Spumante, hier mischen sich Hotelgäste mit Leuten aus dem Ort. Und über allem wacht Elisabeta.

WieWoWasWann?

Geschlossen: November–März.
Lage: Etwas erhöht hinter der Seestrasse, mit offenem Blick über den Comersee.
Preise: DZ 120 000–250 000 Lit. (inkl. Frühstück). Cards: Eurocard, Visa.
Küche: Nur ein kleines Café im Parterre. Zum Abendessen lohnt sich die Fahrt auf den Hügel über Cernobbio, wo sich in Rovenna das aussichtsreiche «Ristorante Gatto Nero» versteckt (Via Monte Santo, 69, Tel. 0039/ 031/51 20 42, unbedingt reservieren).
Geheimtipp-Zimmer: Nr. 5 und Nr. 12 (grosszügige Ecksuiten).
Sport & Animation: Wassersportmöglichkeiten im Ort.
Anfahrt: Autobahn A 2 Zürich–Chiasso bis Lugano. Dann Landstrasse S 340 am nördlichen Seeufer bis Gandria und weiter nach Menaggio am Comersee. Von dort Richtung Como bis Tremezzo. Mit der Bahn: nach Como und von dort mit dem Schiff nach Tremezzo.

Lombardei I-22050 Varenna

Hotel Royal Victoria

WieWoWasWann?

Geschlossen: Nie.
Lage: In einem kleinen Park direkt am Comersee. Absolut ruhig.
Preise: DZ 160 000–220 000 Lit. (ohne Frühstück). Alle Cards.
Küche: Klassische lombardische Küche, gut gemacht und von aufmerksamen Kellnern serviert.
Sport & Animation: Privatstrand, Wassersportmöglichkeiten im Ort.
Anfahrt: Autobahn A 2 Zürich–Chiasso bis Lugano. Dann Landstrasse S 340 am nördlichen Seeufer bis Gandria und weiter bis nach Menaggio am Comersee. Von dort mit der Fähre nach Varenna (fährt regelmässig). Mit der Bahn: nach Como und von dort mit dem Schiff nach Varenna.

Das zauberhafte Hotel hat eine lange Geschichte und zählt trotzdem nicht zu den Traditionshäusern, die ausschliesslich von ihrer Vergangenheit zehren. Im Jahr 1838 logierte hier die Königin Victoria von England – ihr zu Ehren übernahm das Hotel den Namen «Royal Victoria». Heute ist das äussere Erscheinungsbild dasselbe wie anno dazumal, das Innere wurde unlängst vollständig renoviert. Die Repräsentationsräume entsprechen der noblen Eleganz lombardischen Understatements, die 43 Zimmer sind freundlich, hell und komfortabel. Hauptattraktion des Hauses ist die Lage direkt am Comersee und natürlich der schöne Garten, der im Sommer auch als Restaurantterrasse dient. Hier tafeln wohl situierte Familien aus dem nahen Mailand. Die Atmosphäre ist entspannt, Pasta, Fisch und Fleisch sind opulent und beflügeln die Lebenslust: im Ofen gegarter Wolfsbarsch;

Tel. (0039) 0341/81 51 11
Fax (0039) 0341/83 07 22
✷✷✷❶❶

Brasato in kraftvollem Gattinara mit Kräutern, Karotten und Sellerie geschmort; nach Rosmarin duftende Lammkoteletts und weisse Bohnen mit einem Schuss Olivenöl. Hier (wie überall am Comersee) geht es nicht um das Raffinement einer Sterneküche. Die lombardischen Gäste schätzen gut zubereitete Klassiker – und die überschaubaren Preise. Während man abends diniert, gehen die Lichterketten am gegenüberliegenden Ufer langsam über in den leuchtenden Sternenhimmel.

I-23829 Varenna
Lombardei

Hotel Villa Cipressi

Tel. (0039) 0341/83 01 13
Fax (0039) 0341/83 04 01
✱✱❶

Das herbe Ostufer des Comersees kann es nicht mit der Exotik der anderen Seite aufnehmen. Eine Ausnahme ist das Dorf Varenna, das in seiner Romantik wiederum alle anderen Ortschaften selbst am Westufer schlägt. Es hat seine Ursprünglichkeit bewahrt, und es gibt mehr Wohnhäuser als Souvenirläden, mehr Gemüsehändler als Boutiquen. Varenna ist allerdings nicht das mediterrane Italien der opulenten Sinnlichkeit. Seine Reize drängen sich nicht auf. Sie überraschen still: Kaskaden von Bougainvilleen und Glyzinien, die sich über ockerfarbene alte Mauern ergiessen, verträumte Gässchen und schmale Wege entlang dem Ufer, moosbefleckte Stufen, die im Wasser enden. Kein Gewimmel an den Stränden, keine Campingplätze.

Mailändische Familien kehren seit Generationen in diesem Dorf ein, tragen ihre zeitlosen Kordhosen und Tweedjackets und werden mit den Varennesi alt, wiederholen Rituale wie den sonntäglichen Aperitif auf der Piazza oder tauchen in gepflegte Konversation mit dem Direktor der «Villa Cipressi». Diese ist ein patinaschwerer Palazzo mit einem traumhaften, in mehreren Stufen zum See abfallenden Park. Leider wurde schon länger nicht mehr in das Haus investiert, und das Engagement der Mitarbeiter lässt manchmal zu wünschen übrig – ein Schicksal, das die «Villa Cipressi» leider mit fast allen Hotels teilt, die dem italienischen Staat gehören.

WieWoWasWann?

Geschlossen: Januar und Februar.
Lage: In einer paradiesischen Parkanlage direkt am Comersee. Absolut ruhig.
Preise: DZ 150 000–190 000 Lit. (inkl. Frühstück). Keine Cards.
Küche: Einfache lombardische Küche in durchschnittlicher Ausführung. Schöne Restaurantterrasse zum Garten. Wer sich engagiert bekochen lassen möchte, geht ins «Ristorante Vecchia Varenna» im Dorf (Contrada Scoscesa, 10, Tel. 0039/ 0341/ 83 07 93).
Sport & Animation: Wassersportmöglichkeiten im Ort.
Anfahrt: Autobahn A 2 Zürich–Chiasso bis Lugano. Dann Landstrasse S 340 am nördlichen Seeufer bis Gandria und weiter bis nach Menaggio am Comersee. Von dort mit der Fähre nach Varenna (fährt regelmässig). Mit der Bahn nach Como und von dort mit dem Schiff nach Varenna.

Aostatal I-11021 Breuil-Cervinia

Hôtel Hermitage

WieWoWasWann?

Geschlossen: Mai–Juni, September–November.
Preise: DZ 400 000–1 000 000 Lit. (ohne Frühstück). Alle Cards.
Lage: Am Südfuss des Matterhorns, in stiller Abgeschiedenheit ob Cervinia.
Küche: Das elegant-ländliche Restaurant (mit Blick auf Lärchenwälder) entspricht der Qualität des Hauses.
Geheimtipp-Zimmer: Jeder Raum hat seine persönliche Note, alles hier ist ausgezeichnet und von gutem Geschmack.
Sport & Animation: Innenschwimmbad, Sporthalle, Sauna, Dampfbad. Die Umgebung lädt im Sommer zu Wanderungen, im Winter zum Skifahren ein. 9-Loch-Golfplatz 500 m nah.
Anreise: Autobahn A9 Vevey–Sion bis Martigny, Landstrasse über oder durch den Grossen St. Bernhard bis Aosta, dann Autobahn A 5 Aosta–Torino bis Ausfahrt Châtillon, von dort Landstrasse S 406 bis Breuil-Cervinia. Das «Hermitage» liegt etwas ausserhalb und ist ausgeschildert.

Wirklich nur die Vorzüge von Breuil-Cervinia geniessen, ohne mit den Nachteilen in Berührung zu kommen, das können Sie im «Hermitage». Etwas ausserhalb des verbetonierten, über keinerlei Charme verfügenden Wintersportortes gelegen, ist das Hotel im Gegensatz zu seinen meisten Nachbarn unten im Dorf nicht der Versuchung erlegen, ein Ziel für Touristenbusse zu werden. Ihrer Ruhe in diesem eleganten Chalet auf 2000 Meter Höhe können Sie sicher sein. Das Innere zeugt von ausgezeichnetem Geschmack. Hier wurden ausschliesslich edle Materialien verwendet und alte Möbel aus dem Aostatal für die Ausstattung gewählt. Sobald man das Haus betritt, ist man von der freundlichen Atmosphäre und dem unaufdringlichen Luxus eingenommen. Die Gästezimmer (18 Doppelzimmer, 14 Junior-Suiten und 4 Suiten mit Kamin) sind alle hell und in zarten

Tel. (0039) 0166/94 89 98
Fax (0039) 0166/94 90 32
E-mail: hermitage@relaischateaux.fr
✱✱✱✱❶❶❶

Farben dekoriert, und – wichtig! – alle haben Sicht auf die höchsten Berge Europas. Nach einem Tag an der prickelnden Bergluft wartet im intimen Salon oder in den wunderbaren Suiten ein knisterndes Kaminfeuer. Bei einem bunten Cocktail an der American Bar kann man sich dann auf ein festliches Diner freuen. Das Personal entspricht dem Stil des Hauses: tadellos, geschult, aber immer mit italienischer Freundlichkeit und Lebendigkeit. Das Gästebuch des «Hermitage» ist voll von Lobeshymnen, die berühmte und weniger berühmte Reisende auf dieses «Heim fern der Heimat» verfasst haben. Wie soll man sich nicht in dieses einladende Chalet verlieben?

I-11021 Breuil-Cervinia   Aostatal

Les Neiges d'Antan

Tel. (0039) 0166/94 87 75
Fax (0039) 0166/94 88 52
✳✳✳❶❶

Kurz vor dem Wintersportort Breuil-Cervinia, am Südfuss des Matterhorns und der Grandes Murailles, empfängt das «Neiges d'Antan» eine Clientèle auf der Suche nach einer Behaglichkeit und einer Atmosphäre, wie sie in den «Skipalästen» der Alpen eben häufig nicht zu finden ist. Hier wird der Beweis geliefert, dass auch ein kleiner Gasthof ohne elitären Anspruch Ursprünglichkeit und Komfort harmonisch miteinander verbinden kann. Mit einem rundum liebenswürdigen Haus, das mit der Gastfreundschaft und der menschlichen Wärme der Familie Bich beseelt ist. Carmen, la mamma, herrscht zusammen mit Tochter Lucia über Töpfe und Pfannen, Padrone Maurizio betreut mit seinen beiden Söhnen Ludovico und Luca die Gäste. Die Dekoration spielt mit herbstlichen Tönen und viel Holz, was die Atmosphäre zusätzlich erwärmt. Der mit Kupfertöpfen, rosa Tischtüchern, bäuerlichen Möbeln und einer Sammlung von alten Drucken geschmückte Speisesaal ist von rustikaler, natürlicher Schönheit. Die massiven Deckenbalken, die Batterie von raren Grappa-Flaschen über dem Kamin, der seit Anfang des Jahrhunderts kaum je erloschen ist, die Wohlgerüche aus der Küche sowie dezente Klaviermusik und die Liebe zu kleinsten Details verleihen dem Hotel sein intimes Gepräge. Auch der moderne Salon (in dem man Bücher und Zeitungen in einem halben dutzend Sprachen vorfindet), die getäfelte Bar und die 28 Zimmer sind sehr persönlich eingerichtet. Und vor den Fenstern grüsst die imposante Gletscherszenerie, die greifbar nah scheint.

WieWoWasWann?

Geschlossen: Mai–Juni, Mitte September–Anfang Dezember.
Preise: DZ 210 000 Lit. (inkl. Frühstück). Suiten für 4 Personen: 360 000 Lit. Alle Cards ausser Diners.
Lage: Inmitten von Bergen und Wäldern, 4 km vor Cervinia, etwas abseits der grossen Strasse. Direktanschluss an die Skipisten.
Küche: Exzellent. Zur Vorspeise typische Aostataler Gerichte wie gepökelter Speck, Nudeln mit Gemsenragout, Blutwurst oder Wirsingsuppe; zum Hauptgang gegrillte Forelle mit Salat aus Zitrusfrüchten oder Kutteln mit Maisbrei in Weinsauce; zum Dessert Quitten in Blätterteig.
Sport & Animation: Das winterliche Skivergnügen und der sommerliche Wanderspass beginnen direkt vor der Haustür.
Anreise: Autobahn A 9 Vevey–Sion bis Martigny, Landstrasse über oder durch den Grossen St. Bernhard bis Aosta, dann Autobahn A 5 Aosta–Torino bis Ausfahrt Châtillon, von dort Landstrasse S 406 in Richtung Breuil-Cervinia. Nach dem Tunnel kurz vor Cervinia rechts abbiegen.

Aostatal I-11020 Champoluc

Villa Anna Maria

WieWoWasWann?

Geschlossen: Mai-Mitte Juni und Mitte September-November.
Preise: DZ 240 000–280 000 Lit. (inkl. Halbpension).
Cards: Visa, Eurocard.
Lage: In einem bewaldeten Garten am Dorfrand.
Küche: Die Gäste werden in netter heimeliger Umgebung mit einem ordentlichen, deftigen Frühstück und dreigängigen Abendmenüs mit Spezialitäten aus dem Aostatal verwöhnt. Unbedingt einmal das «Aostatal-Fondue» probieren.
Geheimtipp-Zimmer: Alle 20 Gästezimmer sind schlicht, bieten aber eine gemütliche Bergatmosphäre; einige verfügen über weissgetünchte Wände und offenes Gebälk, andere sind ganz mit Holz ausgekleidet.
Sport & Animation: Champoluc ist nicht nur ein familiäres Ski- und Wandergebiet, sondern auch beliebter Ausgangspunkt für Hochgebirgstouren.
Anreise: Autobahn A 9 Vevey–Sion bis Martigny, Landstrasse über oder durch den Grossen St. Bernhard bis Aosta, dann Autobahn A 5 Aosta–Torino bis Ausfahrt St-Vincent-Châtillon, von dort Landstrasse S 506 bis Champoluc.

Das Chalet aus den 20er-Jahren versteckt sich in einem traumhaften Garten zwischen Tannen am Dorfrand von Champoluc und wirkt eher wie ein Privathaus denn wie ein Hotel. Auch Empfang und Service vermitteln den Eindruck, man sei bei Freunden zu Gast. Die «Villa Anna Maria» ist eine Adresse für Ruhe Suchende und jene, die das schlichte Leben auf dem Land schätzen. Das Innere dieser Villa ist sehr gemütlich, bei der Ausstattung wurde viel Holz verwendet, und das Rustikale zeugt von gutem Geschmack. Die Zimmer sind recht einfach, aber behaglich und kuschelig. Alte Möbel, allerlei persönliche Gegenstände und Kupfergeschirr schmücken den Speisesaal, wo eine freundliche Atmosphäre herrscht und delikate, traditionelle Gerichte serviert werden. Die Umgebung bietet Berg- und Naturfans vieles: abwechslungsreiche Spazier-

Via Croues 5
Tel. (0039) 0125/30 71 28
Fax (0039) 0125/30 79 84
✶✶●●

und Wanderwege, kühles Quellwasser, viel frische Luft und die Freude daran, täglich einen anderen Viertausender erklimmen zu können (der «Hausberg» Monte Rosa ist beispielsweise 4634 Meter hoch). Für Menschen, die das Hochgebirge lieben, ist diese Gegend besonders reizvoll. Im Winter kommt man hierher zum Ski fahren, allerdings ist die Atmosphäre in Champoluc viel familiärer als in den mondänen Wintersportarenen wie etwa Courmayeur oder Breuil-Cervinia. Die Terrasse und der Garten vor der «Villa Anna Maria» erweisen sich als idealer Ort, um sich von einem sporterfüllten Tag zu erholen. Eine charmante Adresse für ein Wochenende mit schmalem Geldbeutel.

I-10010 Chiaverano　　　　　　　　Piemont

Castello San Giuseppe

Tel. (0039) 0125/42 43 70
Fax (0039) 0125/64 12 78
***❶❶

Das burgige Anwesen liegt auf einem bewaldeten Hügel bei Ivrea und bietet einen herrlichen Ausblick auf die drei umliegenden Seen Lago Sirio, Lago San Michele und Lago di Campagna. Wo sich einst Karmeliterinnen in vollkommener Armut dem Gebet hingaben, bevor Napoleon Bonaparte das «Castello San Giuseppe» zu einer Festung an strategisch geschickter Position machte, wohnt es sich heute sehr romantisch. In dem sorgfältig restaurierten Gemäuer mit gut erhaltener Architektur gibt es derart viel zu bewundern, dass eine Kurzbeschreibung sehr schwierig ist; in jedem Fall werden Sie von den gewölbten Decken, den rauhen Terrakotta-Böden und den Freskenmalereien begeistert sein, ferner von der die Vergangenheit beschwörenden Atmosphäre, die durch kein noch so geringes Detail gestört wird – eine Atmosphäre, die man heute nur noch selten, vielleicht im Museum, antrifft. Die 15 Zimmer, im Grunde Suiten, mögen auf den ersten Blick etwas altmodisch erscheinen, aber es wird schnell klar, dass man mehr Wert auf Charakter als auf Luxus gelegt hat. Ein weiterer Pluspunkt: Pasquale Naghiero, der Besitzer, weiss, was Gastfreundschaft bedeutet und sorgt dafür, dass die Hotelgäste sich wie geladene Gäste fühlen. Viel Platz zum Entspannen bietet schliesslich der friedliche Park, wo man zwischen Olivenbäumen, Zedern und Magnolien lustwandeln kann.

WieWoWasWann?

Geschlossen: Nie.
Lage: Isoliert auf einem bewaldeten Hügel mit wunderbarem Ausblick. Absolut ruhig.
Preise: DZ 180 000–200 000 Lit. (inkl. Frühstück). Alle Cards.
Küche: Wein und Trüffel – das passt zusammen und verspricht einzigartige Gaumenfreuden. Im Restaurant werden fast ausschliesslich piemontesische Spezialitäten und Weine angeboten, um Sie – falls erforderlich – von der besonderen Lebensart dieser Region zu überzeugen.
Geheimtipp-Zimmer: Die in den oberen Geschossen liegenden Zimmer sind stilistisch alle zwischen italienischer Rustikalität und Ritterromantik anzusiedeln, die schönsten sind die Eckzimmer. In allen Räumen dürfte jedoch der Blick aus den Fenstern am meisten beeindrucken.
Sport & Animation: Hallenbad, Sauna, Spazier- und Wanderwege.
Anreise: Autobahn Chiasso–Milano–Torino/Aosta bis Ausfahrt Ivrea, Landstrasse in Richtung Lago Sirio/Biena. Das Hotel befindet sich 3 km nordöstlich von Ivrea nahe Chiaverano.

Piemont I-14030 Cioccaro di Penango

Locanda del Sant' Uffizio

WieWoWasWann?

Geschlossen: Anfang–Mitte Januar, die zwei mittleren Augustwochen.
Preise: DZ 520 000–720 000 Lit. (inkl. Halbpension). Alle Cards ausser American Express.
Lage: 21 km nördlich von Asti, mitten in den Weinbergen. Absolut ruhig.
Küche: Das Restaurant «Da Beppe», mit Blumen dekoriert und Kerzen erhellt, zählt zu den besten der Region und überzeugt mit Köstlichkeiten «alla piemontese». Grosse Auswahl an lokalen Weinen; gut bedient ist man mit den Tropfen aus dem eigenen Weinberg Sant' Uffizio und dem speziell für dieses Restaurant hergestellten Sekt.
Geheimtipp-Zimmer: Übertriebenen Luxus sucht man vergeblich, aber alle 35 Zimmer und Suiten sind sehr ruhig, sehr gepflegt und blicken ins Grüne.
Sport & Animation: Freibad, Tennis, Billard, Boccia, Fahrräder.
Anreise: Autobahn Chiasso–Milano–Alessandria, von dort Autobahn in Richtung Torino bis Ausfahrt Asti. Landstrasse S 457 nördlich in Richtung Moncalvo. Das Hotel liegt 5 km südöstlich von Moncalvo.

Jahrhundertelang waren Mönche die einzigen, die den paradiesischen Blick genossen, der sich von dem ehemaligen Kloster über die hügelige Weinlandschaft des Montferrato bietet.
Vor 25 Jahren rettete Giuseppe Firato («Beppe») die schönen Gebäude aus roten Ziegeln vor dem Verfall und eröffnete in den alten Mauern zunächst ein Restaurant, das sich sehr schnell zum Besten der Region entwickelte. Mit der Zeit kamen immer mehr Gästezimmer hinzu, bis sich das ganze Anwesen Ende der 80er-Jahre zu einem exquisiten Hotel mauserte. Es wurde mit grosser Sorgfalt restauriert, und bei der Ausstattung wurde eine gewisse Strenge beibehalten, die der Architektur dieses Klosters aus dem 15. Jahrhundert seine ganze Grösse verleiht. Die kleine Kapelle, die alten Gewölbe, Balken und Fliesenböden, die weissgetünchten Wände, das dunkle Mobiliar und

Tel. (0039) 0141/91 62 92
Fax (0039) 0141/91 60 68
★★★★ ❶❶❶❶

die antiken Bettgestelle aus Walnussholz oder Schmiedeeisen in den behaglichen Zimmern unterstreichen diese Atmosphäre noch. Die beabsichtigte Strenge schliesst jedoch in keiner Weise den zeitgemässen Komfort aus, der nichts Mönchisches hat. Im umliegenden Park locken Schwimmbad, Boccia-Bahn und Tennisplätze. Zudem geniesst man Tag und Nacht himmlische Ruhe, wird von freundlichen Menschen umsorgt und kann nach Tagliolini mit schwarzen Trüffeln, Tatar mit sautierten Steinpilzen oder einer Lammkeule mit Kräuterfüllung den Blick auf den Sternenhimmel über dem Piemont geniessen.

I-28049 Isola Pescatori-Stresa   Piemont

Albergo Verbano

Tel. (0039) 0323/3 04 08
Fax (0039) 0323/3 31 29
E-mail: hotel verbano@gse.it
✶✶❶❶

«Unter den 1001 Edelsteinen, die Mutter Natur mit verschwenderischem Grossmut dieser bevorzugten Erde mitgegeben hat, verdient besonders der Lago Maggiore hervorgehoben zu werden», steht in einem Reisebuch aus der Jahrhundertwende geschrieben. Das gilt auch heute noch, und am schönsten zeigt sich der See auf den blühenden Wunderinseln zwischen Brissago und Stresa, die mit üppigen Parkanlagen und Palästen gesegnet sind, welche von deutschem Stimmengewirr widerhallen. Wer auch nachts auf einer Lago-Maggiore-Insel bleiben will, fährt auf die Isola dei Pescatori. Sie gehört nicht (wie die benachbarte Isola Bella) den reichen Borromei, sondern den Bewohnern, Fischern zumeist, und erinnert mit den bunt ineinander geschachtelten Häusern mit pflanzenumrankten Balkonen und gewundenen Gässchen an eine griechische Insel. An einmaliger Lage am Ende dieser Fischerinsel versteckt sich das «Albergo Verbano», ein sympathisches rotes Puppenhaus, dessen kleine Mängel letztes Endes seinen Charme ausmachen. Es bietet zwölf einfache Zimmer mit herrlicher Aussicht; wer hier übernachtet, hört nur mehr das gleichmässige Plätschern der Wellen am Ufer. Auf der Terrasse des lauschigen Inselrefugiums, das seit über hundert Jahren von der Besitzerfamilie Zacchera geführt wird, kann man abends im Kerzenschein und mit Blick auf die exotischen Borromäischen Inseln essen.

WieWoWasWann?

Geschlossen: Januar–Februar.
Preise: DZ 220 000–240 000 Lit. (inkl. Frühstück). Alle Cards.
Lage: Direkt am Wasser. Absolut ruhig.
Küche: Feine regionale Spezialitäten mit Schwerpunkt Fisch. Sogar Einheimische ziehen die «Verbano»-Fischsuppe der eigenen vor.
Geheimtipp-Zimmer: Alle Zimmer mit Balkon, einige mit eigenem Kamin.
Sport & Animation: Eigene Boote, Wassersport. Die benachbarte Isola Bella, ein künstliches Ensemble von barocker Stein- und Gartenarchitektur, gilt als grösstes «Landschaftskunstwerk» Italiens.
Anreise: Gotthard-Autobahn A 2 bis Ausfahrt Bellinzona-Süd und weiter nach Locarno, Seestrasse via Brissago–Verbania nach Stresa. Im Hafen von Stresa Fahrzeug abstellen (Gratis-Parkplätze) und das Schiff zu den Borromäischen Inseln nehmen, auf der Isola dei Pescatori aussteigen (Fahrten jede halbe Stunde von 8-19 Uhr). Ab Locarno sind die Borromäischen Inseln schneller mit den öffentlichen Verkehrsmitteln als mit dem Auto zu erreichen: Die Tragflächenboote flitzen mit 60 km/h über den See.

Piemont

I-28016 Orta San Giulio

Villa Crespi

WieWoWasWann?

Geschlossen: Januar.
Preise: DZ 320 000–480 000 Lit. (inkl. Frühstück). Alle Cards.
Lage: In einem Park oberhalb des idyllischen Orta San Giulio.
Küche: Selbst die blasiertesten Gourmets überschlagen sich in ihren Lobliedern auf Natale Bacchetta, diesen Equilibristen des Wohlgeschmacks. Leichthin liesse sich antworten, dass es eine Qualität von Speisen gibt, die schiere Lebensfreude auslöst und keinen Platz für Ornamente lässt. Gerichte, die sozusagen der pure Stoff sind; keine krampfhaften Kombinationen, nicht originalitätssüchtig, sondern die reine Substanz.
Geheimtipp-Zimmer: Alle 8 Suiten und 6 Zimmer sind rundum empfehlenswert, verfügen über spektakuläre Himmelbetten, opulente Marmor-Badezimmer und meist Seeblick.
Sport & Animation: Kleines Fitnesscenter mit Sauna.
Anreise: Gotthard-Autobahn bis Lugano, Ausfahrt Agno/Ponte Tresa, dann Landstrasse nach Varese, von dort via Vergiate, Borgomanero südlich des Lago Maggiore nach Gozzano und Orta San Giulio. Das Hotel ist ausgeschildert.

Die piemontesische Kultur ist bäuerlichen Ursprungs und nie von Schlössern und Burgen ausgegangen. «Denn die, die dort Herren waren, waren zu einem grossen Teil Faulpelze und – was schlimmer ist – Schwachköpfe», meint ein nicht genannt sein wollender Restaurateur der Region. Trotzdem findet sich da und dort ein schlossiges Anwesen, besonders eindrücklich in Orta San Giulio: Inmitten eines herrlichen Parks voller Lärchen versteckt sich die «Villa Crespi», ein arabischer Palast aus Tausendundeiner Nacht. Der erste Eindruck löst das blanke Erstaunen aus. Wie gebannt steht man beim Anblick des sagenhaften, von einem maurischen Minarett gekrönten Gebäudes, das 1880 von einem lombardischen Textilindustriellen erbaut wurde, der sich nach seinen Reisen in den Orient ein Monument in seiner Heimat setzen wollte. 1990 kauften der italienische Anwalt Raffaele

Via C. Fava, 8/10
Tel. (0039) 0322/91 19 02
Fax (0039) 0322/91 19 19
★★★★★❶❶❶

Esposito und der Starkoch Natale Bacchetta den heruntergekommenen Herrschaftssitz und brachten ihn innert drei Jahren wieder in seinen ursprünglichen Glanz. Entstanden ist eine Gourmethochburg mit 14 Zimmern und Suiten, die sich gegenseitig hinsichtlich Eleganz und Einmaligkeit ausstechen. Kunstfertigkeit bis ins Detail auch in den Aufenthaltsräumen und natürlich auch im Restaurant, das sich wie das ganze Haus in orientalischem Stil mit buntem Dekor präsentiert. Hier ist man vom ersten Gang an weg und taucht erst geraume Zeit nach dem letzten wieder auf. Dazwischen bekam man ein Menü wie eine Perlenkette – jede Perle ein perfektes Geheimnis und ein Gedicht für die Sinne.

I-16034 Portofino   Ligurien

Hotel Splendido

Tel. (0039) 0185/26 95 51
Fax (0039) 0185/26 96 14
E-mail: splendido@pn.itnet.it
✳✳✳✳✳❶❶❶❶

Den «Insider-Hotels» fehlte bisher ein wichtiges Weekend-Erlebnis: das Meer. Wer bereit ist, dreieinhalb Autostunden ab Lugano auf sich zu nehmen, findet an der ligurischen Riviera die nächstmögliche Pforte zum lang ersehnten Paradies. Am schönsten wenige Kilometer östlich von Genua, wo die Küste von magischen Orten des Fremdenverkehrs abgesteckt ist: Camogli, San Fruttuoso, Portofino, Santa Margherita und Rapallo. Auf dem bewaldeten Hügel über der Bucht des wundersam unverschandelten Fischerdorfs Portofino thront das «Splendido», das romantischste Luxushotel in diesem Führer und zugleich das Highlight unserer Neuentdeckungen. Wer zum ersten Mal hier ist, kommt aus dem Staunen gar nicht mehr heraus. Der Ausblick ist spektakulär und lieblich zugleich, im exotisch duftenden Park fühlt man sich wie ein Vogel zwischen Himmel und Meer, die Terrasse, die im Sommer auch als Restaurant dient, ist ein sanfter Traum in den Farben Terrakotta, Crème und Apricot. In den Aufenthaltsräumen dominieren ausgefallene Möbel, Fresken und Carraramarmor, die 69 Zimmer und Suiten sind wohltuend frisch dekoriert und verfügen über elegante Bäder und allen Komfort. Direktor Maurizio Saccani sorgt mit Herz und Charme für Stil und italienische Grandezza. Etwas Anstrengung kostet es leider, am nächsten Morgen die Rechnung zu begleichen, aber wer das alles einmal erlebt hat, weiss, dass das «Splendido» immer und jederzeit eine Pilgerfahrt ans Mittelmeer lohnt.

WieWoWasWann?

Geschlossen: Anfang Januar–Mitte März.
Lage: In einem zauberhaften Park über der Bucht von Portofino. Selten schöne Aussicht, absolut ruhig.
Preise: DZ 690 000–2 100 000 Lit. (inkl. Frühstück). Alle Cards.
Küche: Hausspezialität sind Meerestiere in allen Variationen, angerichtet mit den Aromen Italiens. Der Weinkarte würde eine Lieferung von weniger unerschwinglichen Weinen gut tun. Aber so oder so müssen Sie sich auf eine Rechnung gefasst machen, die dem luxuriösen Rahmen entspricht.
Sport & Animation: Freibad, Fitnessraum, Sauna, Tennis, eigenes Motorboot für Ausfahrten und Wasserski.
Anreise: Autobahn Chiasso–Milano–Genova, dann Autobahn A 12 in Richtung La Spezia bis Ausfahrt Rapallo, von dort Küstenstrasse bis Portofino. Mit der Bahn via Milano nach Genua, von dort mit dem Regionalzug nach Santa Margherita. Taxi zum Hotel (5 km).

Piemont I-10132 Torino

Relais Villa Sassi

WieWoWasWann?

Geschlossen: August.
Preise: DZ 400 000 Lit. (ohne Frühstück). Alle Cards.
Lage: In einem 22 Hektar grossen Park auf einem Hügel 4 km vom Stadtzentrum Turin entfernt. Ruhig.
Küche: Das an den Hotelpark angrenzende Bauernhaus liefert die frischen Produkte der neuzeitlich interpretierten Piemonteser Küche von Silvio Rivolta. Auf der Weinkarte findet sich alles, was den guten Ruf Italiens ausmacht, und wenn sich die am Wochenende dominierende französische Clientèle nach Burgundern erkundigt, heisst die Antwort klipp und klar: «Solo vini italiani e basta.»
Geheimtipp-Zimmer: Alle 16 Zimmer sind sehr elegant im Stil der «casual elegance» eingerichtet.
Sport & Animation: Idealer Ausgangspunkt für Tagesausflüge ins Piemont.
Anreise: Autobahn Lugano–Chiasso Milano Torino bis Ausfahrt Torino-West. Dann den Hotelwegweisern folgen.

«Jemanden zu Gaste laden heisst, für sein Glück zu sorgen, solange er unter unserem Dache weilt.» Dieses Zitat von Brillat-Savarin scheinen die Gastgeber in der «Villa Sassi» ganz besonders verinnerlicht zu haben. Herzlicher als in dieser wunderschönen Villa aus dem 17. Jahrhundert kann der Empfang kaum sein. Schon beim Betreten der lichten Rezeption mit der alten Holztreppe wird man von der warmen und freundlichen Atmosphäre des Hauses gefangen genommen. An allen Ecken und Enden schöne alte Bilder und Gemälde, Barockleuchter, frische Stoffe und exquisite Blumenarrangements. Inmitten der Piemonteser Hügellandschaft, aber trotzdem nur fünf Autominuten vom belebten Turiner Stadtkern entfernt, wurde hier ein traditionsverbundener Landsitz von raffinierter Schlichtheit und rustikaler Eleganz, ein Ort für romantische Seelen und Ruhe

Tel. (0039) 011/898 05 56
Fax (0039) 011/898 00 95
★★★★❶❶❶❶

Suchende bewahrt. Eingebettet in einen 22 Hektar grossen Park mit hundertjährigen Bäumen geniesst man hier unaufdringlichen Luxus ebenso wie den Reiz des Einfachen, beschauliche Ruhe – aber auf Wunsch jede Menge Abwechslung. Die grossen Glasflächen des Gourmetrestaurants, wo regionale Spezialitäten kreativ verfeinert werden, gehen zum Garten und bieten einen weiten Blick ins Grüne. Die 17 antiquitätenbestückten, klimatisierten Zimmer sind durchwegs bewundernswert, und man hat die Qual der Wahl. Dies ist vielleicht mit ein Grund, dass die zahlreichen Stammgäste immer wieder kommen, was zur Folge hat, dass die Reservierungsliste länger und länger wird…

I-12050 Trezzo Tinella   Piemont

Antico Borgo del Riondino

Tel. (0039) 0173/63 03 13
Fax (0039) 0173/63 03 13
✳︎✳︎✳︎❶❶

Die vielleicht schönste «Agroturismo»-Herberge im Piemont ist der mustergültig dezent restaurierte Gutshof «Riondino», eine gute Autoviertelstunde von Alba entfernt. Die Turiner Familie Poncellini kaufte den antiken Bauernhof um 1980. Seine fantastische Lage oberhalb von Trezzo Tinella, mit dem freien Blick über ein Tal, das wie ein Amphitheater ein Halbrund vor der weiten Aussicht bildet, hat sie sofort begeistert – hier wollten sie bleiben. Durch den Vater Adriano, Ex-Generalmanager einer Bank, und den Sohn Marco, seines Zeichens Künstler und Architekt, kamen bei der Restaurierung Geld und (Schön-)Geist zusammen und hauchten den pittoresk verfallenen Gebäuden, die sich wie ein kleines Dorf um einen zentralen Platz scharen, neues Leben ein. So entstand mit viel Geschmack und Mut zu ungewöhnlichen Lösungen ein reizvoller Komplex mit einer nüchternen, ruralen Ästhetik, wo Altes und Modernes eine glückliche Verbindung fand. Alles auf «Riondino» ist haus- und handgemacht: die gehäkelten Bettüberwürfe, die leckeren Marmeladen zum Frühstück, der Wein aus dem eigenen, biologischen Rebberg, ja selbst die Bilder, die Mario nur mit dezenten, aus der Natur gewonnenen Erdfarben oder Weinstein malt. Zu sagen, «Riondino» sei ein Geheimtipp, ist falsch. Das piemontesische Kleinod hat sich herumgesprochen, in Italien wie im Ausland. So buchen die Gäste hier nicht, wann es ihnen am besten geht, sondern fragen erst einmal scheu an, an welchem Wochenende wohl noch ein Platz frei wäre.

WieWoWasWann?

Geschlossen: Nie.
Preise: DZ 160 000 Lit. (ohne Frühstück). Keine Cards.
Lage: Hoch über Trezzo Tinella, mit freiem Blick auf die Langhe-Hügel und das Monviso-Gebirge.
Küche: Irene Poncellini bewirtet abends ihre Gäste mit piemontesischen Spezialitäten vor einem prasselnden Kaminfeuer. Die Zutaten holt sie aus ihrem geliebten Gemüsegarten – zumindest im Sommer ist sie fast autark.
Geheimtipp-Zimmer: Die 6 Gästezimmer sind alle mit antiken Möbeln eingerichtet, jedes hat seinen eigenen Charme.
Sport & Animation: Für Gäste werden auf «Riondino» gerne Kräuterkurse oder Reitausflüge organisiert.
Anreise: Autobahn Chiasso–Milano–Alessandria, Asti, Landstrasse in Richtung Alba bis Abzweigung nach Trezzo Tinella. Das Hotel ist ausgeschildert und liegt in klösterlicher Abgeschiedenheit oberhalb des Dorfes.

Piemont I-12060 Verduno

Castello di Verduno

WieWoWasWann?

Geschlossen: Dezember–Februar.
Preise: DZ 200 000 Lit. (inkl. Frühstück). Alle Cards.
Lage: Inmitten eines grünen Gartens im Weingebiet der Langhe, 10 km südlich von Alba.
Küche: Einfache piemontesische Spezialitäten zu reellen Preisen. Gute Auswahl an Weinen der Langhe und von Roero, aber halten Sie sich an die hervorragenden hauseigenen Barolo und Paleverga, die in den Kellern unter dem Hotel lagern und nur in begrenzter Menge produziert werden, da die Trauben nur von einem einzigen Weinberg stammen.
Geheimtipp-Zimmer: Unbedingt ein Zimmer im Schloss reservieren.
Anreise: Autobahn Chiasso–Milano–Alessandria–Asti, Landstrasse nach Alba in Richtung Barolo/Castiglione Falletto bis Abzweigung Roddi, ab dort ist Verduno angeschrieben.

Die Langhe, das Herzstück des Piemont, ist berühmt für Trüffeln, Pilze – und den Barolo. Als König Carlo Albert von Savoyen, Vater von Vittorio Emanuelle II., im Jahr 1847 die Weine des «Castello di Verduno» probierte, kaufte er schlicht und einfach das Weingut und das Schloss aus dem 18. Jahrhundert. Heute ist das «Castello di Verduno» der Stolz und die Leidenschaft von Elisa und Gabriella Burlotto, die sich einerseits um die Gäste des Hotels, andererseits um die Weinproduktion kümmern. Der Geist des alten Königs scheint noch immer durch die historischen Räume zu schweben, die Atmosphäre wird durch kein noch so kleines Detail gestört. Die 13 mit schönen alten Möbeln eingerichteten Zimmer mögen auf den ersten Blick etwas altmodisch erscheinen, aber es wird schnell klar, dass man mehr Wert auf Charakter als auf Luxus gelegt hat. In allen

Via Umberto 9
Tel. (0039) 0172/47 01 25
Fax (0039) 0172 47 02 98
✻✻✻❶❶

Räumen dürfte jedoch die herrliche Aussicht über die Rebhänge und in die savoyischen Alpen am meisten beeindrucken. Ein weiterer Pluspunkt: Die Burlotto-Schwestern wissen, was Gastfreundschaft bedeutet und sorgen mit unverfälschter Herzlichkeit dafür, dass die Hotelgäste sich wie Freunde des Hauses fühlen. Elisa pflegt eine Küche, die auf Produkten der Region basiert und klassische Rezepte nach den Erkenntnissen moderner Kochkunst modifiziert und verfeinert. Gabriella sorgt im Restaurant dafür, dass auch bei voller Besetzung (was oft genug vorkommt) jeder mit sich und der Welt zufrieden ist.

F-74400 Le Lavancher/Chamonix   Savoyen

Hôtel du Jeu de Paume

705, route du Chapeau
Tel. (0033) 450 54 03 76
Fax (0033) 450 54 10 75
★★★★❶❶❶

Die Atmosphäre des «Jeu de Paume» spiegelt die Persönlichkeit der Besitzerin Elyane Prache wider, deren grosses Anliegen es ist, ihre Gäste in einem besonders stilvollen Rahmen zu betreuen – was Madame bereits seit Jahren und mit viel Erfolg in ihrem gleichnamigen Traumhotel auf der Ile-Saint-Louis in Paris tut. Die Erstausgabe in der Seine-Metropole besticht mit dezentem urbanem Design, hier oben in den savoyischen Bergen setzt man auf viel Naturholz, das Wärme und Behaglichkeit ausstrahlt. Alles in diesem ebenso komfortablen wie intimen Chalet hat Stil: die Ausstattung der Salons, die Zimmer, die knarrenden Treppenhäuser, der Empfang, das Essen im Restaurant «Rosebud». Zahlreiche Details wie die frischen Blumen, die Bibliothek, die Hirschgeweihe über dem knisternden Kamin, die alten Ledersessel, Stiche und Teppiche sowie tausend kleine Accessoires vom Aschenbecher bis zur Wolldecke machen den Charme dieses freundlichen «Cottage» aus, das sich neben einem Tannenwald am Rand des Dörfchens Le Lavancher versteckt, 7 km vom pulsierenden Chamonix entfernt. Vor dem Fenster grüssen die Aiguille du Midi und das Montblanc-Massiv. Um dieses aussergewöhnliche Panorama, die Ruhe und die Sonne auch wirklich auszukosten, haben alle 22 Zimmer, die im Übrigen genauso geschmackvoll eingerichtet sind wie die Aufenthaltsräume, einen eigenen Balkon. Man ist beinahe versucht, diese Adresse nicht weiterzugeben – aus lauter Angst, der Erfolg könnte dem «Geist» dieses rundum sympathischen Hauses etwas anhaben.

WieWoWasWann?

Geschlossen: Anfang September–Anfang Dezember, Anfang Mai–Anfang Juni.
Preise: DZ 890–1390 FF (ohne Frühstück). Alle Cards.
Lage: Am Rand von Le Lavancher, einem der schönsten Dörfer rund um den Montblanc. Absolut ruhig.
Küche: Tadellos zubereitete französische Traditionsgerichte werden in einem gepflegt rustikalen Rahmen von überaus freundlichen Kellnern serviert.
Geheimtipp-Zimmer: Alle 22 Zimmer sind reizend möbliert, mit hellem Holz ausgekleidet und verfügen über einen Balkon oder eine Terrasse. Besonders einladend sind die Junior-Suiten im Dachgeschoss.
Sport & Animation: Innen- und Aussenschwimmbad, Sauna, Tennis. Langlaufloipen, Spazier- und Wanderwege vor der Haustür. Hotelbus ins nahe Skigebiet. 18-Loch-Golfplatz Les Praz 3 km nah.
Anreise: Autobahn A 9 Vevey–Sion bis Ausfahrt Martigny, Landstrasse N 506 in Richtung Chamonix-Montblanc. Das Dorf Le Lavancher liegt 7 km vor dem grossen Wintersportort, das Hotel ist ausgeschildert.

Savoyen

F-74120 Megève

Au Coin du Feu

WieWoWasWann?

Geschlossen: Anfang April–Mitte Juli, Anfang September–Mitte Dezember.
Preise: DZ 940–1420 FF (mit Frühstück). Alle Cards ausser Diners.
Lage: Am oberen Dorfrand, wenige Schritte vom Zentrum und von der Talstation der Seilbahn entfernt.
Küche: «Le Saint-Nicolas» zählt zu den besten Restaurants des Ortes und zieht auch viele einheimische Feinschmecker an. Auch einfachere Gerichte wie Fondue oder Raclette werden hier zu einem kleinen Fest.
Geheimtipp-Zimmer: Alle Zimmer sind so intim und wohlig wie das ganze Haus.
Sport & Animation: Alles ist nah, nichts ist weit: 300 km Skipisten für jedes Niveau, 65 km Langlaufloipen, Spazier- und Wanderwege, Golfplatz.
Anreise: Autobahn A 40 Genf–Montblanc bis Ausfahrt Le Fayet, Landstrasse D 909 via St-Gervais-les-Bains nach Megève. Das Hotel liegt etwas unterhalb der Rochebrune-Talstation und ist ausgeschildert. Mit der Bahn: Von Genf direkt nach Sallanches, dort mit dem Bus nach Megève.

«Un endroit cocooning à souhait où l'on oublie le mot hôtel pour s'y retrouver entre amis», steht verheissungsvoll im Hausprospekt, und tatsächlich: Wenn mit dem Winter die Bedürfnisse nach einer warmen Umgebung, nach Zärtlichkeit und Umsorgtwerden wieder kommen, kann man im «Au Coin du Feu» das Wort Hotel vergessen, hier ist man bei Freunden. Der grosse Kamin knistert im Salon, ein verspieltes Dekor mit floralen Stoffen und naiven Bildern sorgt für eine fröhliche Atmosphäre, auch die Zimmer sind mit viel Gespür liebevoll bis ins kleinste Detail eingerichtet. Im ganzen Haus finden sich restaurierte alte Möbel, die hier neben schönen Eichenholztäfelungen eine zweite Jugend erleben. Harmonie auf der ganzen Linie. Die spontanen Gastgeber bemühen sich um das Wohlbefinden der Gäste – eben so, wie man es auch in einem Privathaus tun würde. Zum Abendes-

Route du Téléphérique de Rochebrune
Tel. (0033) 450 21 04 94
Fax (0033) 450 21 20 15
✶✶✶✶❶❶❶

sen brauchen Sie nicht auszugehen, sondern sich nur in den rustikal-kuscheligen Speisesaal zu begeben, der in der Gegend als eine der besten Adressen für schmackhafte savoyische Köstlichkeiten gilt. Auch vom exzellenten Frühstück mit hausgemachten Konfitüren, frischem Landbrot und knusprigen Baguettes werden Sie angenehme Erinnerungen mit nach Hause nehmen. Im «Coin du Feu» vereinigen sich ländlicher Chic und savoyisches Savoir-vivre zu einem unvergesslichen Erlebnis für alle, die Tradition und gepflegte Gastlichkeit lieben. Um jedoch zu den Glücklichen zu zählen, die hier zur winterlichen Hauptsaison unterkommen, muss man frühzeitig reservieren.

F-74120 Megève   Savoyen

Le Fer à Cheval

36, route du Crêt d'Arbois
Tel. (0033) 450 21 30 39
Fax (0033) 450 93 07 60
✳✳✳✳✳❶❶❶

Ein kleines savoyisches Wohnmuseum mit gepflegtem Bergcharakter ist das «Le Fer à Cheval», das aus zwei miteinander verbundenen Chalets besteht, die sich um einen blumigen Innenhof mit Schwimmbad gruppieren. Dieses freundliche und stimmungsvolle Hotel ist genau das, was man sich häufiger in den französischen Alpen wünscht. Die 41 holzverkleideten Zimmer sind alle mit rustikalen Antiquitäten aus den Savoyen eingerichtet und das Ergebnis jahrelanger Pflege und Sorgfalt. Dasselbe gilt für die diversen kleinen Salons im Parterre, wo jeder ein lauschiges Plätzchen zum Lesen und Teetrinken, zum Spielen und Quatschen findet. Massive Deckenbalken und alte Bauernschränke, antike Tische und Stühle, dazu karierte Stoffmuster und ländliche Nippsachen schaffen eine Atmosphäre zum Einkuscheln und Wohlfühlen. Am Abend isst man bei Kerzenlicht in der selten gemütlichen, in hundert Brauntönen gehaltenen Wirtsstube an hübsch gedeckten Tischen, die sich rund um einen grossen Kamin drapieren. Die Karte beschränkt sich auf wenige regionale Köstlichkeiten, die in diesem kleinen Paradies gleich doppelt schmecken. Inmitten einer sehr touristischen Gegend ist es dem herzlichen Direktorenpaar Isabelle und Marc Sibuet gelungen, hier eine ganz besondere und ungezwungene Atmosphäre zu schaffen. Man kommt als Gast und geht als Freund. Was zur Folge hat, dass dieses Haus im Winter sehr gefragt ist. Das heisst: rechtzeitig reservieren, denn die begeisterten Stammgäste sind zahlreich.

WieWoWasWann?

Geschlossen: April–Juni, September–Mitte Dezember.
Preise: DZ 1430–1840 FF (inkl. Halbpension). Alle Cards ausser Diners.
Lage: Am Ortsrand, 300 m vom turbulenten Zentrum entfernt. Ruhig.
Küche: Gut gemachte, traditionelle Regionalküche mit Wild-, Fisch- und Käsespezialitäten.
Geheimtipp-Zimmer: Jedes Zimmer hat seinen eigenen Charme, jedes ist mit savoyischem Flair und zeitgemässem Komfort ausgestattet. Schmucke Duplex-Zimmer für kleinere, Suiten mit Cheminée für grössere Familien.
Sport & Animation: Aussenschwimmbad, Whirlpool, Sauna, Dampfbad, Fitness usw. Megève bietet sämtliche Sommer- und Wintersportmöglichkeiten. Hotelbus zu den Skiliften (bei Schneemangel fährt der Bus in höhere Skiregionen).
Anreise: Autobahn A 40 Genf–Montblanc bis Ausfahrt Le Fayet, Landstrasse D 909 via St-Gervais-les-Bains nach Megève. Ausgeschildert. Mit der Bahn: Von Genf direkt nach Sallanches, dort mit dem Bus nach Megève.

Savoyen   F-74120 Megève

Les Fermes de Marie

WieWoWasWann?

Geschlossen: Mitte April–Mitte Juni, Mitte September–Mitte Dezember.
Preise: DZ 1160–3600 FF (inkl. Halbpension). Alle Cards.
Lage: Ein Dorf im Dorf, 5 Gehminuten vom Ortszentrum Megève entfernt.
Küche: Die beiden stimmungsvollen Restaurants (das eine mit Käsespezialitäten, das andere mit veredelten savoyischen Traditionsgerichten) sind von Behaglichkeit.
Geheimtipp-Zimmer: Alle Zimmer sind von selten erreichtem Charme. Einmalige Balkenkonstruktion im Turmzimmer Nr. 821.
Sport & Animation: Hallenbad, Sauna, Dampfbad, Whirlpool, Fitness- und Kraftraum, Mountainbikes, «Ferme de beauté». Ski- und Wanderparadies, Golfplatz im Dorf.
Anreise: Autobahn A 40 Genf–Montblanc bis Ausfahrt Le Fayet, Landstrasse D 909 via St Gervais les Bains nach Megève. Das Hotel liegt unweit der Route Nationale 212 in Richtung Annecy. Mit der Bahn: Von Genf direkt nach Sallanches, dort mit dem Bus nach Megève.

Bei den «Fermes de Marie» fällt es schwer, von einem Hotel zu sprechen, weil man hier in einen Weiler aus einer anderen Zeit eintritt oder genauer in ein kleines savoyisches Dorf im Dorf Megève. Die «Fermes» bestehen aus einer «Kollektion» alter Bauernhäuser aus den umliegenden Bergen, die hier Balken für Balken, Stein für Stein wieder aufgebaut worden sind. Die vollkommen aus Holz bestehenden Chalets («mazots»), die echtes regionales Cachet mit innenarchitektonischem Pfiff verbinden, sind alle mit dem Hauptgebäude verbunden, das neben der Rezeption den Salon, die Bibliothek, die Bar und die beiden Restaurants beherbergt. Die meisten der 52 Zimmer liegen nach Süden, alle sind äusserst «cosy» eingerichtet und verfügen über Balkon, Sitzecke und allen Komfort, den man sich wünscht. Authentischer und zugleich aufregender kann man in den

Chemin de Riante Colline
Tel. (0033) 450 93 03 10
Fax (0033) 450 93 09 84
✴✴✴✴✴❶❶❶

Bergen nicht wohnen, immer wieder neue Aus-, Ein- und Durchblicke, es sind ganz einfach die schönsten Zimmer der Alpen. Der grosszügige Salon verteilt sich labyrinthisch auf verschiedene Stockwerke; hier eine kleine Treppe, dort eine einladende Sitzgruppe um ein knisterndes Feuer, überall muntere Stoffe, naive Bilder und tausend Accessoires, vom Schlitten bis zum Hirschgeweih. Ein Cocktail aus Authentizität, Charme und Raffinement, zu dem sich auch die «Ferme de beauté» mit drei weiteren Zutaten gesellt: innere Harmonie, Wohlsein und Schönheit. Aber das verwundert im Wunderland «Les Fermes de Marie», dem Platz für Träumer, Schwärmer und Kosmopoliten, ja eigentlich nicht.

F-74290 Talloires   Savoyen

L'Abbaye

Chemin des Moines
Tel. (0033) 450 60 77 33
Fax (0033) 450 60 78 81
✱✱✱❶❶❶

Wie sieht eine echte Traumlandschaft aus? Ein See müsste her, natürlich dunkelblau, ein paar milde Wiesen und ein paar Berge mit smaragdgrünem Wald. Dann das Ganze hübsch um den See herum verteilen, ordentlich Fische ins Wasser und Rehe in den Wald – und um das Ganze zu geniessen, vielleicht noch ein altes Kloster mit Gästezimmern ans Ufer, ein bisschen erhöht, damit man alles überblickt. Zu schön, um wahr zu sein? Wer zum ersten Mal vor dem «L'Abbaye» am Lac d'Annecy steht, traut seinen Augen kaum. Dieser Platz sieht aus wie ein Gemälde; wohl nicht zufällig verbrachte hier Paul Cézanne den Sommer 1896. Das authentisch erhaltene Benediktinerkloster aus dem 17. Jahrhundert ist auch heute wie geschaffen für Menschen, die den Sinn des Lebens gerne geniessen.
Die Zimmer in den ehemaligen Mönchszellen, die man über eine beeindruckende Galerie erreicht, mögen naturgemäss eher klein sein, sie haben aber viel Charme und verfügen über eine komfortable Ausstattung mit ruhiger, gedämpfter Atmosphäre. Der Empfang ist herzlich und das Restaurant angenehm. Im Sommer werden Frühstück und Abendessen im verträumten Garten serviert – letzteres bei Kerzenlicht. Und stets bezaubert einen dieser Ausblick, derselbe unveränderte Ausblick, den vor 300 Jahren die wackeren Gottesmänner hatten. Der See hat Trinkwasserqualität; Forellen und Saiblinge tummeln sich bis an die Ufer darin. Und Wildschweine, hinter denen schon die kurzberockten Römer ebenso wie die Obelixe her waren, suhlen sich noch heute in den nahen Wäldern.

WieWoWasWann?

Geschlossen: Mitte November–Ende März.
Preise: DZ 850–1295 FF (ohne Frühstück). Alle Cards.
Lage: Direkt an der Seepromenade von Talloires.
Küche: Wer die Theorie vertritt, dass ein Koch stets nach den a) einfachen, b) naturbelassenen, c) immer identifizierbaren, also d) ihres Eigengeschmacks nicht beraubten Devotionalien auf den Tellern streben soll, is(s)t hier richtig. Die Klosterküche hat sich gewissermassen dem geschichtsträchtigen Ort angeglichen und wird von den Moden wenig belastet zubereitet. Stattliche Auswahl preiswerter regionaler Weine.
Geheimtipp-Zimmer: In allen Zimmern geniesst man den Luxus des Einfachen, etwas weniger einfach ist das «Chambre du Prieur» (siehe Bild unten).
Sport & Animation: Wassersport, Golf und Reiten 3 km nah. Diverse Spazier- und Wanderwege.
Anreise: Landstrasse N 201 Genf–Annecy, Wegweisern Annecy-le-Vieux, dann Thônes folgen. Das Hotel liegt im Hafen von Talloires.

Savoyen F-74290 Veyrier-du-Lac

Auberge de l'Eridan

WieWoWasWann?

Geschlossen: Mitte November bis Mitte Januar.
Preise: DZ 1500–4850 FF (ohne Frühstück). Alle Cards.
Lage: Ein Hafen der Ruhe in einem kleinen Park direkt am See.
Küche: Kaum je ein Koch ist so schnell aufgestiegen wie Marc Veyrat, das «Enfant terrible der französischen Gastronomie» (Gault Millau), dessen Talent hier förmlich explodiert ist. Als Autodidakt ist er sozusagen durch die Hintertür getreten, 1995 wurde sein Gipfelsturm mit jenem berühmten dritten Michelin-Stern gekrönt, der ihn in den Reigen der Allerbesten Aufnahme finden liess. Seither pilgert die Garde der professionellen Geniesser zu diesem bis dahin nicht übermässig bekannten Ort und lässt sich von den kräuter- und pflänzchenorientierten Gerichten vom Hocker hauen.
Geheimtipp-Zimmer: Alle 11 Zimmer haben Balkon und Seesicht. Berauschend sind die Nr. 4 sowie die Duplex-Suiten Nr. 7 und Nr. 8 mit Cheminée.
Anreise: Landstrasse N 201 Genf–Annecy, Wegweisern Annecy-le-Vieux, dann Thônes folgen. Das Hotel ist im Dorf Veyrier gut ausgeschildert.

Marc Veyrat liebt die Farbe Blau. Seine «Auberge de l'Eridan», die direkt am Lac d'Annecy liegt, dekliniert diese Himmelsfarbe vom Speisesaal bis in die elf Gästezimmer mit einer kaum zu übertreffenden Eleganz. Wie bei anderen Traumhotels lassen sich hier die Gäste grob in drei Kategorien einteilen. Die einen kommen an, stossen ein leises «Oh» aus angesichts der fantastischen, lichtdurchfluteten Zimmer und Bäder, lassen sich in die Sessel auf dem Balkon fallen und bestellen erst einmal eine Flasche Champagner. Das sind die reinen Geniesser. Die Vertreter der zweiten Kategorie gehen unverzüglich auf Erkundungstour. Sie inspizieren das Terrain, werweissen, wo sich wohl die Küche des Starkochs verstecken mag. Sie schielen zu den grossen Fenstern der Duplex-Suiten im Dachgeschoss, prüfen die Temperatur im See und lassen die Jalousien rauf und runter. Das sind die In-

Tel. (0033) 450 60 24 00
Fax (0033) 450 60 23 63
E-mail: veyrat@relaischateaux.fr
★★★★★❶❶❶❶❶

quisitoren. Und dann gibt es noch Leute, die haben schon vor dem Abendessen das erste dutzend Ansichtskarten geschrieben und abgeschickt. Das sind die Langweiler. Aber selbst jene Gäste, die anfangs wirken, als wäre ihre Seele mit einem Stöpsel verschlossen, lassen sich im «L'Eridan» aus ihrer Verkrampfung lösen. Allerspätestens im Restaurant, wo Küchenhexenmeister Veyrat den vernachlässigten Pflanzen, Wurzeln, Blumen, Pilzen und anderen Produkten seiner Gegend neues Leben einhaucht. Mit dem Ergebnis, dass man bei jedem Gang meint, die Kochkunst werde gerade neu erfunden – ein an Zauberei grenzendes Fest, das sich bis zum unvergleichlichen Frühstück hinzieht.

F-13100 Aix-en-Provence   Provence

Villa Gallici

Avenue de la Violette
Tel. (0033) 442 23 29 23
Fax (0033) 442 96 30 45
E-mail: gallici@relaischateaux.fr
✶✶✶✶✶❶❶❶

Schön ist Aix, so schön, dass die Franzosen sie als ihre Wunschstadt Nummer eins nennen. Keine Flaniermeile der Provence kann es mit dem eleganten Cours Mirabeau aufnehmen, in keiner französischen Stadt ausser Paris finden so viele Filmvorpremieren statt. Die sommerlichen Musikfestspiele machen selbst Salzburg Konkurrenz und erklingen hier in allen Gassen und Strassen, die quirligen Logenplätze Place des Cardeurs und Place de l'Hôtel de Ville werden zur Bühne. So heiter und elegant wie Aix ist auch die «Villa Gallici». Der Pariser Innenarchitekt Gil Dez hat sich 1992 mit diesem kleinen Luxushotel (19 Zimmer) die Vision seines eigenen Traumhauses verwirklicht. Renoviert und dekoriert wurde nach dem Motto: «Nur das Beste ist gut genug.» Wenn man punkto Interieur an verführerisch schöne Himmelbetten mit Blumenmotiven, sublime Badezimmer mit Carrara-Marmor und weisslackierten Holzverkleidungen sowie lichtdurchflutete Salons von besonders raffinierter Eleganz denkt, dürfte die Vorstellungsgabe ungefähr auf dem richtigen Weg sein. Das lukullische Frühstück unter den Platanen der Terrasse ist ein Erlebnis, belebt mit umwerfend schönen Frauen und Männern, die ihre Diät vergessen, während sie sich Berge von Croissants und Pain au chocolat einverleiben. Die Stimmung ist auch an Regentagen sehr sommerlich, was nicht zuletzt dem freundlichen Empfang zu verdanken ist. Aufregender als dieses Spitzenhotel ist wohl keines in der Provence.

WieWoWasWann?

Geschlossen: Nie.
Preise: DZ 950–3000 FF (ohne Frühstück). Alle Cards.
Lage: In einem kleinen Park oberhalb der quirligen Altstadt. Ruhig.
Küche: Einfache provenzalische Spezialitäten gibts im Haus, innovative Variationen traditioneller Gerichte im unmittelbar benachbarten Restaurant «Clos de la Violette». Viele Lokale in Aix sind auf die begrenzten Mittel von Studenten und jüngeren Gästen zugeschnitten. So erklärt es sich, dass man selbst in diesem einmalig schönen, hochbesternten Gourmetrestaurant ein aufwendiges Abendmenü für 300 FF erhält. Scheinbar spielend lässt Küchenchef Jean-Marc Banzo mit seinem mit Lorbeer pochierten Seewolf seine Gäste in den siebten Geschmackshimmel aufsteigen.
Geheimtipp-Zimmer: Ausnahmslos alle.
Sport & Animation: Schwimmbad. Flaniermeile Cours Mirabeau 5 Minuten nah.
Anreise: Autobahn A 7 Lyon–Marseille bis Abzweigung A 8 nach Aix. Die «Villa Gallici» liegt etwas nördlich vom Stadtzentrum. Mit der Bahn ist Aix bequem via Genf–Lyon zu erreichen.

Provence F-13200 Arles

Grand Hôtel Nord-Pinus

WieWoWasWann?

Geschlossen: Nie.
Preise: DZ 770–1700 FF (ohne Frühstück). Alle Cards.
Lage: Direkt an der belebten Place du Forum im Herzen von Arles.
Küche: Jean-André Charial, Starkoch im nahen «Oustau de Baumanière» (siehe Seite 191) zeichnet für die einfache und perfekt zubereitete «Cuisine du soleil» verantwortlich.
Geheimtipp-Zimmer: Für die Beschreibung der 23 Zimmer reicht die Vokabel «Charme» nicht aus, keines gleicht dem anderen, weder in Grösse noch in Ausstattung. Alle scheinen mit Terrakotta-Fussböden, provenzalischen Antiquitäten und mediterran gemusterten Stoffen die ganze Sonne Südfrankreichs eingefangen zu haben. Traumhaft ist die Suite Nr. 10 (eine Art Loge zur Place du Forum), wer den belebten Platz fürchtet, nimmt ein Zimmer zum Hof.
Anreise: Autobahn A 7 Lyon–Marseille bis Orange, dann A 9 bis Nîmes, von dort A 54 bis Arles. Das Hotel liegt im Stadtzentrum.

Der Lärm von Arles ist so allgegenwärtig wie die Kunst, und beiden ist eigen, dass man sie mit der Zeit nicht mehr wahrnimmt. Was im Fall der Kunst natürlich schade ist, zumal das Beeindruckende an Arles nicht nur die Ansammlung kultureller Schätze ist, sondern die unaufdringliche Art, wie sich die Kunst, insbesondere in ihrer architektonischen Form, im Alltag dieser mittelalterlichen Bilderbuchstadt präsentiert. Die wunderbaren Plätze, die schön verzierten Häuser, die kunstvoll verwinkelten Strassen und schiefen Gassen, die Figuren und Skulpturen an allen Ecken und Enden. Zwar hat an allem der Zahn der Zeit genagt, aber dem Charme tut dies keinen Abbruch. Die Museumsstadt Arles hat ein Hotel, das ihr entspricht, denn auch das «Nord-Pinus» hat die Spuren vergangener Zeiten bewahrt. Wie der französische Schriftsteller Jean Giono fragt man sich: «Warum

Place du Forum
Tel. (0033) 490 93 44 44
Fax (0033) 490 93 34 00
✶✶✶✶✶❶❶

Pinus? Norden verstehe ich, aber Pinus? Ich habe mir sagen lassen, dass es der Name des Gründers sei. Absolut logisch. Dann begriff ich, dass ich in das Land der Phantasie und der Masslosigkeit gekommen war.» Im Gästebuch stehen Namen wie Picasso, Cocteau und Dominguez. Nach einem längeren Dornröschenschlaf und einer feinfühligen Renovation im Jahr 1989 zieht das Hotel wieder die Pariser Boheme und eine schicke, modebewusste Kundschaft an. Die ungemein sinnliche Innendekoration von der Eingangshalle bis zu den Zimmern trägt viel zur besonderen Atmosphäre bei, an die man sehnsüchtig zurückdenkt, wenn man sich erneut der konfektionierten Modernität ausliefert.

F-84140 Avignon-Montfavet   Provence

Hostellerie les Frênes

645, avenue des Vertes-Rives
Tel. (0033) 490 31 17 93
Fax (0033) 490 23 95 03
✴✴✴✴❶❶❶

Kann man gastfreundlicher und aufmerksamer sein als die Familie Biancone? Man kann nicht. Die Familie Biancone empfängt Sie mit einer natürlichen Herzlichkeit, die nach einer längeren Autofahrt wohltuender kaum sein könnte und die ältere Gourmets wohl an die grossen Wirte von früher erinnert, als sich Oberkellner noch nicht wie Zeremonienmeister und Köche noch nicht wie Hohepriester aufführten. Sohn Hervé betreut zusammen mit Mutter Biancone die Gäste – fast wie in einer echten Auberge, nur dass hier alles drei Nummern luxuriöser ist –, Bruder Antoine zaubert in der Küche. Zeus und Götterschar würden für ein Essen im «Les Frênes» ihren ganzen Vorrat an Nektar und Ambrosia eintauschen.

Der junge Koch: «Wenn Sie in einem Restaurant essen, sollten Sie mit geschlossenen Augen herausriechen, ob Sie in Wien, Tokio, Strassburg oder eben in der Provence sind.» So experimentiert er mit den typischen Aromen des Südens, nimmt regionalen Gerichten die Schwere oder verfeinert Altbekanntes mit viel Raffinesse. Das schöne Bürgerhaus aus dem 19. Jahrhundert, das in einen traumhaften Park mit Riesenpool eingebettet ist, präsentiert sich als Architektur-Patchwork von gediegen klassisch bis wegweisend modern (sagenhafte Badezimmer). Hier soll es Gäste geben, die, nachdem sie ihren Wagen eingeparkt haben, die Hotelanlage für die nächsten 14 Tage nicht mehr verlassen. Und was trifft man für Gäste? Menschen, die es zu etwas gebracht haben – Menschen mit Ansprüchen und der grossen Sehnsucht nach kultivierter Idylle.

WieWoWasWann?

Geschlossen: Anfang November–Ende März.
Preise: DZ 595–2400 FF (ohne Frühstück). Alle Cards.
Lage: In einem bemerkenswert schönen Park östlich des Stadtzentrums von Avignon. Absolut ruhig.
Küche: «Les Frênes» ist eines dieser Häuser, die beweisen, dass der liebe Herrgott wohl ein Franzose sein muss. Von unübertrefflicher Delikatesse ist das Lamm; das Angebot der Küche ist so breit gefächert wie die letzten Sonnenstrahlen über den wogenden Lavendelfeldern der Provence. Eines der besten Restaurants rund um Avignon.
Geheimtipp-Zimmer: Die schönsten Zimmer liegen nicht im Haupthaus, sondern in den Nebengebäuden hinter dem Schwimmbad. Sie verfügen über hypermoderne Badezimmer mit Whirlpool.
Sport & Animation: Grosses Aussenschwimmbad im Hotelpark.
Anreise: Autobahn A 7 Lyon–Marseille bis Ausfahrt Avignon-Süd, Richtung Avignon bis Ausfahrt Nr. 8. In Montfavet gegenüber der Kirche nach rechts abbiegen.

Provence   F-84000 Avignon

La Mirande

WieWoWasWann?

Geschlossen: Nie.
Lage: Mitten in der Altstadt von Avignon, nur durch eine schmale Strasse vom Ostteil des Papstpalastes getrennt. Ruhig.
Preise: DZ 1700–4900 FF (ohne Frühstück). Alle Cards.
Küche: Der junge Chef kultiviert virtuos die südfranzösischen Klassiker, ohne jedoch zu erstarren. Wunderbares Lamm, allerfeinste Châteauneuf-du-Pape.
Geheimtipp-Zimmer: Jedes der 20 Zimmer ist ein gelungenes Ensemble aus ausgesuchten Möbeln und kostbaren Stoffen. Nr. 21, Nr. 37 und Nr. 38 verfügen über eigene Terrassen.
Sport & Animation: Koch-Workshops mit grossen Chefs aus den Top-Restaurants der Gegend, Klassik- und Jazzkonzerte.
Anreise: Autobahn A 7 Lyon–Marseille bis Ausfahrt Avignon-Nord, dann in Richtung Centre ville bis zur «Porte de la Ligne». Ab hier ist das Hotel ausgeschildert (engste Altstadtsträsschen!). Am Bahnhof Avignon werden Hotelgäste auf Wunsch abgeholt.

Man tritt ein und gerät in fein dosierte Aufregung. Die «Mirande» ist das «Hôtel Musée» schlechthin. Eine grössere Detailverliebtheit, eine lebendigere Nostalgie, eine schönere Harmonie zwischen den unzähligen Antiquitäten, Gemälden, Skulpturen, Gobelins, Teppichen, Mosaikfussböden, Türen, Stuckdecken, Stoffen und Pflanzen kann es wohl kaum geben. Wie die deutsche Besitzerfamilie Stein das 700 Jahre alte Palais im Schatten des Papstpalastes restaurierte und seit Anfang der 90er-Jahre wieder mit Leben erfüllte, ist einmalig. Zwar gab es anfangs viele Neider – die südfranzösische Konkurrenz liess Gift und Galle über die ehrgeizigen Quereinsteiger herniederprasseln –, aber inzwischen hat sich die Missgunst der Kollegen gelegt und fast jedes europäische Hochglanzmagazin hat über das Hotel geschrieben. Auch der deutsche Gastropapst Wolfram Siebeck kennt in

4, place de la Mirande
Tel. (0033) 490 85 93 93
Fax (0033) 490 86 26 85
✭✭✭✭✭❶❶❶❶❶

Mitteleuropa «kein anderes Hotel mit einem vergleichbaren Ambiente und keinen anderen Hotelier, der die Ästhetik so sichtbar höher bewertet als den Kommerz.» In diesem schönen Gemäuer wohnen heute vor allem Leute, die etwas können, etwas sind und etwas haben und sich dreimal soviel einbilden, wie sie können, sind und haben. Im romantischen Garten, in den Salons, im Gourmetrestaurant oder in der glasüberdachten Halle ist die Wahrscheinlichkeit hoch, dass man auf ein Gesicht trifft, das man aus dem (französischen) Fernsehen kennt. Wenn sich die Päpste hier anstatt im benachbarten Papstpalast niedergelassen hätten, wären sie wahrscheinlich nie mehr nach Rom zurückgekehrt.

F-30200 Bagnols-sur-Cèze   Provence

Château de Montcaud

Tel. (0033) 466 89 60 60
Fax (0033) 466 89 45 04
E-mail:
montcaud@relaischateaux.fr
****ᴑᴑᴑ

Wie mutig (oder verrückt) muss man sein, um in der nördlichen Provence, 40 lange Landstrassenkilometer oberhalb von Avignon, mitten in den Garrigues und den Weinbergen der Côtes du Rhône ein heruntergekommenes Landgut, bestehend aus einem provenzalischen Gehöft und einem kleinen Château, zu kaufen und daraus ein Traumhotel machen zu wollen? Rudy Baur, ein lange Jahre in der Hotellerie tätiger Deutschschweizer, der sich in diesen Landstrich verliebte und beschloss, sein weiteres Leben hier zu verbringen, war verrückt und mutig genug. Eigenes Vermögen hatte Baur kaum, dafür aber die gute Idee und die Überzeugungskraft, ein paar Investoren als Teilhaber seines Hotels zu gewinnen. Seit 1993 zaubert nun das «Château de Montcaud» ein Lächeln auf Geniessermienen, eine natürliche Harmonie liegt über dem Anwesen. In den Gästezimmern herrscht heitere Eleganz, von allen Räumen blickt man auf den weitläufigen, geruhsamen Park. Feinschmecker geniessen das tägliche Fest der sterneverdächtigen Küche und den kultivierten Service. Die feinsten Weine der Region. Die Geräuschkulisse im Patio des Restaurants – mit Grillengezirp, fröhlichem Gelächter, Gläserklirren. Sie erleben im «Château de Montcaud» Tage und Nächte tiefen Wohllebens. Da lohnt sich das Suchen nach diesem abgelegenen Paradies.

WieWoWasWann?

Geschlossen: Mitte Januar–März.
Lage: In einem 5 ha grossen Park mit jahrhundertealten Bäumen. Absolut ruhig.
Preise: DZ 850–3000 FF (ohne Frühstück). Alle Cards.
Küche: Sorgfalt, Organisation und genau die richtige Prise neuer Ideen – so lautet das Erfolgsrezept für René Grafs mediterrane Küche. Dazu werden die besten Weine der Côtes du Rhône, von Châteauneuf-du-Pape und der Côtes de Provence serviert.
Sport & Animation: Freibad, Tennisplatz, Sauna, Dampfbad, Massagedusche, Kraftraum, Bouleplatz, Pingpong- und Bridge-Tische, Bikes, Kinderspielplatz, Musikabende, Louisiana-Jazz-Brunch jeden Sonntag im Sommer (12 bis 15 Uhr).
Geheimtipp-Zimmer: Nr. 26 (grosszügige Junior-Suite), Nr. 24 (mit Himmelbett), Nr. 34 und Nr. 35 (beides Duplex-Suiten mit Terrassen), Nr. 21 und Nr. 31 (schöne Supérieur-Zimmer).
Anreise: Autobahn A 7 Lyon–Marseille bis Ausfahrt Bollène, von dort Landstrasse nach Pont St-Esprit und Bagnols-sur-Cèze. Von dort 4 km auf der Landstrasse D 6 in Richtung Alès. Das Hotel ist ausgeschildert.

Provence F-13520 Les Baux-de-Provence

Oustau de Baumanière

WieWoWasWann?

Geschlossen: Mittwochs, Mitte Januar–Ende März.
Preise: DZ 1250–2200 FF (ohne Frühstück). Alle Cards.
Lage: In grandioser Naturkulisse am Fusse der Alpilles. Bei Sonnenaufgang sowie -untergang leuchtet hier der Himmel in Farben, die man kaum sonst irgendwo in Europa findet.
Küche: Jean-André Charials Philosophie «Vouloir faire plaisir aux gens en se faisant plaisir» spürt man in jeder Nuance, provenzalische Gerichte wie Trüffelravioli mit Lauch, Rotbarbenfilets an Pistousauce oder gegrillte Ente mit Oliven bringen Sonne in die «Baumanière»-Küche. Sagenhafter Weinkeller.
Geheimtipp-Zimmer: Die meisten Zimmer befinden sich in verschiedenen Dépendancen und sind komfortabler und im Dekor frischer als diejenigen im Haupthaus. Romantische Nostalgiker nehmen die Nr. 2 im Haupthaus.
Sport & Animation: Aussenschwimmbad, Tennis. Golfplatz 3 km nah.
Anreise: Autobahn A 7 Lyon–Marseille bis Ausfahrt Avignon-Süd, Richtung Noves, dann St-Rémy-de-Provence. Ab dort ist Les Baux ausgeschildert.

Die seltsam schönen «Alpilles» erinnern angesichts ihres gezackten Aussehens einerseits an die höchsten Gipfel der Welt, aber ihre Vegetation und die weissen Felsen ähneln andererseits Griechenland. Mitten in dieser Bergkette verbirgt sich das «Oustau de Baumanière», 1634 als Bauernhaus erbaut, heute vielleicht das schönstgelegene Landhotel Mitteleuropas. Wenn der Mistral geweht hat und die Luft glänzt, ist an einem klaren Tag die Aussicht zum Meer hin weit und deutlich, und man hat das Gefühl, hunderte von Kilometern von der übrigen Welt entfernt zu sein. Das «Baumanière» ist eine gute Mischung aus einem authentischen, sehr gepflegten Provence-Haus und einem luxuriösen Hotel mit Charme. Fast alle der 20 Zimmer verfügen über Himmelbetten und Cheminées, jedes hat seinen eigenen Zauber. Die Aufmerksamkeit gilt dem eintretenden Gast. Wer durch

Tel. (0033) 490 54 33 07
Fax (0033) 490 54 40 46
★★★★★❶❶❶

die Tür des stolzen Hauses tritt, spürt in jeder Nuance, dass es hier keinen Bereich gibt, dem nicht grösste Aufmerksamkeit zuteil wird. Den Reichen und Einfallsreichen dieser Welt ist dies nicht verborgen geblieben: An Wochenenden wirkt das «Baumanière» manchmal so, als habe man über dem grossen Speisesaal (im Sommer über der Terrasse neben dem Pool) einen Fernsehapparat ausgeschüttet mit Politikern und TV-Moderatoren, Schauspielern und Sängern und Schriftstellern, die, unter die dutzende von namenlosen Gästen gestreut, reden und lachen und gestikulieren. Zweifellos ist das alles nicht ganz billig. Aber das Spektakel und die mediterrane Küche von Jean-André Charial sind es wert.

F-84410 Crillon le Brave   Provence

Hostellerie Crillon le Brave

Tel. (0033) 490 65 61 61
Fax (0033) 490 65 62 86
E-mail:
crillonbrave@relaischateaux.fr
★★★❶❶❶

Auch wenn Sie die «Hostellerie Crillon le Brave» nicht auf Anhieb finden sollten: der Weg lohnt sich wirklich! Das abgelegene kleine Hotel umfasst mehrere benachbarte Steinhäuser und liegt wie ein Dorf im Dorf am oberen Ende eines authentischen Fünfzig-Seelen-Nests am Fusse des Mont Ventoux, den die Hirten im Mittelalter als Zauberberg fürchteten, weil zu seinen Füssen im Frühling schon die Rosen blühen, während um seinen Gipfel noch Schneestürme tosen, und weil die Temperatur zwischen Tal und Gipfel an einem normalen Tag um mindestens 11 Grad Celsius differiert. Heute kann man mit dem Auto bis auf den Gipfel fahren – einer der eindrucksvollsten Ausflüge der Provence überhaupt. Doch zurück ins «Crillon le Brave», wo labyrinthartige Treppen und Korridore in zwei dutzend Zimmer und Salons, Gärten und Terrassen, an den Pool oder ins Restaurant führen. Überall herrscht eine fröhlich-relaxte Atmosphäre, die man auch beim Essen findet – an warmen Abenden auf der Terrasse, ansonsten im romantischen Gewölbekeller vor knisterndem Kamin. Da das Hotel einerseits im Besitz von zwei jungen, sehr engagierten Amerikanern ist, andererseits unlängst als Mitglied in die Hotelkette «Relais & Châteaux» aufgenommen wurde (die im Land der unbegrenzten Möglichkeiten einen sehr guten Klang hat), zieht dies viele amerikanische Gäste an (die im Land der dreihundert Käsesorten nicht immer auf Gegenliebe stossen). Auch der Service trägt dazu bei, das Haus zu einer rundum empfehlenswerten Adresse zu machen.

WieWoWasWann?

Geschlossen: Januar–Mitte März.
Preise: DZ 850–2400 FF (ohne Frühstück). Alle Cards ausser Diners.
Lage: Crillon ist ein winziges Dorf am Fusse des Mont Ventoux und kein geeigneter Ferienort für Leute, denen der Sinn nach dem Trubel der Welt steht. Das Hotel liegt neben der Kirche an bester Aussichtslage.
Küche: Passend zur Aussicht erfreuen die Sonnenaromen der Provence.
Geheimtipp-Zimmer: Ein provenzalischer Traum auf drei Etagen ist das kleine, dem Hotel angeschlossene Dorfhaus «La Sousto» (mit vier Betten).
Sport & Animation: Aussenschwimmbad. Guter Ausgangspunkt für Wanderungen: Der Rundumblick vom Gipfel des Mont Ventoux (1909 m ü. M.) über die Cevennen, das Rhonetal, zu den Alpen und bei klarem Wetter bis zu den Pyrenäen ist umwerfend.
Anreise: Autobahn A 7 Lyon–Marseille bis Ausfahrt Orange. Landstrasse D 950 nach Carpentras, von dort auf der D 974 nordostwärts bis Bedoin, dann Richtung Malaucène bis zur Abzweigung Crillon le Brave.

Provence F-84220 Gordes-Joucas

Mas des Herbes Blanches

WieWoWasWann?

Geschlossen: Januar–Mitte März.
Preise: DZ 840–2400 FF (ohne Frühstück). Alle Cards.
Lage: 4 km östlich von Gordes, inmitten der duftenden Garrigues. Ruhiger gehts nicht.
Küche: Auf der traumhaften Restaurantterrasse respektive im Speisesaal, der rund um einen modernen Kamin herumgebaut ist, vermischt sich provenzalische Ländlichkeit mit kulinarischer Kultiviertheit. Man gerät bei gefüllten Zucchiniblüten, Rotbarben mit Tapenade oder gegrilltem Sisteron-Lamm ins Schwärmen.
Geheimtipp-Zimmer: Die beiden begehrtesten Zimmer haben eigene Dachterrassen mit Bäumen und Rasen (in der Hochsaison nur wochenweise zu buchen).
Sport & Animation: Aussenschwimmbad, Tennis, Fahrräder. Spazier- und Wanderwege von der Haustür weg. Reitstall 5 km entfernt.
Anreise: Autobahn A 7 Lyon–Marseille bis Ausfahrt Cavaillon, Landstrasse D 2 in Richtung Apt, in Coustellet nach Gordes abbiegen, die Auffahrt zu Gordes links liegen lassen und 4 km weiter auf der D 2 nach Joucas. Ausgeschildert.

Nirgendwo sonst auf dieser Welt, schreibt der «Figaro», konzentrierten sich so viele Intellektuelle und Schwimmbäder wie in und um Gordes. Seitdem das ockerfarbene Provence-Dorf als Sommeradresse von Politikern und Kultur-Stars wie Jack Lang oder Jane Birkin gilt, gibt es im Ort mehr Immobilienmakler als Bäcker. An allen Ecken des Dorfes hängen ihre Angebote wie Postkarten aus, das renovierungsbedürftige Gartenhäuschen immerhin schon für eine Million Francs. Wir schlagen deshalb vor, auf die eigene Villa in Gordes zu verzichten. Aber nicht auf das weitschweifende Panorama über den Lubéron. Ein Logenplatz lässt sich im «Mas des Herbes Blanches» reservieren, ein Traum am Hang, terrassenumgeben, luxusbetont und blumenüberschüttet bis in die Zimmer. Wer einmal bei Sonnenuntergang auf der Terrasse zu Abend gegessen hat, ist der Provence verfal-

Tel. (0033) 490 05 79 79
Fax (0033) 490 05 71 96
E-mail:
masherbes@relaischateaux.fr
✳✳✳❶❶

len. Wer alles oder nichts mit sich anzufangen weiss, lernt hier, umgeben von Wacholderbüschen und Lavendelfeldern, zu geniessen – und lässt die unbeschreiblich schöne Landschaft wirken. Nach dem Vorbild der «Bories» von Gordes aus grobbehauenem, weissem Kalkstein gebaut, liegen die ineinander verschachtelten Häuser des kleinen, feinen Hotels idyllisch im Grünen. Hervorragender Service und Empfang. Das lauteste Geräusch ist der Gesang der Zikaden; es soll Menschen geben, die können sich unter Ferien nichts anderes mehr vorstellen, als sich jedes Jahr einmal in diese paradiesische Ruhe des «Mas des Herbes Blanches» – ins Haus der weissen Gräser – zurückzuziehen.

F-26790 Rochegude   Provence

Château de Rochegude

Tel. (0033) 475 97 21 10
Fax (0033) 475 04 89 87
✶✶✶✶❶❶❶

Der Marquis von Rochegude wählte diese ehemalige Festung aus dem 12. Jahrhundert als Residenz... Sie kann auch die Ihre werden. Das Hotel liegt über einem authentischen kleinen Dorf, weitab von jeder Durchgangsstrasse, in vollständiger Ruhe auf einem Felsen mit herrlichem Rundblick auf die Weinberge der Côtes du Rhône. Eine wuchtige Trutzburg, die ihren ursprünglichen Charakter voll und ganz bewahrt hat, auf raffinierte Art mit kostbaren Stücken ausgestattet, die in jedem Antiquitätengeschäft Furore machen würden, ein verwinkelter Innenhof, grosse Terrassen, Wandelgänge und Salons voller Ritterromantik, Gourmetrestaurant im ehemaligen Waffensaal, maximal fünfzig Gäste, die sich hier um einige Jahrhunderte zurückversetzt fühlen. Die Eingangshalle des «Château de Rochegude» ist gar ein historischer Platz eines päpstlichen Richtstuhls. Jedes der sehr geräumigen und klimatisierten Zimmer ist mit kennerischer Sorgfalt eingerichtet worden; zu einer der Suiten gehört sogar die Hälfte der alten Wehrgänge und der Burgturm. Einige Zimmer öffnen sich zum riesigen Hauspark, wo sich nachts Rehe, Hirsche und Wildschweine tummeln und der tagsüber zum stillen Verweilen unter schattenspendenden Bäumen oder zum erfrischenden Sprung ins Schwimmbad einlädt. Direktor André Chabert empfängt jeden Gast, als wäre er ein persönlicher Freund, beantwortet geduldig Fragen über die Geschichte seines Schlosshotels oder zu Ausflugsmöglichkeiten in die Umgebung. Mit Sicherheit ein Ort, an dem man gern ein Wochenende verbringen möchte.

WieWoWasWann?

Geschlossen: Nie.
Preise: DZ 650–2500 FF (ohne Frühstück). Alle Cards.
Lage: Hoch über dem Dorf auf einem Felsen mit grossartigem Weitblick über die Provence. Wer hier absteigt, kann mit diesem umwerfenden Panorama jeden Tag aufwachen und zu Bett gehen. An klaren Tagen blickt man bis zu 100 km weit.
Küche: Grande Cuisine aus regionalen Zutaten: Dorade mit eingelegten Tomaten und Tapenade, Huhn an Rosmarin-Honig, grilltes Lammkarree mit Knoblauchpüree.
Geheimtipp-Zimmer: Romantischer geht es nicht mehr: Alle Zimmer sind wundersame Zeitmaschinen für Weekend-Fürsten. Alle Zimmer mit Königsblick.
Sport & Animation: Aussenschwimmbad, Tennis. Hauseigener, 10 ha grosser Park. Golfplatz 10 km entfernt. Kanu- und Kajakfahrten auf der nahe gelegenen Ardèche. Spazierwege beginnen vor der Haustür.
Anreise: Autobahn A 7 Lyon–Marseille bis Ausfahrt Bollène, Landstrasse D 8 in Richtung Carpentras. Das Hotel ist ausgeschildert.

Provence F-13210 Saint-Rémy-de-Provence

Château des Alpilles

WieWoWasWann?

Geschlossen: Mitte November–Mitte Dezember und Mitte Januar–Mitte Februar.
Preise: DZ 900–2000 FF (ohne Frühstück). Alle Cards.
Lage: In einem grossen Park, wo man nichts anderes hört als das Zirpen der Grillen und nichts anderes riecht als den Duft der Provence-Kräuter.
Küche: Der Koch schwärmt für seine Gegend, sucht unter den Produkten der Region die besten und bereitet sie so zu, wie das wahrscheinlich schon vor vielen Jahrzehnten gemacht wurde.
Geheimtipp-Zimmer: Nr. 1, Nr. 9, Nr. 12, «Le Loft» (grosse Junior-Suite in der Dépendance), «La Chapelle» (alleinstehendes Häuschen im Park, für 2–5 Personen).
Sport & Animation: Aussenschwimmbad, Tennis, Sauna. Golfplätze in Les Baux und Mourières.
Anreise: Autobahn A 7 Lyon–Marseille bis Ausfahrt Cavaillon, Landstrasse D 99 bis Saint-Rémy. Das Hotel liegt 1 km ausserhalb des Ortes Richtung Les Baux.

Zugegeben, Ferien auf einem Schloss zu verbringen mag etwas angestaubt klingen – vor allem in den Ohren moderner Golfer, die noch vom letzten Florida-Resort träumen, wo ihnen jeder erdenkliche Zeitvertreib geboten wurde. Doch Schlossferien sind nicht nur ein Erlebnis für hoffnungslose Romantiker. Und sie bedeuten auch nicht, dass auf Luxus verzichtet werden muss – schon gar nicht auf das Golfspiel. Frankreich bietet so unterschiedliche Schlosshotels an, dass sie kaum auf einen Nenner zu bringen sind. Eines jedoch verbindet sie alle: Die geschichtsträchtigen Mauern strahlen eine Atmosphäre aus, die mit keinem Luxus der Welt aufzuwiegen ist. So als würde von den Gebäuden eine Art Gelassenheit ausgehen – was nicht verwunderlich wäre, schliesslich haben diese Mauern schon allerlei Wirren überdauert. Eines der schönsten Schlösschen der Provence

Ancienne Route des Baux
Tel. (0033) 490 92 03 33
Fax (0033) 490 92 45 17
✶✶✶✶●●●

ist das «Château des Alpilles» bei Saint-Rémy. Es bietet weder Beauty-Farm noch Personal an jeder Ecke. Hier zieht man vor allem wegen der unvergleichlichen Atmosphäre ein. Wären da nicht moderne Bäder und elektrisches Licht, müsste sich der Gast um hundert Jahre zurückversetzt fühlen. Die Besitzerfamilie Bon macht kaum Konzessionen an irgendwelche Moden und verspürt nicht die geringste Lust, durch trendige Kreativität Aufsehen zu erregen. Über jedes Bild an der Wand, jedes Möbelstück in den Zimmern weiss sie etwas zu erzählen. Das Hotel ist etwas für Individualisten mit einer Vorliebe für alte Häuser und deren Eigenheiten – etwas für Romantiker eben. Also doch.

F-13210 Saint-Rémy-de-Provence   Provence

Château de Roussan

Route de Tarascon
Tel. (0033) 490 92 11 63
Fax (0033) 490 92 50 59
✶✶❶

Am Ende einer Allee mit hundertjährigen Platanen verschlägt es einen direkt ins 18. Jahrhundert. Das ehemalige Lustschlösschen des Marquis de Ganges wirkt so authentisch, dass ständig Touristen anfragen, wann man das «Château de Roussan» denn besichtigen könne. Das ist am besten als Gast möglich – auch die 21 äusserst preiswerten Zimmer mit altem Mobiliar haben ihren früheren Charakter gänzlich bewahrt, mit allen Vor- und Nachteilen. Wenn man sich sein Zimmer vorher zeigen lässt, hat man selbst gewählt und wird mit seiner Unterkunft wie mit dem unbeflissenen Personal zufrieden sein. Wichtig ist die Individualität der Gäste. Man ist in Ruhe gelassen, miteinbezogen, kann abends bei Vollmond im sechs Hektar grossen Park mit Orangerie und Karpfenteich die Welt verbessern oder sich bloss dem Geniessen hingeben. Die intensiven, betörenden Aromen, die man hier an einem Sommerabend unter dem unendlich weiten Sternenhimmel der Provence einatmet, vermischen sich zu einer balsamischen Mischung, die man in keiner Parfümflasche nach Hause tragen kann. Im Restaurant (bei schönem Wetter wird auf der Terrasse serviert) setzt man auf einfache, grosszügig mit den Kräutern der Region gewürzte Speisen. Der antiquitätenüberladene Salon und die Bibliothek sind reichlich mit Stuck, Mauerpfeilern und Spiegeln verziert. Insgesamt eine Adresse, die man geheimhalten möchte – und ein beliebter Treffpunkt von Leuten, die den «Boheme»-Charakter eines kaum restaurierten Schlosses im Rohzustand zu schätzen wissen.

WieWoWasWann?

Geschlossen: Nie.
Preise: DZ 430–750 FF (ohne Frühstück). Alle Cards ausser Diners Club.
Lage: Etwas ausserhalb von Saint-Rémy, inmitten eines grossen hauseigenen Parks.
Küche: Günstige Menüs und regionale Rezepte.
Geheimtipp-Zimmer: Die Zimmer sind sehr unterschiedlich, die meisten bieten Normalkomfort für nicht allzu Verwöhnte. Die schönsten: «Verte» (einfachromantisch), «Mistral» und «Marquise» (elegant-stilvoll) und «Alix» (historisch-pompös). Die hinter der Bibliothek liegenden Zimmer sind nicht zu empfehlen.
Sport & Animation: Im Schlosspark findet man viele stille Plätzchen, wo man sich in ein Buch vertiefen kann – was hier wohl schon der frühere Besitzer Nostradamus (der berühmte Astrologe von Katharina de Medici) tat.
Anreise: Autobahn A 7 Lyon–Marseille bis Ausfahrt Cavaillon, Landstrasse D 99 bis Saint-Rémy, dann 2 km weiter westlich auf der Landstrasse nach Tarascon. Das Château liegt versteckt hinter alten Bäumen.

Provence   F-13300 Salon-de-Provence

Abbaye de Sainte Croix

WieWoWasWann?

Geschlossen: Anfang November–Mitte März.
Preise: DZ 670–2310 FF (ohne Frühstück). Alle Cards.
Lage: Das provenzalische Idyll ist eingebettet in eine grandiose Hügellandschaft mit atemberaubender Aussicht und himmlischer Ruhe.
Küche: Das Michelin-Stern-gekrönte Restaurant sieht gar nicht nach Gourmetkirche aus, sondern unterscheidet sich lediglich in der etwas gediegeneren Tischkultur von einfacheren Lokalen der Region. Dafür wird man nirgendwo anders in der Provence in so unkomplizierter, legerer Atmosphäre so erlesen provenzalisch speisen.
Geheimtipp-Zimmer: «St-Pierre» (besonders romantisch), «St-Michel» (mit Terrasse), «St-Hilaire» (klein und fein), diverse Zimmer mit eigenen Gärten und Terrassen.
Sport & Animation: Freibad. Wanderwege.
Anreise: Autobahn A 7 Lyon–Marseille bis zur ersten Ausfahrt Salon-de-Provence, dort zunächst in Richtung «Hôpital», dann Landstrasse D16 in Richtung Aurons. Die Hoteleinfahrt kommt nach etwa 3 km auf dieser Strasse.

Wenn Sie die schönsten Ansichtskarten aus der Provence an Ort und Stelle persönlich abholen wollen, dann fahren Sie am besten gleich ins «Abbaye de Sainte Croix» auf dem Berg hinter Salon. Die Fernsicht von der Terrasse ist mit dem Wort «traumhaft» nur unzulänglich beschrieben – was schon den Mönchen im 12. Jahrhundert nicht unverborgen geblieben war. 700 Jahre lang waren sie die einzigen, die von ihrer romanischen Abtei den 100-Kilometer-Blick über die gesamte Provence genossen. Anfang der 70er-Jahre rettete die Familie Bossard das Gebäude vor dem Verfall und verwandelte es in ein Hotel. Mit Steinen gepflasterte Gänge führen durch Bögen zu einem von einer Balkendecke überspannten Speiseraum, zu einem Salon mit Steingewölbe und zu den Gästezimmern, welche Namen von Heiligen tragen. Jedes der 24 stilrein restaurierten Zimmer besteht aus

Route du Val-de-Cuech
Tel. (0033) 490 56 24 55
Fax (0033) 490 56 31 12
✳✳✳✳✳❶❶❶

mindestens zwei der ursprünglichen Mönchszellen, dem Vorleben der Abtei entsprechend ohne übertriebenen Luxus, aber mit sehr viel Charme. Die Ruhe ist kaum messbar; sie ist Offenbarung und Lohn zugleich für den, der sich aus dem touristischen Trubel in die Berge hochgeschraubt hat. Oben möchte man die Arme ausbreiten, sich rücklings auf die Wiesen fallen lassen, nachts in den Sternenhimmel starren und nur noch diese Ruhe schmecken. Wie schön, dass ein kluger Kopf das Hinweisschild an der Hauptstrasse so dezent angebracht hat, dass es kaum wahrgenommen wird. So bleibt der geballte Ausflugsverkehr unten. So weit unten, dass man ihn hier oben beinahe vergessen hat.

F-84110 Villedieu — Provence

Château de la Baude

Tel. (0033) 490 28 95 18
Fax (0033) 490 28 91 05
✳✳❶❶

Das «Château de la Baude» versteht sich nicht als Hotel, sondern als «Chambre d'hôtes», das heisst als Privathaus mit wenigen Gästezimmern, die Ambiance ist viel familiärer und lockerer als in einem herkömmlichen Hotel, und es werden gemeinsame Abendessen am grossen Tisch angeboten. Die Besitzer Chantal und Gérard Monin empfangen Sie wie Freunde und teilen mit Ihnen auf vollkommen natürliche Art ihr unkompliziertes Leben auf dem Land: «Wir versuchten, jenen ländlich-eleganten Rahmen zu schaffen, den wir uns für unsere Freunde wünschten.» Deshalb findet man hier neben viel Platz all die kleinen Extras vor, die diese relaxte Atmosphäre schaffen, das heisst ein kuscheliger Salon mit antiken Möbeln, Klavier und persönlichen Accessoires, eine Bibliothek, ein Fernsehzimmer mit Cheminée sowie ein Billardraum für lange Winterabende. Alle fünf Gästezimmer sind mit viel Liebe und Charme eingerichtet, man schläft unter alten Holzbalken und hört nur das Rascheln der Kastanien. Als ehemalige Festung vereint das Gebäude eine gewisse Strenge mit der Anmut eines provenzalischen Gutshofes. Die Anlage lädt dazu ein, sich entweder am Schwimmbad mit weitem Blick auf die Haute-Provence aufzuhalten, unter den alten Kastanienbäumen zu lesen oder einen Spaziergang in die hügelige Landschaft am Fusse des Mont Ventoux zu unternehmen. Nichts als Vorzüge, die aus diesem «Haus für Freunde und Freundesfreunde» einen angenehmen Aufenthaltsort machen. Jeder Gast kann seine Intimsphäre gänzlich bewahren, aber es wäre schade, sich dem Rhythmus des Hauses zu entziehen.

WieWoWasWann?

Geschlossen: Nie.
Preise: DZ 500–700 FF (ohne Frühstück). Keine Cards.
Lage: Freistehend inmitten einer Hügellandschaft, in einem 4 Hektar grossen Gelände mit Kastanien, Nuss- und Olivenbäumen.
Küche: Auf Wunsch gemeinsames Abendessen mit der Gastgeberfamilie, vor dem Gang auf den Markt fragen die Monins ihre Gäste, wonach ihnen denn heute der Sinn stände. Ausserdem werden Ihnen Chantal und Gérard gerne Tips für die Restaurants der Umgebung geben – wer hier wohnt, wird von dieser Gegend der Provence profitieren.
Geheimtipp-Zimmer: Die beiden Duplex-Zimmer sind besonders schön.
Sport & Animation: Aussenschwimmbad, Tennisplatz, Tischtennis, Billard, Pétanque, Fahrräder. Die Landschaft verlockt zu ausgedehnten Spaziergängen.
Anreise: Autobahn A 7 Lyon–Marseille bis Ausfahrt Bollène, Landstrasse D 94 in Richtung Nyons, bei der Abzweigung nach Vaison-la-Romaine Landstrasse D 20 einschlagen. Villedieu liegt 6 km nordwestlich von Vaison.

Burgund   F-21420 Aloxe-Corton

Villa Louise

WieWoWasWann?

Geschlossen: Nie.
Preise: DZ 600–800 FF (ohne Frühstück). Cards: Visa und Eurocard.
Lage: Am Dorfrand, in unmittelbarer Nachbarschaft zum berühmten Weinschloss «Château Corton-André», das mit bunten Dachziegeln und Kellern voller Premier crus zum Symbol des idyllischen Winzerdorfes wurde. Absolut ruhig.
Küche: Kein Restaurant, aber ein lukullisches Frühstück bis in den Nachmittag hinein – entweder im modern eingerichteten Salon vor dem Cheminée oder im romantischen Garten unter den Linden.
Geheimtipp-Zimmer: Nr. 44 (mit grossem Balkon und Blick in den Garten und die unendlich weiten Weinberge), Nr. 43 (kleines, aber sehr kuscheliges Zimmer zum Garten), Nr. 40 (romantisches Grandlit-Zimmer).
Sport & Animation: Kommentierte Weinproben in den eindrucksvollen Kellergewölben. Spazierwege durch die Rebhänge direkt vom Hotel aus.
Anreise: Autobahn A 36 Mulhouse–Besançon–Beaune, Ausfahrt Nuits-St-Georges. Landstrasse N 74 in Richtung Beaune bis Ausfahrt Aloxe–Corton.

Klangvolle Namen schmücken die hübschen Winzerdörfer der Côte d'Or: Nuits-Saint-Georges, Gevrey-Chambertin, Chambolle-Musigny, Vosne-Romanée und Aloxe-Corton. Letzteres lockt mit der ultrasophistischen «Villa Louise» (ehemals «Clarion») am oberen Dorfrand, wo die junge Familie Voarick zu Bescheidenheit auf höchstem Niveau einlädt. Der in Sachen touristische Angebote so oft missbrauchte Superlativ drängt sich hinsichtlich dieses vorbildlich zu einem kleinen Hotel umgewandelten Herrenhauses aus dem 17. Jahrhundert auf. Hinter der traditionellen Fassade verbirgt sich ein dezent modernes, mit genial-leichter Hand gestyltes Interieur in Pastelltönen, das mit alten Balken perfekt harmoniert. Kein Zimmer gleicht dem anderen, die Badezimmer sind besonders witzig, und im urgemütlichen Salon sitzt man in bequemen Klubsesseln vor dem knisternden

Tel. (0033) 380 26 46 70
Fax (0033) 380 26 47 16
✶✶✶✶✶❶❶

Rebenholzfeuer – von hier kann man direkt in den verträumten Garten und die unendlich weiten Weinberge hinaussehen. Auf sportliche Vergnügungen legt hier niemand Wert. Es gibt «nur» zwei Gründe, dieses Kleinod aufzusuchen: Entweder geniesst man die Ruhe, das schöne Haus und den Garten und frönt den Gaumenfreuden in der Umgebung. Oder man benützt die «Villa Louise» als Stützpunkt für Tagesausflüge ins Burgund. Auf jeden Fall wirkt das Haus, das von einer Pariser Modegazette als «Archetyp des zeitgemässen Hotels der 90er-Jahre» bezeichnet wurde, auf den Besucher wie eine Einladung, es sich für ein paar Tage ein bisschen leichter zu machen als sonst.

F-39600 Arbois   Franche-Comté

Moulin de la Mère Michelle

Les Planches
Tel. (0033) 384 66 08 17
Fax (0033) 384 37 49 69
✶✶❶

Dort, wo die Landschaft der Franche-Comté am lieblichsten ist, rund um das Städtchen Arbois, geht es einige Kilometer hinaus ins Tal, bis die Strasse vor einem stolzen Anwesen, der «Moulin de la Mère Michelle», aufhört. Die 1830 erbaute Ölmühle wurde 1979 in ein Hotel umfunktioniert und seitdem mit viel Eifer und Fingerspitzengefühl für innenarchitektonische Details ständig weiter ausgebaut. 22 schlichte, aber komfortable Zimmer mit Holzdecken, warmen Farbtönen, freigelegtem Mauerwerk und Ausblick auf Natur pur. Geschmacksache bleibt die in der Gegend hochgepriesene Küche: Schon allein die Lektüre der Speisekarte in der «Mère Michelle» kann bei eingefleischten Vegetariern zum Herzstillstand führen und somit als ideales Mordwerkzeug weiterempfohlen werden. Alle anderen Anhänger der Tierteilexotik, die behaupten, dass Gott nur deshalb den Kälbern Köpfe gegeben habe, auf dass der Mensch einen kulinarischen Gebrauch von ihnen mache, kommen hier auf ihren Geschmack. Wer für Innereien nicht zu begeistern ist: Die Köche sind auch besonders gute Fischer und verwöhnen ihre Gäste mit ihrem täglichen Fang. Der Speisesaal ist ein Treffpunkt lebenslustiger Gourmets; das rustikale Dekor, die appetitanregenden Düfte aus der Küche, die Unterhaltungen an den einladenden Tischen und nicht zuletzt die bodenständig guten Speisen tragen dazu bei, dass hier jeden Abend unvergessliche Feste stattfinden.

WieWoWasWann?

Geschlossen: Nie.
Preise: DZ 350–650 FF (ohne Frühstück). Alle Cards ausser Diners.
Lage: 5 km südöstlich von Arbois, in totaler Abgeschiedenheit am hinteren Ende eines für seinen Wein und seine Pferdekultur bekannten Juratals.
Küche: Unverfälscht und typisch für diese Gegend. Gute Jura-Weine.
Geheimtipp-Zimmer: Nr. 10 und Nr. 11 mit Himmelbetten, von einigen Zimmern aus könnte man direkt angeln.
Sport & Animation: Aussenschwimmbad, Tennis, Pingpong, Pfeilbogenschiessen. Reitställe sowie Kanu- und Kajakfahrten in der Nähe. Sehr beeindruckend ist die nahe gelegene Tropfsteinhöhle «Grotte des Planches», die einstündige Führung geht tief in den Berg hinein.
Anreise: Landstrasse N 5 Genf–Dôle bis Poligny, dann auf der Landstrasse N 83 in Richtung Besançon bis Arbois, von dort via Mesnay nach Les Planches. Das Hotel ist ausgeschildert.

Burgund F-69620 Bagnols

Château de Bagnols

WieWoWasWann?

Geschlossen: November–Mitte April.
Preise: DZ 2200–5000 FF (inkl. Frühstück). Alle Cards.
Lage: Über dem Weingebiet des Beaujolais thronend.
Küche: Distinguierter Geschmack ist auch im Restaurant erkennbar. In der gläsernen Küche kann man den Köchen zuschauen.
Geheimtipp-Zimmer: Es gibt Häuser, die ihren Charme der Persönlichkeit ihrer Besitzer verdanken. Die Zimmer im «Château de Bagnols» widerspiegeln alle den exquisiten Geschmack von Helen Hamlyn. Am eindrücklichsten sind die Zimmer «Anne Dugué» (feminin-elegant) und «Gaspard Dugué» (maskulin-pompös), sowie die beiden Suiten «Madame de Sévigné» und «Aux Bouquets».
Sport & Animation: Weinproben und Konzerte im Schloss. Kutschenfahrten mit gediegenem Picknick und Ballonflüge werden auf Wunsch organisiert.
Anreise: Autobahn A 40/42 Genf–Lyon-Centre, dann A 6 in Richtung Paris bis Ausfahrt Villefranche (erste Ausfahrt «Villefranche/Bourg-en-Bresse» ignorieren!), Landstrasse D 38 nach Roanne/Tarare bis Bagnols.

Noch vor zwanzig Jahren hätte niemand einen Pfifferling auf das goldbraune Sandsteingemäuer aus dem 13. Jahrhundert verwettet. Als das britische Verlegerehepaar Helen und Paul Hamlyn damals seine verlassenen Räume durchstreifte, mussten sie einen Schirm aufspannen. Regen tropfte durch das undichte Dach und lief über Stuck und historische Wandgemälde. Mitglieder des Rats der Französischen Revolution waren in den Jahren um 1789 die Letzten, die sich vor den Kaminen wärmten und in den Sälen tagten. Danach stand die fünftürmige Festung in den Weinbergen des Beaujolais leer. Bis Anfang der 90er-Jahre die Hamlyns kamen und es mit 100 Millionen Francs im Gepäck wieder zum Leben erweckten. Die frankophilen Engländer wollten kein Museum, wo die Leute nach einer halben Stunde wieder rauslaufen, sondern wünschten sich Räume zum Ver-

Tel. (0033) 374 71 40 00
Fax (0033) 374 71 40 49
E-mail: bagnols@relaischateaux.fr
✷✷✷✷✷❶❶❶❶

weilen, Plätze zum Essen, Trinken und Träumen. Sie schufen ein Gesamtkunstwerk, ein Hôtel-Musée, wie man es nicht noch mal findet auf der Welt. Die 20 Zimmer sind alle komplett verschieden und mit kostbarsten Antiquitäten, Stoffen und Bildern ausgestattet. Dazu extravagante Bäder, die kaum zu übertreffen sind. Und an allen Ecken und Enden Fresken von unglaublicher Schönheit aus der Renaissance und dem 18. Jahrhundert. Kurz: Ein ganz besonderes Landhotel für privilegierte Gäste, die sich den Preis leisten können, wobei ausdrücklich angemerkt werden muss, dass die Tarife keineswegs höher liegen als bei (vergleichsweise bescheidenen) schweizerischen Stadthotels der Luxusklasse.

F-21200 Beaune   Burgund

Hôtel des Remparts

48, rue Thiers
Tel. (0033) 380 24 94 94
Fax (033) 380 24 97 08
**❶

Beaune bietet nicht nur jede Menge Wein, sondern auch jede Menge Mittelalter. In den engen Gässchen innerhalb der fast vollständig erhaltenen Stadtmauer drängen sich die Bürgerhäuser aus Spätmittelalter, Renaissance und Barock. Inmitten aller Fachwerk- und Steinmetzpracht liegt das feine kleine «Hôtel des Remparts». Wer sich den Umweg ins nächste Heimatmuseum sparen und dennoch wissen will, wie das Innere eines stolzen Burgunder Stadthauses aus dem 17. Jahrhundert aussieht, der sollte sich hier eines der 15 kunstvoll renovierten Zimmer reservieren. Er wird hier alte Steinböden und stolze Cheminées ebenso finden wie 300 Jahre alte Deckenbalken, eine antiquarische Einrichtung, regionale Accessoires und massivhölzerne Türen, alles ohne jegliches folkloristisches Chichi, dafür mit geräumigen, zeitgemässen Bädern und Sicht auf blumengeschmückte Innenhöfe und verträumte Altstadtgässchen. Obwohl im historischen Zentrum von Beaune gelegen, ist das Hotel eine Oase der Ruhe. Vom touristischen Trubel, der nur wenige hundert Meter weiter die Plätze und Strassen füllt, ist hier nichts zu spüren. Die beiden Innenhöfe laden zum Lesen und Schreiben ein, hier frühstückt man in idyllischer Ruhe bis in den späten Nachmittag hinein. Viel Atmosphäre, wenig Gehabe. Die Besitzer Claude und Elyane Epailly werden Sie wie ein Familienmitglied empfangen und Sie teilhaben lassen an ihrem Metier, das sie mit viel Liebe und ausgesprochen professionell ausüben.

WieWoWasWann?

Geschlossen: Nie.
Preise: DZ 350–680 FF (ohne Frühstück). Cards: Eurocard und Visa.
Lage: In einem ruhigen Seitensträsschen mitten in der pittoresken Altstadt.
Küche: Nur Frühstück, das allerdings wird den ganzen Tag serviert. Restaurants aller Güteklassen befinden sich in grosser Dichte in und um Beaune. Sehr empfehlenswert: «Le Jardin des Remparts», der ausser dem Namen nichts mit dem «Hôtel des Remparts» zu tun hat (10, rue Hôtel-Dieu, Beaune, Tel. 380 24 79 41).
Anreise: Autobahn A 36 Mulhouse–Besançon–Beaune, in Beaune Richtung «vielle ville» steuern, Kreisel um die Altstadtmauer fahren bis zur Einfahrt «rue du Château». Von dort ist das Hotel ausgeschildert. Mit der Bahn ist Beaune über Dijon zu erreichen. Der Bahnhof liegt in Gehweite zum Hotel.

Burgund

F-71150 Chagny

Château de Bellecroix

WieWoWasWann?

Geschlossen: Mitte Dezember–Mitte Februar.
Preise: DZ 570–1100 FF (ohne Frühstück). Alle Cards.
Lage: Zwischen Beaune und Chalon, 3 km südlich von Chagny, in einem zwei Hektar grossen Park. Ruhig.
Küche: Regionale Klassiker wie die Poularde de Bresse mit Morcheln, köstliche hausgemachte Produkte wie die Entenleberterrine.
Geheimtipp-Zimmer: Die 21 Zimmer (jedes mit schönem Ausblick auf den Park) verteilen sich auf zwei Gebäude und sind je nach Geschmack geräumig oder intim, mit Stilmöbeln oder ländlichem Charme eingerichtet.
Sport & Animation: Schwimmbad. Idealer Ausgangspunkt für Trips in kühle Weinkeller und sonnige Rebhänge, an überquellende Märkte und festliche Prozessionen, zu mittelalterlichen Städtchen und romanischen Kathedralen.
Anreise: Autobahn A 36 Mulhouse–Besançon–Paris bis Ausfahrt Beaune, Landstrasse N 74 bis Chagny. Das «Château de Bellecroix» liegt etwas ausserhalb des Dorfes an der Landstrasse N 6 nach Chalon.

Wer gerne einmal Dornröschen und Prinz spielen möchte, ist im «Château de Bellecroix», das früher einmal den Malteserrittern gehörte, richtig. Das im 12. Jahrhundert errichtete und im 18. Jahrhundert umgebaute Anwesen birgt märchenhafte Zimmer in der Stille eines bewaldeten Parks. Die meisten der 21 Zimmer sind geräumig, die naturbelassenen Steinböden, massiven Balken und weissen Wände sind ursprünglichen Stils, dem durch Himmelbetten in hübschen Dekostoffen, frische Blumen, Spiegel und Wandteppiche eine gewisse «douceur» verliehen wird. Wenn Sie bei der Reservierung eine Beschreibung der Zimmer wünschen, werden Sie eine freundliche Auskunft erhalten. Madame Gautier ist sehr herzlich und liebt ihr «Château». Das erklärt den gepflegten Charakter eines jeden Raumes und den Eindruck, hier als Freunde empfangen zu werden. Das

6, route Nationale
Tel. (0033) 385 87 13 86
Fax (0033) 385 91 28 62
✹✹✹❶❶❶

ist eben nicht Routineluxus und Automatenfreundlichkeit, kein Dutzendservice, unter dem Vielreisende zu leiden haben. Alles heisst Sie hier willkommen; es gibt keine langen anonymen Gänge, sondern schöne Treppen und viele winklige Ecken. Der Salon, der auch als Speisesaal dient, verfügt über angenehme Proportionen und ein riesiges Cheminée. Unter dunkelbraunen alten Deckenbalken stehen auf steinernem Boden festlich gedeckte Tische, die ein nicht minder festliches Diner bei Kerzenlicht und gedämpfter klassischer Musik ankündigen. Die Küche wechselt mit den Jahreszeiten und bietet verlockende Spezialitäten aus der Gegend an.

F-21220 Chambolle-Musigny — Burgund

Château André Ziltener

Tel. (0033) 380 62 41 62
Fax (0033) 380 62 83 75
*****❶❶❶❶

Edles, um das Glas zu füllen, gibts im Burgund zuhauf. In besten Lagen lässt es sich aber auch edel übernachten. Einer der allerschönsten Herrschaftssitze an der Côte d'Or ist das «Château-Hôtel André Ziltener» in Chambolle-Musigny, von den grossen Lagen Chambertin, Échézeaux, Bonnes Mares, Vosne-Romanée (wo die teuersten Weine der Welt wachsen) umgeben wie eine Trauminsel. Im altehrwürdigen und sehr einladenden Weingutshotel, das auf den Grundmauern einer ehemaligen Zisterzienserabtei erbaut und im Jahr 1991 aufwendig renoviert wurde, tragen ein dutzend raffiniert dekorierte und grosszügig bemessene Zimmer mit modernen Marmorbädern edle Weinbergnamen: «La Tache», «Corton» und «Richebourg». Voller Märchenzauber ist der Blick aus dem Fenster, so unwirklich schön der parkähnliche Garten und die benachbarten Bauernhäuser vor den unendlich weiten Weinbergen, dass man meint, in ein besonders fotogen ausgestattetes Freilichtmuseum geraten zu sein. Im Kellergewölbe versteckt sich ein exklusives Weinmuseum, der eigentliche Schatz lagert jedoch ringsum in den Weinkellern: Burgunder-Raritäten aus den letzten neunzig Jahren sowie ein Teil der 1,5 Millionen Flaschen, die der Basler Schlossherr Klaus Dieter Ziltener in seinem kleinen Weinimperium «Ziltener Vins» weltweit vertreibt. Last, but not least: Der Treffpunkt für Weinfreunde aus aller Welt bietet einen Service, der so ist, wie wie man es hier erwarten kann – ausserordentlich zuvorkommend, freundlich, betont privat. Ein Erlebnis.

WieWoWasWann?

Geschlossen: Mitte Dezember bis Ende Februar.
Preise: DZ 1000–1900 FF (ohne Frühstück). Alle Cards.
Lage: In einem idyllischen kleinen Weindorf an der «Route des Grands crus».
Küche: Das «Château» verfügt über kein Restaurant, hat aber eine bistroähnliche Weinbar, in der man sitzen, trinken und kalte regionale Köstlichkeiten geniessen kann (darunter den vorzüglichen Citeaux-Käse vom gleichnamigen Kloster). Zahlreiche hochdekorierte Gourmetkirchen sowie einfache, typische Burgunder Restaurants liegen wenige Autominuten nah.
Geheimtipp-Zimmer: Alle. Besonders romantisch sind die Zimmer im Dachgebälk, besonders prächtig die Appartements «Romanée-Conti» und «Les Amoureuses».
Sport & Animation: Fahrräder für Radwanderungen durch die traumhafte Landschaft. Kommentierte Weindegustationen im hoteleigenen Weinmuseum.
Anreise: Autobahn A 36 Mulhouse–Besançon–Beaune, Ausfahrt Nuits-Saint-Georges. Landstrasse N 74 in Richtung Dijon bis Ausfahrt Chambolle-Musigny.

Burgund F-21200 Chorey-lès-Beaune

Château de Chorey

WieWoWasWann?

Geschlossen: Dezember–Februar.
Preise: DZ 540–800 FF (ohne Frühstück). Cards: Visa, Eurocard.
Lage: Idyllisch am Rand des Winzerdorfs. Absolut ruhig.
Küche: Kein Restaurant, aber viele gute Adressen in der Nachbarschaft. Was soll man tun, wenn die Gourmettempel hier so dicht gesät sind – ausser essen, trinken, weiterempfehlen… In Laufweite gleich um die Ecke befindet sich das «Ermitage de Corton», wo André Parra, der Entertainer unter den Burgunder Kochstars, für seine Gäste allabendlich ein wahres Show-Feuerwerk abbrennen lässt. Bei schönem Wetter speist man auf der sagenhaften Terrasse inmitten eines Ozeans von Reben, ansonsten im pompösen Inneren (Tel. 380 22 05 28).
Sport & Animation: Monsieur Germain führt seine Gäste ohne kommerzielle Hintergedanken gern in die Weinkultur des Burgund ein.
Anreise: Autobahn A 36 Mulhouse–Besançon–Beaune, Ausfahrt Nuits-Saint-Georges. Landstrasse N 74 in Richtung Beaune bis Chorey.

Es gibt Häuser, die sind gerade deswegen perfekt, weil sie eben nicht perfekt sind. Das ist eine überspitzte Formulierung, vielleicht gar ein Paradoxon. Doch entspricht sie den Tatsachen im «Château de Chorey», einem Weinschlösschen aus dem 17. Jahrhundert, das einem familiären Burgunder Weinbaubetrieb angeschlossen ist und deshalb nur sechs Zimmer für romantisch veranlagte Gäste anbietet. Die klotzigen Türme des kleinen «Château» verstecken sich hinter hohen Bäumen in einer etwas verwilderten Parkanlage, rundherum Weinberge soweit das Auge reicht. Das Dorf Chorey selbst ist ein kleines Nest vor den Toren von Beaune und kein Ort für Leute, denen der Sinn nach dem Trubel dieser Welt steht. Dafür kann man hier durchatmen, Ruhe und Landleben auf einem echten Weingut geniessen. Das gute Frühstück, das man im Sommer auf der Terrasse

Tel. (0033) 380 22 06 05
Fax (0033) 380 24 03 93
★★❶❶

vor dem Schloss einnimmt, wird Sie bedauern lassen, dass man hier nicht zu Abend essen kann, aber an interessanten Adressen in nächster Umgebung mangelt es nicht. Die sehr angenehme Atmosphäre ist nicht zuletzt der liebenswerten Familie Germain zu verdanken, jeder hilft bei der Bewirtschaftung des «Château» mit, jede(r) Einzelne ist die Freundlichkeit und Sanftheit in Person. Und genau so sind ihre Weine, weitum bekannte Premier crus aus den Appellationen Pernand-Vergelesses und Chorey-lès-Beaune. Empfangen wird der Hotelgast von dem Familienmitglied, das gerade zur Hand ist. Unprätentiöse Gasthöfe dieser Güte wünscht man sich überall.

F-71960 Igé   Burgund

Château d'Igé

Tel. (0033) 385 33 33 99
Fax (0033) 385 33 41 41
E-mail: ige@relaischateaux.fr
★★★★①①

Das «Château d'Igé» steht unter dem Zeichen der Blume. Nicht nur, dass im ganzen Schlosshotel reichlich Blumen verteilt sind – Blumenmotive finden sich auch auf dem Teppich, auf den Möbeln, in Bildern, den Bett- und Sofabezügen, den Vorhängen und auf den Tapeten. Gar nicht zu reden vom bezaubernden Garten, in dem der Natur kaum Einhalt geboten wird. 1235 errichtet, wurde das efeuüberwucherte Schloss vor drei Jahrzehnten vor dem Verfall bewahrt und mit Gespür und grosser Sorgfalt restauriert. Ergebnis: Die mittelalterliche Atmosphäre wurde im ganzen Gebäude bewahrt. Zu den 13 geräumigen und komfortablen Zimmern gelangt man über alte Steintreppen und durch schwere Holztüren. Das «Herz» des Schlosses sind die beiden Speisesäle, einer in Blau, der andere in Rot, beide mit massiven Deckenbalken und riesigen Cheminées. Drei verlockende Abendmenüs stehen zur Wahl, ausschliesslich mit frischen regionalen Produkten zubereitet. Die Kellner wissen Kompetenz und Freundlichkeit zu verbinden. Das Hotel bringt das Kunststück fertig, ein breites Spektrum von Gästen anzuziehen: Einerseits trifft man auf teetrinkende ältere Damen, deren aufregendster Gesprächsstoff das wechselnde Wetter ist. Andererseits sitzen beim Frühstück im Garten hypermodisch gekleidete Trendies und Dandies aus Paris in Begleitung von jungen Mädchen, die barfuss aus dem Ferrari steigen. Das «Château d'Igé» ist zweifellos ein Filetstück des Burgund und in jedem Fall eine Top-Adresse für ein romantisches Wochenende zu zweit.

WieWoWasWann?

Geschlossen: Dezember–Februar.
Preise: DZ 495–1125 FF (ohne Frühstück). Alle Cards.
Lage: 10 km südöstlich von Cluny. In einem kleinen Park am Rand eines Winzerdorfes. Absolute Ruhe.
Küche: Burgundische Küche, originell zubereitet. Das steigert sich von Gang zu Gang und beginnt mit einer Trüffelsuppe mit Porto, gefolgt von einem Ragout von Flusskrebsen aus der Saône oder einer Rehterrine mit Haselnüssen und Artischocken, zum Hauptgang ein Fricassée vom Bresse-Huhn, ebenso unprätentiös wie exzellent, dazu wunderbare Weine, die direkt vor der Haustür wachsen.
Geheimtipp-Zimmer: Alle Turmzimmer.
Sport & Animation: Charmanter Aufenthaltsort für Entdeckungen in einer geschichtsträchtigen und an architektonischen Sehenswürdigkeiten reichen Gegend. Golf 12 km entfernt.
Anreise: Autobahn A 40 Genf–Mâcon, Ausfahrt Mâcon-Centre, Landstrasse N 79 in Richtung Charolles bis Abzweigung La Roche Vineuse. Igé ist ausgeschildert.

Burgund F-01800 Pérouges

Hostellerie du Vieux Pérouges

WieWoWasWann?

Geschlossen: Nie.
Preise: DZ 550–1050 FF (ohne Frühstück). Cards: Visa, Eurocard.
Lage: Mitten im Dorf.
Küche: Wer immer nur Frösche, Wachteln, Poulets und Karpfen isst, der hat die regionale Küche bald einmal satt. Kulinarische Raffinesse bietet Georges Blanc in Vonnas, wo er die gastronomische Welt in seinen Bann zieht (siehe Seite 210).
Geheimtipp-Zimmer: Unbedingt ein Zimmer im «Manoir» (nicht im «Annexe») verlangen.
Sport & Animation: Die Natur der tausend Teiche ist ein Mekka für Vogelbeobachter (mit Feldstecher!), die vor allem im Frühling und Herbst auf ihre Rechnung kommen, wenn hier die Zugvögel Station machen. Das Gebiet der Dombes ist aber auch ein Paradies für «la petite reine», wie man in Frankreich das Fahrrad mit gebührender und zärtlicher Verehrung nennt.
Anreise: Autobahn A 40/ A 42 Genf–Lyon bis Ausfahrt Pérouges.

La Dombes – westlich von Genf und nördlich von Lyon – ist ein Naturparadies für Millionen von Fischen und Vögeln. Hier liegt auch das mittelalterlich putzige Städtchen Pérouges, wo an Sommerwochenenden ein irrer Betrieb von automobilen Tagesausflüglern herrscht. Wer im Mittelalter übernachten will, kann dies in der «Hostellerie du Vieux Pérouges», die sich aus vier sehr alten Häusern zusammensetzt und eine der ältesten Herbergen in Frankreich ist. Der Ort hat etwas sehr Intensives, wohl weil sich seit dem 14. Jahrhundert wenig verändert hat, die ganze Substanz – und die Aura all der Menschen, die hier schon gewohnt haben – ist noch da. Monsieur Thibaut, der Direktor, sagt: «Wenn nicht viel Geld da ist für Umbauten, kann eben auch nicht viel zerstört werden. Deshalb ist noch vieles im Originalzustand.» Üppig eingewachsene Fachwerkfassaden vor gepflasterten

Tel. (0033) 474 61 00 88
Fax (0033) 474 34 77 90
★★★❶❶

Gassen, Steintreppen, Holzfussböden, bleiverglaste Fenster, wuchtige Balkendecken, zahlreiche Riesenkamine, Himmelbetten und ein sagenhaft atmosphärisches Restaurant. Die Gäste schätzen die traditionell gewandete Bedienung (im Spitzenhäubchen!) ebenso wie die authentische Dombes- und Bresse-Küche, die wenig mit Haute-cuisine-Kompositionen zu tun hat, dafür viel mit robust-ländlicher Kost ohne Schnörkel und in reichlichen Portionen.

F-39600 Port-Lesney   Franche-Comté

Château de Germigney

Tel. (0033) 384 73 85 85
Fax (0033) 384 73 88 88
✯✯✯✯✯❶❶

Dieses im Sommer 1997 neu eröffnete Hotel im alten «Château de Germigney» zählt zu den ganz ausserordentlichen Adressen in diesem Führer. Wenn Sie von der einzigartigen Mischung aus Luxus und Ländlichkeit profitieren wollen, müssen Sie allerdings frühzeitig reservieren, denn das Landschloss des Zürcher Innenarchitekten Roland Schön hat nicht mehr als 15 Gästezimmer – aber was für Zimmer! Jedes hat einen eigenen Stil und ist beispielhaft in Bezug auf guten Geschmack und Komfort. Das gilt auch für die Salons und Korridore, den Caveau, das grosse Cheminéezimmer, die Orangerie und die herrliche Terrasse. Das ganze Anwesen ist ein vollkommen ungezwungener, heiterer Ort, und Direktor Charles Arnould sorgt dafür, dass sich hier jeder als sehr willkommener Gast in einem gediegenen Landhaus fühlt. Hier sitzen Sie nachmittags im drei Hektar grossen Park und freuen sich, dass Sie sich hier zwei, drei Tage lang aus dem Alltag träumen können. Abends geniessen Sie die allerfeinste südländisch inspirierte «Cuisine du soleil» mit regionalem Einschlag. Man stösst an, man plaudert und lässt sich von der Lebensfreude des bunten Gästevölkchens anstecken. Man fühlt sich unter Freunden, hier kann man aufatmen und sich mal einfach fallen lassen. Warum soll man weniger wollen, wenn man das «Château de Germigney» haben kann? Der Nachteil: Wer hier wohnt, hat oft keine Lust mehr, sich das wildromantische Gebiet der Franche-Comté anzuschauen.

WieWoWasWann?

Geschlossen: Januar.
Preise: DZ 700–1400 FF (inkl. Frühstück). Alle Cards ausser Diners.
Lage: Am Dorfrand, inmitten eines Parks.
Küche: Pierre Bassa kocht so, wie man das vielleicht in einem Gourmettempel in Nizza erwarten würde: unglaublich elegant, raffiniert, sinnesfroh – und doch vor dem Hintergrund der lokalen jurassischen Küche.
Geheimtipp-Zimmer: Nr. 16 (Eckzimmer zum Park), Nr. 17 (schönste Suite zum Park), die Nrn. 20 und 21 (zwei kleine, feine Dachmansardenzimmer zum Park), Nr. 14 und Nr. 15 (zwei besonders romantische Zimmer zum Hof).
Sport & Animation: Traumhaftes Billardzimmer. Spazier- und Wanderwege von der Haustür weg. Kanu- und Kajakfahrten in der Nähe. Thermalbäder und Spielkasino in Salins-les-Bains, zehn Minuten vom Hotel entfernt.
Anreise: Autobahn A 36 Mulhouse–Lyon, ab Ausfahrt 2.1 über Arc-et-Senans nach Port-Lesney (ca. 24 km). Das Hotel liegt 3,5 km vom TGV Bahnhof Mouchard entfernt (2 Std. ab Bern).

Burgund F-21210 Saulieu

La Côte d'Or

WieWoWasWann?

Geschlossen: Nie.
Preise: DZ 700–2400 FF (ohne Frühstück). Alle Cards.
Lage: Mitten im Dorf. Zimmer und Restaurant gehen auf einen ruhigen Park.
Küche: Bernard Loiseaus Art zu kochen ist ein vorzügliches Beispiel für die gegenwärtige Ausgewogenheit zwischen traditioneller und ganz moderner Zubereitungsweise. Ein Oberkellner bester Schule regiert ein junges, gut eingespieltes Team und versteht es vortrefflich, den Gast zu beraten und ihm alle Zubereitungen bis ins Detail zu erklären. So kommt jene erwartungsvolle, festliche Stimmung auf, die nun einmal zu einem kulinarischen Reich wie dem der «Côte d'Or» gehört.
Sport & Animation: Sport und Zerstreuungen gibt es in diesem Hotel, dessen Hauptattraktionen die Küche und das angenehme Wohnen sind, nicht.
Anreise: Autobahn A 36 Mulhouse–Besançon–Beaune, dann Autobahn A 6 Beaune–Paris bis Ausfahrt Pouilly-en-Auxois, Landstrasse D 977 bis zur N 6 in Richtung Avallon nach Saulieu.

In der Schweiz mögen die Jungen davon träumen, Pilot oder der nächste Arnold Schwarzenegger zu werden. Im Land der Truffes, Terrinen und 300 Käsesorten träumen viele Jungen davon, Drei-Sterne-Koch zu werden. Für Bernard Loiseau, der als Teenager Bilder von berühmten Küchenchefs an die Wand hängte, wurde der Traum vor sieben Jahren wahr. Loiseau ist ein Koch, der täglich am Herd steht – nicht wie sein Kollege Bonaparte Bocuse, der sich nur noch dann in die Küche begibt, wenn eine Fernsehkamera in Sicht ist. Eine lange steinerne Treppe führt hinunter zu den Katakomben perfektionierter Gastlichkeit – vorbei an einer Bar, die um ein riesiges Cheminée drapiert ist, vor dem man den Aperitif geniesst. In den weichen Lederpolstern zur Ruhe kommend, lässt man den Blick über goldbarocke Spiegel neben italienischen Design-Lampen wandern. Nach

Tel. (0033) 380 90 53 53
Fax (0033) 380 64 08 92
E-mail: loiseau@relaischateaux.fr
★★★★★❶❶❶

einer wundervollen Ewigkeit wird man von guten Geistern in den festlich dekorierten Speisesaal geführt, wo man während ein paar Stunden höchsten Glücks unnachahmlichen Geschmacksexplosionen ausgesetzt wird. Auch in den grossen, in warmen Brauntönen gehaltenen Zimmern mit Blick in den Park stimmt jedes Detail. Und schliesslich hat Frau Dominique Loiseau für einen überaus herzlichen Empfang eines jeden Gastes gesorgt, fern der manchmal kalten und arroganten Perfektion, wie sie von manchen Franzosen offenbar speziell für Ausländer ersonnen wurde. Ein Wochenende in der «Côte d'Or» kann zum Mass aller Dinge für Geniesser werden.

F-01540 Vonnas   Burgund

Georges Blanc

Tel. (0033) 474 50 90 90
Fax (0033) 474 50 08 80
****❶❶❶❶

Eines der Häuser aus dem strahlenden dutzend von Burgunder Speisestätten, deren Namen und Nimbus rund um den Globus bekannt sind, ist «Georges Blanc» in Vonnas. In diesem Delikatessenpalais, den die Blanc-Dynastie seit 1872 als Treffpunkt der Reichen und Einfallsreichen aufrechtzuerhalten versteht und wo sich der ebenso geniale wie medienwirksame Starkoch in den gastronomischen Olymp gekocht hat, lässt sich das prickelnde Schneewittchen-Gefühl geniessen, das einen grossen Teil des Reizes aller Renommierhäuser ausmacht: Wer hat vor mir von diesem Tellerchen gegessen? Wars François Mitterand oder Tom Cruise? Wer hat aus meinem Rotweinglas getrunken? Vielleicht die selige Garbo, vielleicht die leibhaftige Queen... Wer hat mit meinem Fischmesserchen geschnitten? Delon, Dépardieu, Montand? Seit Jahrzehnten haben solch illustre Stammgäste allein durch ihre Anwesenheit geholfen, an der «Blanc»-Legende mitzuweben und sie durch Nachrichten in der Klatschpresse zu schmücken. Und das ist für ein famoses Restaurant ebenso wichtig wie das, was auf den Teller kommt. Aus dem babylonischen Sprachgewirr in den ungewöhnlich stimmungsvollen Speisesälen lassen sich nur die Namen verschiedener Grossstädte der Welt identifizieren – New York, Paris, Tokio? Blanc ist allerdings nicht nur Drei-Sterne-Koch, sondern vor allem auch Bauherr, der ständig an der Perfektionierung seines grossen Landhauses am romantischen Bach arbeitet: Zur Hochburg verfeinerter Esskultur gehören 48 farbenfrohe Zimmer, wo es an nichts fehlt.

WieWoWasWann?

Geschlossen: Januar–Mitte Februar.
Preise: DZ 850–3000 FF (ohne Frühstück). Alle Cards.
Lage: Direkt am Zusammenfluss zweier Flüsschen mitten im Dörfchen Vonnas.
Küche: Blanc komponiert wunderbar würzig-leichte Menüs, die selbst der verwöhntesten Zunge noch Überraschungseffekte bringen. Die Region bringt alles hervor, was sich ein Küchenchef nur wünschen kann: Auf der einen Seite von Vonnas liegt die berühmte Geflügel-Landschaft der Bresse, wo die besten Hühner, Tauben und Wachteln Europas praktisch von selbst in die Kochtöpfe fliegen; auf der anderen Seite die «Dombes» mit ihren Teichen und Moorlandschaften, wo unter anderem die besten essbaren Frösche herkommen. Natürlich trinkt man zu alledem die Weine aus hauseigener Produktion.
Geheimtipp-Zimmer: Alle Zimmer im Haupthaus.
Sport & Animation: Aussenschwimmbad, Tennis, Whirlpool.
Anreise: Autobahn A 40 Genf–Bourg–Mâcon bis Ausfahrt St-Genis/Vonnas. Dorf und Hotel sind ausgeschildert.

Elsass F-67570 La Claquette-Schirmeck

La Rubanerie

WieWoWasWann?

Geschlossen: Nie.
Preise: DZ 350–480 FF (ohne Frühstück). Dreibettzimmer zum Park 495 FF. Keine Cards.
Lage: 56 km südwestlich von Strasbourg, in einem baumreichen Park am Fluss. Absolut ruhig.
Küche: Regionale Spezialitäten, die so gut schmecken, dass man zumindest an Sommerwochenenden reservieren sollte.
Geheimtipp-Zimmer: «Le Général»-Zimmer (im 1. Stock, mit grosser Terrasse zum Park), Parterre-Zimmer zum Park (mit eigener Terrasse und privatem Eingang).
Sport & Animation: Sauna. Reitmöglichkeiten in unmittelbarer Nähe. Wer gerne Fahrradtouren unternimmt, wird sich in dieser Gegend besonders wohl fühlen.
Anreise: Autobahn A 35 Basel–Colmar, Landstrasse N 83 Colmar–Strasbourg bis Sélestat, dann Landstrasse D 424/N 420 via Villé nach Schirmeck. Direkt vor dem Ortschild Schirmeck nach La Claquette abbiegen. Das Hotel ist ausgeschildert.

Auf den ersten Blick scheint im Dorf La Claquette bei Schirmeck, mitten im hügeligen Bergland zwischen St-Dié und Strasbourg, nichts Anlass zum Verweilen zu bieten. Oder doch? Am Rand des belanglosen Weilers, versteckt hinter grossen alten Bäumen, liegt inmitten eines riesigen verwunschenen Parks (Claude Monet hätte ihn nicht schöner malen können!) das charmant heruntergekommene Hotel «La Rubanerie». Die Zimmer sind zwar nicht gross und bieten nur bescheidenen Komfort, aber Luxus passt eh nicht in die Gegend. Allein die reine Luft, die ländliche Ruhe und das Rauschen des Baches verzaubern. Im Garten kann man wunderbar frühstücken oder lesen und mit umher huschenden Eichhörnchen Bekanntschaft schliessen. Die Küche ist bodenständig und abwechslungsreich. Schnecken und Kalbfleischgerichte, eine Kartoffelpfanne mit schmel-

Tel. (0033) 388 97 01 95
Fax (0033) 388 47 17 34
✹✹❶

zendem Münsterkäse, Sauerkraut, Forellen und Wild sind die Spezialitäten. Die Weinkarte hält das Passende aus dem Elsass bereit. Dank der freundlichen Besitzer herrscht hier eine herzliche und völlig ungezwungene Atmosphäre, weit weg von der folkloristischen Puppenstuben-Romantik im Elsässer Weinland.

F-67420 Colroy-La-Roche   Elsass

Hostellerie La Cheneaudière

Tel. (0033) 388 97 61 64
Fax (0033) 388 47 21 73
✳✳✳❶❶❶

Die landschaftlich romantische Anfahrt verlängert die Vorfreude auf ein Wochenende fernab von jedem Betrieb. Die Strasse führt durch die saftigen Wälder der Vogesen, eine Kurve und noch eine. Und nochmals eine. Schliesslich kommen eine grössere Lichtung, eine Kirche und ein paar Bauernhäuser drumherum. Kühe weiden gemächlich, die Halsglocken läuten im Takt der langsamen Bewegungen. Etwas erhöht über dem kleinen Weiler dann die Hotelanlage «La Cheneaudière», wo der Blick Weite findet. Das 32-Zimmer-Haus bietet dem Gast die Liebenswürdigkeit eines mittelgrossen Familienbetriebes, ohne dabei intim zu werden. Das Inhaber-Ehepaar François, dessen Schwiegersohn Jean-Paul Bossée Küchenchef ist, kümmert sich selbst um Service und Hotel, sorgt sich um die Details, die sonst gern übersehen werden. Für sie stimmt es im Grossen eben nur, wenn es auch im Kleinen stimmt. Die meisten Zimmer verfügen über eine gedeckte Terrasse und sehr schöne Bäder. Paradiesisch ist die kürzlich erstellte Badelandschaft mit grossen Kronleuchtern unterm Dachgebälk. Das Faszinierendste an diesem Ort ist die Tatsache, dass es rundherum nichts gibt. Dafür Grün in allen Schattierungen. Selbst der Edelzwicker auf der Terrasse des «Cheneaudière» schimmert noch gelb-grün. Nach dem vierten Glas beschliesst man, für immer zu bleiben, in den umliegenden Hügeln eine alte Mühle zu kaufen oder sich bei einem Bauern als Pferdeknecht zu verdingen. Nur keine gestylten Büros mehr, keine Parkhäuser und keine langweiligen Parties…

WieWoWasWann?

Geschlossen: Nie.
Preise: DZ 500–2600 FF (ohne Frühstück). Alle Cards.
Lage: Fern von jedem Lärm inmitten der waldreichen Landschaft der elsässischen Vogesen auf 500 m ü. M.
Küche: Einfallsreiche und sensible französische Küche. Wenn man sich bedingungslos in die Hand von Jean-Paul Bossée gibt, kreiert er eine Sternstunde des kulinarischen Wohlbehagens. Spezialkarte nur mit Foie-Gras-Spezialitäten, im Winter Wild in allen Variationen.
Geheimtipp-Zimmer: Von den kleineren Zimmern besticht das «Frênes», von den grösseren das «Les capucines» (mit spektakulärem Bad à la Hollywood).
Sport & Animation: Traumhaftes Innenschwimmbad, Whirlpool, Sauna, Tennis. Wer sich mit dem Patron gut stellt, kann ihn bei der Jagd oder beim Fischen begleiten. Unendliche Spazier- und Reitwege von der Haustür weg. Präparierte Langlaufloipen.
Anreise: Autobahn A 35 Basel–Colmar, Landstrasse N 83 Colmar–Strasbourg bis Sélestat, dann Landstrasse D 424 in Richtung Nancy. Das Dörfchen Colroy-La-Roche liegt auf halbem Weg.

Elsass
F-68970 Illhaeusern
Hôtel des Berges

WieWoWasWann?

Geschlossen: Anfang Februar bis Anfang März.
Preise: DZ 1500–2500 FF (ohne Frühstück). Alle Cards.
Lage: Paradiesisch im Blumengarten am Ufer der Ill.
Küche: Neben Klassikern, wie getrüffelter Gänseleberterrine, souffliertem Lachs oder Froschschenkelmousseline, sei hier nur das in zwei Gängen servierte, gegrillte Bresse-Huhn (zuerst die Brust mit einem kleinen getrüffelten «Baeckeoffe», dann die Keulen mit Salat) erwähnt; so zart, saftig und geschmackvoll, dass man gelobt, niemals mehr tiefgefrorene Flügeltiere auf den Speiseplan zu setzen.
Geheimtipp-Zimmer: Alle 10 Zimmer sind von unbeschreiblichem Raffinement. Das alleinstehende Fischerhaus («La maison du pêcheur») direkt am Fluss soll für all diejenigen ein Geheimtipp bleiben, die eines der schönsten Liebesnester Europas für ein unvergessliches «tricky weekend» suchen.
Anreise: Autobahn A 35 Basel–Colmar, N 83 Colmar–Strasbourg bis Guémar, dann Landstrasse D 106 in Richtung Marckolsheim. Illhaeusern liegt auf halbem Weg.

Kein Himmel ohne Sterne von Michelin. Drei fallen auf Illhaeusern, auf die «Auberge de l'Ill» der Gastronomen-Dynastie Haeberlin. Seit den 50er-Jahren pilgern Feinschmecker aus der ganzen Welt an den Wallfahrtsort an den Ufern des trauerweidengesäumten Flüsschens Ill, und selbst wenn der Parkplatz vor dem Haus locker mit einer Automobilausstellung wetteifern kann und die Weinkarte einen Einband von Louis Vuitton bekommen hat, sind die Haeberlins im Grunde immer «Aubergistes» geblieben. Bescheiden, grosszügig und wohltuend normal. Nun gibt es einen guten Grund, die altbekannte Adresse neu zu entdecken: Neben der «Auberge» hat die Gastgeberfamilie eines der schönsten Hotels weit und breit eröffnet. Das Innenleben des «Hôtel des Berges» orientiert sich für einmal nicht an der elsässischen Puppenstuben-Mentalität, sondern – man

Tel. (0033) 389 71 87 87
Fax (0033) 389 71 87 88
★★★★★❶❶❶❶

staune! – an den Farben und Düften Havannas. Da die Gegend früher ein Tabakanbaugebiet war, verlieh der Architekt dem spektakulären Neubau das Aussehen eines Tabakspeichers. Auch die aufwendig ausgestatteten Zimmer sind in Tabaktönen gehalten, die Türgriffe ähneln Zigarren, und selbst die Barhocker sind wie ein Tabakblatt geformt. Den Blick auf den Lauf der langsam dahinfliessenden Ill gibts in allen Zimmern als Gratiszugabe. Hier wird man von unaufdringlichem Luxus umsorgt, hier isst man, wie man nur ein paarmal im Leben isst. Und das zu Preisen wie in Cannes – nur gerechtfertigt: Der Gast kommt wieder.

F-68970 Illhaeusern   Elsass

Les Hirondelles

33, rue du 25 janvier
Tel. (0033) 389 71 83 76
Fax (0033) 389 71 86 40
✷❶

Die elsässischen Dörfer gehören mit ihren grossen Bauernhäusern, hübschen Brunnen und den Storchennestern auf den hohen Dächern zu den meistfotografierten Plätzen in Frankreich. Überraschenderweise findet man jedoch kaum ein Hotel, das sich nahtlos in diese Idylle einfügt. «Les Hirondelles» in Illhaeusern (was auf gut Deutsch soviel heisst wie «Häuser an der Ill») bilden da eine der löblichen Ausnahmen. Der ehemalige Bauernhof hat den Charme eines Privathauses: Die 14 einfachen, aber freundlichen Zimmer liegen in einem kürzlich renovierten Teil des Gehöftes und verfügen alle über farbige Holzschränke, dunkle Deckenbalken und viel Cachet. In dieser angenehmen Atmosphäre werden die Besitzer Sie wie ein Familienmitglied empfangen und Sie teilhaben lassen an ihrem Metier, das sie mit viel Liebe ausüben. Das geht soweit, dass Sie beim Frühstück im blumengeschmückten Innenhof gefragt werden, was Sie abends gerne essen würden – die regionalen Köstlichkeiten, die hier auf Wunsch und nur für Hotelgäste aufgetischt werden, werden Sie angenehm überraschen. Der Service ist «persönlich» gehalten, also nicht abrufbar wie in einem Luxushotel. Aufenthaltsraum und Zimmer sind klein, dafür zum Einkuscheln schön. Insgesamt fällt es in diesem Haus leicht, dem Wunsch, weiterzufahren, zu widerstehen, denn es ist ein angenehm unprätentiöser, mit französischer Leichtigkeit geführter Betrieb mit einem exzellenten Preis-Leistungs-Verhältnis.

WieWoWasWann?

Geschlossen: Anfang Februar–Mitte März.
Preise: DZ 260-300 FF (ohne Frühstück). Cards: Visa, Eurocard.
Lage: Ruhig am Dorfrand.
Küche: Im schlicht eingerichteten Speisesaal wird authentische elsässische Hausmannskost serviert. Allerdings: Nur für Hotelgäste, nur auf Voranmeldung, nur abends. Aber es lohnt sich! Warnung an Gelegenheits-Gourmets mit schmalem Geldbeutel: Die «Auberge de l'Ill» liegt gefährlich nah, nur ein paar Schritte die Strasse runter...
Geheimtipp-Zimmer: Alle etwa gleich gross; man hat die Wahl zwischen den Zimmern zum grossen Innenhof oder jenen zu den Gemüsegärten.
Sport & Animation: Ein ausgezeichneter Ausgangspunkt für Tagesausflüge und Fahrradtouren im Herzen des Elsass. Golf im nahen Ammerschwihr.
Anreise: Autobahn A 35 Basel–Colmar, Landstrasse N 83 Colmar–Strasbourg bis Guémar, dann Landstrasse D 106 in Richtung Markolsheim. Illhaeusern liegt auf halbem Weg.

Elsass

F-68650 Lapoutroie

Les Alisiers

WieWoWasWann?

Geschlossen: Januar.
Preise: DZ 280–450 FF (ohne Frühstück). Cards: Visa, Eurocard.
Lage: Alleinstehend in einer saftig-grünen Landschaft auf 700 Meter Höhe. Weitblick in die Vogesen.
Küche: Gut gemachte elsässische Bauernküche. Sagenhaftes Sauerkraut. Unbedingt die erstklassigen Käse probieren, die von der befreundeten Familie Pierrevelcin stammen, die etwas weiter unten am Berg nach alten, biologisch-dynamisch ausgerichteten Methoden arbeitet. Feine Weine und Brände aus der Region.
Sport & Animation: Mitten im Wander- und Mountainbike-Paradies. 10 Minuten zum Golfplatz.
Anreise: Autobahn A 35 Basel–Colmar, dann Landstrasse N 415 in Richtung St-Dié. In Lapoutroie vor der Kirche links, dann über schmalste Strässchen bis zum Hotel (ausgeschildert).

Zum Schlemmen mal rüber ins Elsässer Rebland, in einer dieser gemütlichen Weinstuben einkehren und Wein vom Winzer besorgen, für Geniesser immer wieder ein schöner Ausflug. Eine andere Region des Elsass lohnt sich nicht weniger: Der Canton vert, das grüne Bergland im Weisstal oberhalb von Kaysersberg. Hier ist es nicht mehr so mild und üppig wie im Weinland, aber auch noch nicht so rauh wie in den Hochvogesen. Da entwachsen tiefgrünen Wiesen wuchtige Kirschbäume, die Lieferanten für den begehrten Elsässer Kirschbrand. Weiter oben an den Hängen stehen Mehlbeerbäume, im Herbst von roten Beeren durchsetzt, die zum berühmten «Alisier» gebrannt werden. Und dazwischen leuchten blütenweiss Bauernhäuser mit grossen Torbögen aus rotem Sandstein. Schmale, steile Strassen verbinden die Höhen von Lapoutroie. Hart war

Tel. (0033) 389 47 52 82
Fax (0033) 389 47 22 38
*❶

die Arbeit hier. Viele haben ihre Höfe aufgegeben und zu Ferien- und Gasthäusern umgebaut. Beispiel dafür ist das Hotel-Restaurant «Les Alisiers». 1976 von Ella und Jacques Deguy erworben und langsam ausgebaut, ist es heute ein guter Stützpunkt für Ausflüge ins Elsass. Die 13 Zimmer sind alle sehr einfach, aber behaglich und mit hellen Holzmöbeln ausgestattet. Das Restaurant (bei schönem Wetter wird im Garten serviert) mit dem prächtigen Blick auf die Vogesen fordert regelrecht dazu auf, mit der bodenständigen Regionalküche der Patronne Bekanntschaft zu machen. Eine unprätentiöse Adresse für Leute, die reine Luft, absolute Ruhe und Natur pur suchen.

F-67520 Marlenheim   Elsass

Hostellerie du Cerf

30, rue de Général de Gaulle
Tel. (0033) 388 87 73 73
Fax (0033) 388 87 68 08
✳✳❶❶

Im Elsass ist man gut beraten, wenn man bei der Weekendplanung den umgekehrten Weg einschlägt. Man suche zuerst seinen «Futterplatz». Viele der Ein- bis Dreisternerestaurants haben nämlich ein paar Gästezimmer oder einen kleinen Hotelbetrieb angeschlossen. Wie zum Beispiel die «Hostellerie du Cerf», die jederzeit einen Abstecher ins ansonsten nicht weiter spektakuläre Dorf Marlenheim am obersten Ende der Elsässer Weinstrasse wert ist. Das stolze Gasthaus, eine ehemalige Poststation, ist grenzüberschreitend für seine modernen Interpretationen der regionalen Küche bekannt (zwei Michelin-Sterne) und einer der selten werdenden Familienbetriebe, wo zuerst die Gäste und nicht die Preise auf der Karte gepflegt werden. Die Familie Husser empfängt herzlich und kocht vorzüglich: Beispielsweise ein unvergessliches Sauerkraut, das luftigleicht und schön säuerlich ist und dessen Originalität darin besteht, dass es von geräucherter Foie gras und karamelisiertem Spanferkel begleitet wird. Im kopfsteingepflasterten Innenhof voller Geranien findet man kaum das Haus, das unter der roten Pracht schönes Fachwerk verbirgt. Die Zimmer sind einfach, aber gepflegt und verströmen wie der rustikal-elsässische Speisesaal Fröhlichkeit und ländliche Gemütlichkeit im besten Sinne des Wortes. Ein idealer Ort für Leute, die nach anstrengenden Vogesen-Touren hervorragend essen und trinken wollen und die gleichzeitig ein angenehmes, aber nicht zu teures Quartier zum Schlafen suchen.

WieWoWasWann?

Geschlossen: Dienstag und Mittwoch.
Preise: DZ 480–850 FF (ohne Frühstück). Cards: American Express, Visa.
Lage: Mitten im Dorf Marlenheim.
Küche: Die kulinarische Identität der Elsässer ruht nicht nur auf den Säulen ihrer Küchentradition, sondern wird vor allem von Familien bewahrt, auch in der Haute cuisine. Das berühmteste Beispiel ist neben den Haeberlins in Illhaeusern das Vater-und-Sohn-Tandem Robert und Michel Husser aus «Le Cerf». Das Duo verfeinert Traditionsgerichte ihrer Region, verpackt einen Presskopf vom Tête de veau schon mal in einen nordafrikanischen Pâte à briques (einen hauchdünnen Teig), garniert kleine Rougets auf Salat mit einer herrlichen Artischocken-Poivrade oder zeigt den touristischen Winstubs, was man mit einem zünftigen Choucroute noch alles machen kann.
Anreise: Autobahn A 5 Basel–Karlsruhe bis Ausfahrt Strasbourg, von dort über die N 4 Richtung Saverne. Marlenheim liegt 18 km westlich von Strasbourg.

Elsass   F-68250 Rouffach

Château d' Isenbourg

WieWoWasWann?

Geschlossen: Mitte Januar–Mitte März.
Preise: DZ 690–1990 FF (ohne Frühstück). Alle Cards.
Lage: An der Weinstrasse zwischen Colmar und Guebwiller.
Küche: Hier wird gutbürgerlich gekocht, mit Betonung auf gut. Grosse Auswahl an elsässischen Weissweinspezialitäten.
Geheimtipp-Zimmer: Die Zimmer «hinten raus» haben für einmal den schöneren Ausblick (nämlich in die hügeligen Weinberge) als diejenigen «vorne raus» (topfflache Ebene). Geschichtsbedingt sind jedoch die Zimmer nach vorn grösser, höher und schöner (wie die Nr. 2 mit Veranda oder die Nr. 14 mit Deckenmalerei). Hinten raus, über dem Pool, überzeugt die Nr. 18.
Sport & Animation: Hallen- und Freibad, Whirlpool, Sauna, Dampfbad, Tennis, Tischtennis, Boccia, Bikes. Musikalische und sonstige Abendveranstaltungen. Reiten und Golf 2 km nah.
Anreise: Autobahn A 35 Basel–Strasbourg bis Ausfahrt Herrlisheim, Landstrasse nach Rouffach, das Schloss thront unübersehbar über dem Ort.

In diesem Schlosshotel ist alles so «stimmig», dass man auch die zahlreichen Nobelkarossen verschmerzt, die von jenseits des Rheins stammen. Seinen Charme verdankt das stattliche Gebäude nicht allein seiner schönen Lage mitten in den Weinbergen oberhalb des Städtchens Rouffach, sondern auch seiner besonderen Architektur, in der die verschiedenen Epochen der langjährigen Geschichte lebendig werden: Das Kellergewölbe, in dem sich heute einer der beiden Speisesäle befindet, stammt aus dem 12. Jahrhundert. Zimmer und Salons sind mit Deckenmalereien geschmückt, überall finden sich Terrassen und versteckte Plätzchen unter alten Platanen. Daniel Dalibert und seine Familie sind die liebenswürdigsten Gastgeber, die man sich denken kann. Dalibert selbst ist ein Stück Elsass, und er stellt seine Ortskenntnisse allen Gästen zur Verfügung, die

Tel. (0033) 389 78 58 50
Fax (0033) 389 78 53 70
E-mail: isenbourg@relaischateaux.fr
★★★★❶❶❶

sich diese schöne Landschaft erschliessen wollen. Angesichts der Herzlichkeit, mit der jeder Gast begrüsst wird, verzeiht man kleine Organisationsfehler gern. Man ist eben im Elsass – und nicht in Zürich. Hier geht es lässiger zu, dafür aber umso freundlicher. Der bretonische Chefkoch Didier Lefeuvre versteht sich gut auf Fische und Meeresfrüchte. Auch elsässische Klassiker werden von ihm gut gepflegt. Und sollten Ihnen die heimischen Gewächse noch unbekannt sein, so wird Sie der vife Sommelier schneller dazu bekehren als die königlichen Dragoner einen Protestanten zum Katholiken.

F-88600 Les Rouges-Eaux   Vogesen

Auberge de la Cholotte

Tel. (0033) 329 50 56 93
Fax (0033) 329 50 24 12
✳✳✳❶

In den Vogesen findet man endlich wieder das typische Elsass. Nicht den folkloristischen Kitsch, sondern die Schlichtheit mit gleichzeitig hohem Qualitätsanspruch. Keine gerüschten Vorhänge, kein Trachtenklimbim, kein überkandidelter Empfang, kein Busparkplatz. Einfach die liebenswürdige Normalität eines ehemaligen Bauernhauses aus dem 18. Jahrhundert, in dem man wie bei Freunden empfangen wird, in dem ohne Aufhebens gekocht wird und man in freundlichen Speiseräumen (einer davon mit Steinway-Flügel) einfach sich selber sein kann. Die Quiche mit Sauerkraut ist in der «Auberge de la Cholotte» eine ebenso delikate Speise wie der Salat vom Münsterkäse oder die «Truite à l'oseille» (Forelle in Sauerampfersauce). Die feinfühlig restaurierten und kunstvoll dekorierten Räume sorgen auch an Regentagen für sommerliche Stimmung. Von den fünf kleinen, äusserst charmanten Gästezimmern blickt man auf den Garten, und rundherum ist nichts als Natur pur. Der spezielle Rahmen, die wechselnden Ausstellungen moderner Kunst, die regelmässigen Konzertabende und das herzliche Temperament der Wirtin Marie-Geneviève Cholé ziehen ein buntgemischtes Gästevölkchen an (auch François Mitterand war schon hier), viele Gäste wurden zu Freunden des Hauses und kommen regelmässig wieder.

WieWoWasWann?

Geschlossen: Anfang Januar–Ende Februar.
Lage: Alleinstehend in einer saftig grünen Berg- und Tallandschaft.
Preise: DZ 400 FF (inkl. Frühstück). Cards: Eurocard, Visa.
Küche: Einfach-authentische Elsässer Spezialitäten, sehr ordentlich bis ausserordentlich gut gekocht und zu äusserst fairen Preisen (Abendessen rund 150 FF).
Sport und Animation: Konzertabende, Ausstellungen moderner Kunst, Ausstellungen von Pilzen, geführte Wanderungen durch die umliegenden Tannenwälder. Gäste, die an einem pubertären Wandertrauma leiden, finden rund ums Haus mit Bestimmtheit ein ruhiges Plätzchen, um bei einem Glas Riesling (oder zwei) und einem Buch, das man schon lange lesen wollte, alle Sinne zu wecken.
Anreise: Autobahn A 35 Basel–Colmar, dann Landstrasse N 415 nach St-Dié, von dort Landstrasse N 420 in Richtung Bruyères. Les Rouges-Eaux befindet sich ca. 15 km westlich von St-Dié.

Elsass F-67600 Sélestat

Abbaye La Pommeraie

WieWoWasWann?

Geschlossen: Anfang bis Mitte Januar.
Preise: DZ 700–1800 FF (ohne Frühstück). Alle Cards.
Lage: Am Rand der Altstadt von Sélestat.
Küche: Wer sich im Elsass nicht gerade von einem Delikatessenpalais sein Konto plündern lassen möchte, sondern gut gemachte regionale Köstlichkeiten zu einem akzeptablen Preis auf dem Teller haben will, wird hier glücklich: Schnecken-Cassolette an Knoblauchcrème, Münsterkäse-Ravioli an fritierter Petersilie, Presskopf an Linsen-Vinaigrette, Gewürztraminer-Sabayon.
Geheimtipp-Zimmer: Unbedingt eines der Dachzimmer zur Altstadt reservieren, die direkt einem Märchenbuch entsprungen zu sein scheinen und einen romantischen Ausblick über die verwinkelten Dächer von Sélestat gewähren.
Anreise: Autobahn A 35 Basel–Colmar, Landstrasse N 83 Colmar–Strasbourg bis Sélestat. Das Hotel befindet sich am äusseren Ring der Altstadt und ist ausgeschildert. Sélestat ist mit dem Regionalzug Basel–Strasbourg erreichbar.

Das Städtchen Sélestat führt den Besucher gleich mit voller Wucht ins Elsässische ein: Die mit Kopfstein gepflasterten Gassen der Altstadt werden fast ausnahmslos von Fachwerkhäusern gesäumt. Auf jedem Fenstersims stehen Geranien vor Butzenscheiben, die Fassaden sind in leuchtendem Lila bis schrillem Zitronengelb bemalt, links und rechts Souvenirläden mit «Kougelhopf»-Formen aus Keramik, «Brezels» und «Berawecka» – man spaziert geradewegs in ein Realität gewordenes Kalenderbild hinein. Am Rande der über tausendjährigen Altstadt befindet sich das ehemalige Zisterzienser-Kloster «Abbaye La Pommeraie», aus dem eine Geheimtipp-Adresse mit 14 eleganten bis rustikalen Gästezimmern mit Holzbalken und Dachschrägen wurde, inklusive urgemütlicher Winstub im Vogeser Löckchenstil mit Namen «'s Apfelstuebel». Das Ganze

8, avenue du Maréchal Foch
Tel. (0033) 388 92 07 84
Fax (0033) 388 92 08 71
★★★❶❶❶

wird umsäumt von einem verträumten Garten mit Apfelbäumen. Herzlicher Empfang, im ganzen Haus werden Elsässerditsch, Französisch und Badisch durcheinander parliert. Wenn sich zwischen Strasbourg und Colmar die Kellnerinnen in voller Tracht nähern, so ist zwar Vorsicht geboten, denn man könnte in eine Touristenfalle getappt sein (insbesondere in Sélestat, das landauf, landab als Inbegriff eines elsässischen Städtchens gilt); in den authentischen Stuben dieses Etablissements braucht man derlei jedoch nicht zu befürchten. Im Land des «Coq au Riesling», der «Choucroute» und des «Baeckeoffe» findet sich hier ein kulinarischer Glücksfall der sorgfältig zubereiteten Regionalküche.

F-67610 La Wantzenau   Elsass

Moulin de la Wantzenau

3, impasse du Moulin
Tel. (0033) 388 59 22 22
Fax (0033) 388 59 22 00
**❶

Ideal für Gäste, die ländliche Ruhe in unmittelbarer Nähe zu Strasbourg und der Elsässer Weinstrasse suchen, ist die «Moulin de la Wantzenau», eine ehemalige Wassermühle an der Ill, 1698 errichtet, 1940 zerstört, sofort wieder aufgebaut und bis 1970 als Mühle in Betrieb. Die zwei charmanten Enkeltöchter des letzten Müllers, Andrée Dametti und Béatrice Wolf, haben die Maschinerie im Jahr 1981 wieder in Gang gesetzt und betreiben seitdem dieses 20-Zimmer-Hotel mit geradezu ansteckendem Engagement. Umgeben von Terrassen und Gärten liegt die liebevoll restaurierte Mühle gemütlich und romantisch mitten im Grünen. Ein lebensfreudiges Haus mit geschmackvollem Innenleben. Das gilt für die Dekoration der Gästezimmer (pastellfarbene Laura-Ashley-Dekostoffe und -Tapeten, helle Holzmöbel und Korbstühle, gemütserfrischende Bäder) und ebenso für die Gastronomie. Wer die Perfektion der elsässischen Schlecker- und Schlemmertempel auf die Dauer ein wenig ermüdend findet und einen unkomplizierteren, lebendigeren Rahmen vorzieht, findet im Restaurant gegenüber dem Hauptgebäude eine herzliche Atmosphäre und in Philippe Clauss einen Küchenchef, der gegen die deftige Elsässer Sauerkraut- und Zwiebelkuchen-Küche mit würzig-phantasievollen Gerichten ankocht. Zum Digestif versinkt man im Kaminsalon in tiefen Sesseln, blickt entspannt zur Balkendecke, die sich hier durchs ganze Haus zieht, und freut sich über die äusserst sympathischen Preise in der sehr sympathischen Umgebung.

WieWoWasWann?

Geschlossen: Weihnachten–Anfang Januar.
Preise: DZ 350–465 FF (ohne Frühstück). Alle Cards ausser Diners.
Lage: 12 km nördlich von Strasbourg, in einem farbenfrohen Park an der Ill.
Küche: Das Restaurant liegt gegenüber dem Hotel und bewegt sich an der Grenze zwischen Winstub und Edelkneipe, mit einfallsreicher Küche aus frischen Marktprodukten. Einer der Speisesäle ist für Nichtraucherinnen und Nichtraucher reserviert.
Geheimtipp-Zimmer: Duplex-Zimmer mit Grandlit und kleinem Salon.
Sport & Animation: Das Fischer- und Bauerndorf La Wantzenau verfügt über einen schönen Golfplatz (18 Loch). Strasbourg und die Elsässische Weinstrasse liegen in nächster Nähe.
Anreise: Autobahn A 5 Basel–Karlsruhe bis Ausfahrt Strasbourg, von dort über die Landstrasse D 468 in Richtung La Wantzenau/Gambsheim. Das Hotel liegt etwa 2 km vor dem Dorf.

Für Geniesserinnen und Geniesser im Alltag hält dieses Buch 105 Insider-tips von Genf bis Basel, vom Bodensee bis zum Lago Maggiore bereit. Traumhafte Gartenlokale, die echte Feriengefühle aufkommen lassen und auch kulinarisch überzeugen.
So verschieden all die kleinen Paradiese im Freien auch sind – eines haben sie gemeinsam: Sie sind an lauen Sommerabenden stets bis auf den letzten Platz besetzt.

Claus Schweitzer, **Die 105 schönsten Gartenlokale der Schweiz,** 112 Seiten, 102 farbige Abbildungen, broschiert.

Auf den 200 Seiten der «City-Eskapaden» steht das, was unternehmungslustige Geniesserinnen und Geniesser ganz besonders interessiert: die einladendsten Hotels, die gemütlichsten Restaurants, die lebendigsten Szenetreffs, die stimmungsvollsten Cafés und Bars, die aktuellsten Nightspots und die originellsten Shopping-Adressen in den Metropolen Europas.

25 Topadressen in 20 Städten: 500 witzige und zuverlässig recherchierte Tips für an- und aufregende Weekends.

Claus Schweitzer, **City-Eskapaden**,
212 Seiten, viele Fotos, broschiert

Ein Führer durch die Schweizer Hotellerie der besonderen Art mit drei Dutzend Berghotels und Berggasthäusern. Diese Häuser sind einzigartig und speziell, sie liegen auf Berggipfeln, Alpen oder Passübergängen, weitab von jeder Ortschaft, und viele stammen aus der Jahrhundertwende.

Dieser Führer informiert über Erreichbarkeit, Geschichte, Infrastruktur und Ambiente dieser Häuser und gibt Wandertips und Ausflugsideen. Im Anhang werden rund 250 weitere Berghotels und Berggasthäuser aufgeführt.

Ruth und Konrad Michel Richter, **36 Berghotels und Berggasthäuser der Schweiz**, 268 Seiten, 60 farbige und 60 s/w Abbildungen, broschiert.